高职高专教育"十二五"规划建设教材

税法及纳税实务

（财经类专业用）

郭敬轩　主　编

中国农业大学出版社
·北京·

内容简介

本书以最新的税收法律、法规(截止日期为2011年3月)以及新企业会计准则和会计制度为依据，着力于求新实用，分税种介绍了我国现行各税种的基本内容、应纳税款的计算、纳税申报、企业常见涉税业务账务处理税收法律知识与纳税实务。在编写体例上，打破了传统税法教材单纯讲税的模式，集税法和纳税实务于一体，重点突出可操作性，通过大量的案例及纳税申报表的填写示范，强调培养学生各种税款计算、纳税申报和涉税业务的会计处理能力。为强化培养学生对税法的应用能力及涉税业务的处理能力，每一章后均附有强化训练题，学生通过学习和训练，能够将税法与纳税实务紧密结合，学会处理企业涉税业务中的许多具体问题。

本书对各税种的阐述全面、详细和具体，案例丰富翔实，具有较强的实用性和时效性，并与职业标准接轨，既适用于作为高等职业院校财经类专业课程教材使用，也可以作为财务管理人员的自学、培训及办理纳税业务的参考用书。

图书在版编目(CIP)数据

税法及纳税实务/郭敬轩主编．—北京：中国农业大学出版社，2011.8
ISBN 978-7-5655-0321-4

Ⅰ.①税… Ⅱ.①郭… Ⅲ.①税法-中国②税收管理-中国
Ⅳ.①D922.220.1②F812.423

中国版本图书馆CIP数据核字(2011)第111712号

书　　名　税法及纳税实务
作　　者　郭敬轩　主编

策划编辑　董　田　伍　斌　　**责任编辑**　周　媛
封面设计　郑　川　　**责任校对**　王晓凤　陈　莹
出版发行　中国农业大学出版社
社　　址　北京市海淀区圆明园西路2号　　**邮政编码**　100193
电　　话　发行部 010-62731190,2620　　读者服务部 010-62732336
编辑部 010-62732617,2618　　出　版　部 010-62733440
网　　址　http://www.cau.edu.cn/caup　　**E-mail**　cbsszs@cau.edu.cn
经　　销　新华书店
印　　刷　涿州市星河印刷有限公司
版　　次　2011年8月第1版　　2014年8月第2次印刷
规　　格　787×980　　16开本　　19.25印张　　354千字
定　　价　29.00元

编写人员

主　编　郭敬轩（黑龙江农业经济职业学院）

副主编　王顺敖（铜仁职业技术学院）

　　　　张雅静（黑龙江农业职业技术学院）

参　编　张德兰（牡丹江月星国际家居广场有限公司）

前言

本书立足于职业岗位对涉税业务知识的需要，针对高职高专财经类专业人才培养的目标要求，注重能力为本，吸收最新税收立法信息，结合新企业会计准则，以企业主要税种应纳税额的计算、纳税申报和账务处理为主线，阐述了我国现行主要税种基本法律规定和涉税业务的处理方法，实现了税法知识与岗位业务处理方法的有机结合。基于充分体现了税法"可操作性"的理念，在编写体例上，打破了传统税法教材单纯讲税的模式，集税法和纳税实务于一体，重点突出可操作性，通过大量的案例及纳税申报表的填写示范，强调培养学生各种税款计算、纳税申报和涉税业务的会计处理能力，突出教材的实用性。

本书具有内容新、可操作性强、定位准等特点。

1. 内容新。本书以截止到 2011 年 3 月最新的税收法律、法规为依据，并结合 2006 年新颁布实施的企业会计准则对教学内容进行了较大幅度的更新。

2. 可操作性强。编写体例上体现的以培养能力为本位，突出应知应会，加大实例的引入与分析，每章后附有针对性较强的强化训练题，大大增强了可操作性。

3. 定位准。教学内容在充分体现了岗位工作需要，注重岗位能力培养的同时，兼顾经济师、助理会计师等岗位证书考核标准，有针对性地穿插考证的相关例题加以分析，为学生应度取得相应职业岗位证书奠定坚实的基础。

本书可作为高职高专院校财经类及相关专业税法、纳税实务的教材，也可以作为各类成人院校、企业职业培训教材、在职人员提高税法，以及纳税业务能力的自学用书。

本书共分 10 章，由黑龙江农业经济职业学院郭敬轩主编，铜仁职业技术学院王顺敖、黑龙江农业职业技术学院张雅静为副主编。参加本书编写工作的还有张德兰。其中，第一章、第二章、第三章由郭敬轩撰写，第四章、第五章、第六章、第七章由王顺敖撰写，第八章、第九章由张雅静撰写；第十章由张德兰撰写。

在本书的撰写过程中参考了部分专家、学者的研究成果和文献，在此表示由衷的谢意。

由于编写时间仓促，作者水平有限，书中不足之处敬请读者批评、指正。

编　者

2011年3月

目录

第一章　纳税基础 …… 1

第一节　税收与税法概述 …… 1

第二节　税制及构成要素 …… 4

第三节　税收征收管理及程序 …… 8

第四节　纳税人、扣缴义务人的法律责任 …… 21

第五节　企业涉税会计主要会计科目的设置 …… 23

第二章　增值税法及账务处理 …… 30

第一节　增值税概述 …… 30

第二节　增值税的基本要素 …… 31

第三节　增值税应纳税额的计算 …… 38

第四节　增值税出口退(免)税 …… 47

第五节　增值税的征收管理 …… 52

第六节　增值税的纳税申报及账务处理 …… 56

第三章　消费税法及账务处理 …… 84

第一节　消费税概述 …… 84

第二节　消费税的基本要素 …… 85

第三节　消费税应纳税额的计算 …… 90

第四节　消费税的征收管理 …… 101

第五节　消费税的纳税申报及账务处理 …… 102

第四章　营业税法及账务处理 …… 116

第一节　营业税概述 …… 116

第二节　营业税的基本要素 …… 117

第三节　营业税应纳税额的计算 …… 122

第四节　营业税税收优惠与征收管理 …… 127

第五节 营业税纳税申报与涉税业务账务处理……………………………… 130
第五章 城市维护建设税与教育费附加账务处理………………………………… 142
第一节 城市维护建设税及账务处理………………………………………… 142
第二节 教育费附加及账务处理……………………………………………… 145
第六章 关税法与账务处理……………………………………………………… 149
第一节 关税的基本要素……………………………………………………… 149
第二节 关税完税价格确定…………………………………………………… 152
第三节 关税应纳税额的计算………………………………………………… 154
第四节 关税的减免及征收管理……………………………………………… 155
第五节 关税的账务处理……………………………………………………… 157
第七章 财产、行为税法及账务处理 ……………………………………………… 162
第一节 房产税法及账务处理………………………………………………… 162
第二节 契税法及账务处理…………………………………………………… 167
第三节 车船税法及账务处理………………………………………………… 171
第四节 车辆购置税法及账务处理…………………………………………… 173
第五节 印花税法及账务处理………………………………………………… 175
第八章 企业所得税法及账务处理………………………………………………… 190
第一节 企业所得税法概述…………………………………………………… 190
第二节 企业所得税的基本要素……………………………………………… 191
第三节 应纳税所得额的计算………………………………………………… 193
第四节 应纳税额的计算……………………………………………………… 209
第五节 税收优惠与征收管理………………………………………………… 214
第六节 企业所得税的账务处理……………………………………………… 222
第九章 个人所得税法及账务处理………………………………………………… 240
第一节 个人所得税的基本要素……………………………………………… 240
第二节 个人所得税应纳税额的计算………………………………………… 247
第三节 个人所得税的税收优惠……………………………………………… 260
第四节 征收管理及代扣代缴账务处理……………………………………… 262
第十章 其他主要税种及账务处理………………………………………………… 274
第一节 资源税法及账务处理………………………………………………… 274
第二节 城镇土地使用税法及账务处理……………………………………… 279
第三节 土地增值税法及账务处理…………………………………………… 284
参考文献…………………………………………………………………………… 299

第一章　纳税基础

第一节　税收与税法概述

一、税收的概念和特征

（一）税收的概念

税收是国家为实现其职能，凭借其政治权力，按照税法的规定，对一部分社会产品和国民收入进行征收，以取得财政收入的一种方式。税收体现的是国家与纳税人在征纳税利益分配上的一种特殊关系，是一定社会制度下的一种特定分配关系。税收是以国家为主体的特定征缴关系，是一种强制性的社会产品再分配行为，是政府财政收入的最重要的来源，是人类社会经济社会发展到一定历史阶段的必然产物。税收的定义可以从以下三点来理解：

第一，税收与国家存在直接关系，两者密不可分，税收是政府财政收入的重要来源，是政府机器赖以生存并实现其职能的物质基础。

第二，税收属于一种特定的分配范畴，是国家参与并调节国民收入分配的一种手段，是国家政府实现财政收入的主要形式。

第三，税收是国家在征税过程中形成的一种特殊分配关系，体现的是以国家为主体的分配关系。

（二）税收的基本特征

税收的实质是国家为了行使其职能，取得财政收入的基本方式，与其他的财政收入形式相比较，税收的特征主要表现在以下三个方面。

1. 强制性

强制性是指国家以社会管理者的身份，用法律、法规等形式对征收捐税加以规定，并依照法律强制征税。

2. 无偿性

无偿性是指国家征税后，税款即成为财政收入，不再归还纳税人，也不向纳税人支付任何报酬。

3. 固定性

固定性是指国家在征税之前，以法的形式预先规定了课税对象、课税额度和课税方法等。这种规定有一个比较稳定的适用期间，因此税收是一种固定的连续性收入。

二、税法

(一)税法的概念

税法是国家制定的用以调整国家与纳税人之间在征纳税方面的权利和义务关系的法律规范的总称。税法是国家及纳税人依法征税、依法纳税的行为准则，其目的是保障国家利益和纳税人的合法权益，维护正常的税收秩序，保证国家的财政收入。

税法与税收密不可分，税法是税收的法律表现形式，税收则是税法所确定的具体内容。税收活动必须严格依照税法的规定进行，税法是税收的法律依据和法律保障，税法必须以保障税收活动的有序进行为其存在的理由和依据。

(二)税法的分类

按照税法的功能作用的不同，可分为税收实体法和税收程序法两类。

1. 税收实体法

税收实体法是指确定税种的立法，具体规定了税种的征收对象、征收范围、税目税率、纳税地点等内容。如《中华人民共和国企业所得税法》(以下简称《企业所得税法》)和《中华人民共和国个人所得税法》(以下简称《个人所得税法》)就属于税收实体法。

2. 税收程序法

税收程序法是指税务管理方面的法律，其具体规定的是税收征收管理、纳税程序、发票管理、税务争议处理等内容。如《中华人民共和国税收征收管理法》(以下简称《税收征管法》)就属于税收程序法。

(三)税收法律关系

税收法律关系是指税收法律制度所确认和调整的国家与纳税人之间、国家与国家之间以及各级政府之间在税收分配过程中形成的权利和义务关系。税收法律关系体现的是国家征税与纳税人纳税的利益分配关系。税收法律关系在总体上与其他的法律关系一样也是由主体、客体和内容三方面构成的，但在三方面的内涵上，税收法律关系则具有特殊性。

1. 税收法律关系的主体

税收法律关系的主体是指税收法律关系中享有权利和承担义务的当事人，即税收法律关系的参加者。税收法律关系的主体分为征税主体和纳税主体。

征税主体是指在税收法律关系中享有征税权利的一方当事人。在我国税收法律关系中，征税主体是代表国家行使征税职责的国家税务机关，包括国家各级税务机关、海关和财政机关。

纳税主体是指在税收法律关系中负有纳税义务的一方当事人，即履行纳税义务的人，包括法人、自然人和其他组织，在华的外国企业、组织、外籍人、无国籍人，以及在华虽然没有机构、场所但有来源于中国境内所得的外国企业或组织。

对于纳税主体，在我国采取的是属地兼属人的原则。

2. 税收法律关系的客体

税收法律关系的客体即税收法律关系主体的权利、义务所共同指向的对象，也就是征税对象。如企业所得税法律关系客体就是生产经营所得和其他所得，财产税法律关系客体即是特定财产，流转税法律关系客体就是货物销售收入或劳务收入。

3. 税收法律关系的内容

税收法律关系的内容就是权利主体所享有的权利和所应承担的义务，这是税收法律关系中最实质的东西，也是税法的灵魂。税收法律关系的内容规定权利主体可以有什么行为，不可以有什么行为，若违反了这些规定，须承担相应的法律责任。

国家税务机关的权利主要表现在依法进行征税、进行税务检查以及对违章者进行处罚；其义务主要是向纳税人宣传、咨询、辅导税法，及时把征收的税款解缴国库，依法受理纳税人对税收争议的申诉等。

纳税义务人的权利主要有多缴税款申请退还权、申请延期纳税权、依法申请减免税权、申请税务行政复议和提起诉讼权等；其义务主要是按税法规定办理税务登记、进行纳税申报、接受税务检查、依法缴纳税款等。

(四)税法的实施

税法的实施即税法的执行，包括税收执法和守法两个方面，一方面要求税务机关和税务人员正确运用税收法律，并对违法者实施制裁；另一方面要求税务机关、税务人员、公民、法人、社会团体及其他组织严格遵守税收法律。

在税收执法过程中，由于税法具有多层次的特点，对其适用性或法律效力的判断上一般按以下原则掌握：一是层次高的法律优于层次低的法律；二是同一层次的法律中，特别法优于普通法；三是国际法优于国内法；四是实体法从旧，程序法从新。

第二节 税制及构成要素

税收制度简称为税制，是一个国家在其税收管辖权范围内调整税收分配的过程中形成的权利义务关系的法律规范总称。

一、税种的分类

1. 按照征税对象的性质不同分类，可分为流转税类、所得税类、资源税类、财产税类和行为税类

(1)流转税类

流转税类如增值税、消费税、营业税、关税等。这类税种的特点是与商品生产、流通、消费有密切联系。对什么商品征税、税率多高，对商品经济活动都有直接的影响，因此流转税易于发挥对经济的宏观调控作用。

(2)所得税类

所得税类如企业所得税、个人所得税。这类税种的特点是可以直接调节纳税人收入，发挥税收公平税负、调整分配关系的作用。

(3)资源税类

资源税类如资源税。这类税种主要是对在我国境内占用或开采各种应税资源进行征税。

(4)财产税类

财产税类如房产税、契税。这类税种主要是对特定的财产进行征税。

(5)行为税类

行为税类如城市维护建设税、印花税、车辆购置税、车船税等。这类税种主要是对某种行为课税。

2. 按照管理和使用权限的不同分类，可分为中央税、地方税和共享税

(1)中央税

中央税是指税收收入属于中央政府的财政收入，由国家税务局负责征收管理，如关税、消费税。

(2)地方税

地方税是指税收收入属于地方各级政府的财政收入，由地方税务局负责征收管理，如城镇土地使用税，契税、营业税等。

(3)共享税

共享税是指税收收入由中央、地方政府按一定的比例分享，目前主要由国家税务局负责征收管理，如增值税、企业所得税。

3. 按照计税依据的不同分类，可分为从价税和从量税

(1)从价税

从价税是以征税对象价格作为计税依据，其应纳税额随商品价格的变化而变化，能充分体现合理负担的税收政策，因而大部分税种均采用这一计税方法。

(2)从量税

从量税是以征税对象的数量、重量、体积等作为计税依据，其课税数额与征税对象数量相关而与价格无关。

4. 按照税负能否转嫁分类，可分为直接税和间接税

(1)直接税

直接税是指由纳税人直接负担，不能转嫁的税种，如所得税类、财产税类等。

(2)间接税

间接税是指纳税人能将税负转嫁给他人的税种，主要为流转税类。

二、税法的构成要素

构成要素是指构成事物的必要因素，税收实体法主要由以下基本要素构成。

1. 征税人

征税人是指代表国家行使征税职权的各级税务机关和其他征收机关。税种不同，征税人也可能不同。如增值税的征税人是税务机关，关税的征税人是海关。

2. 纳税义务人

纳税义务人即纳税主体，是指依法直接负有纳税义务的自然人、法人及其他组织。不同的税种规定有不同的纳税人。如增值税的纳税人是指在中国境内销售货物、提供加工修理修配劳务和进口货物的单位和个人。

与纳税人相联系的另一个概念是扣缴义务人。扣缴义务人是税法规定的，在其经营活动中负有代扣税款并向国库缴纳义务的单位。扣缴义务人必须按税法规定代扣税款，并在规定期限内将所代扣税款缴入国库。

3. 征税对象

征税对象即纳税客体，是指税收法律关系中征纳双方权利义务所指向的物或行为。征税对象是区分不同税种的主要标志，我国现行税收法律、法规都有自己特定的征税对象。如企业所得税的征税对象就是应税所得，增值税的征税对象就是商品或劳务在生产和流通过程中的增值额。

4. 税目

税目是各个税种所规定的具体征税项目，是征税对象的具体化。如消费税具体规定了烟、酒等 14 个税目。

5. 税率

税率是对征税对象的征收比例或征收额度。税率是计算税额的尺度，也是衡量税负轻重与否的重要标志。我国现行的税率主要有以下几种。

(1)比例税率

比例税率即对同一征税对象，不分数额大小，规定相同的征收比例。我国的增值税、营业税、城市维护建设税、企业所得税等采用的是比例税率。

(2)超额累进税率

超额累进税率即把征税对象按照数额的大小分成若干等级，每一等级规定一个税率，税率依次提高，每一纳税人的征税对象则依所属等级同时适用几个税率分别计算，将计算结果相加后得出应纳税款。目前采用超额累进税率的有个人所得税。

(3)定额税率

定额税率即按照征税对象确定的计算单位，直接规定一个固定的税额。目前采用定额税率的有资源税、城镇土地使用税、车船税等。

(4)超率累进税率

超率累进税率即以征税对象数额的相对率划分若干级距，分别规定相应的差别税率，相对率每超过一个级距的，对超过的部分就按高一级的税率计算征税。目前采用超率累进税率的有土地增值税。

6. 计税依据

计税依据是指计算应纳税额的依据或标准，即根据什么来计算纳税人应缴纳的税额。一般有两种：一种是从价计征，是以计税金额为计税依据；另一种是从量计征，是以征税对象的重量、体积、数量为计税依据。

7. 纳税环节

纳税环节是指税法规定的征税对象在从生产到消费的流转过程中应当缴纳税款的环节。如流转税在生产和流通环节纳税，所得税在分配环节纳税等。

8. 纳税期限

纳税期限是指纳税人按照税法规定缴纳税款的期限。如企业所得税在月份或者季度终了后15日内预缴，年度终了后4个月内汇算清缴，多退少补。营业税的纳税期限分别为5日、10日、15日或者1个月，纳税人的具体纳税期限，由主管税务机关根据纳税人应纳税额的大小分别核定，不能按照固定期限纳税的，可以按次纳税。

9. 纳税地点

纳税地点是指根据各个税种纳税对象的纳税环节和有利于对税款的源泉控制而规定的纳税人(包括代征、代扣、代缴义务人)的具体缴税地点。

10. 减税免税

减税免税是指对某些纳税人和征税对象采取减少征税或者免予征税的特殊规定。减税是指对应征税款减少征收一部分，免税是对按规定应征收的税款全部免除。减税免税方式主要包括税基式减免、税率式减免和税额式减免。

(1)税基式减免

税基式减免是直接通过缩小计税依据的方式实现减税、免税的，具体包括起征点、免征额等。

①起征点

起征点是对课税对象开始征税的数量界限规定的具体标准，如果课税对象的数额没有达到起征点的不征税，达到起征点的就其“全部数额”按规定税率征税。如税法规定，营业税按期限纳税的起征点为月营业额1 000～5 000元，假若某地规定免征额为月营业额2 000元，如某纳税人月营业额不足2 000元时则免税，但其月营业额一旦超过2 000元则须就全部营业额按规定税率征收营业税。

②免征额

免征额是指对课税对象总额中要扣除一定项目的数额，只就减除后的“剩余部分”计征税款。如我国个人所得税中，对工资薪金所得，每月只对超过2 000元的部分按九级超额累进税率计征个人所得税，这里的2 000元即为免征额。

(2)税率式减免

税率式减免是通过直接降低税率的方式实现的减税、免税，包括低税率、零税率。

(3)税额式减免

税额式减免是通过直接减少应纳税额的方式实现的减税、免税，包括全部免征、减半征收、核定减免率等。

11. 法律责任

法律责任是指对纳税人违反税法的行为采取的处罚措施。

三、我国现行税制

我国现行税制由19个实体税和《税收征收管理理法》构成，实体税主要有增值税、消费税、营业税、关税、城市维护建设税、资源税、企业所得税、个人所得税、印花税、土地增值税、城镇土地使用税、房产税、车辆购置税、契税、关税、烟叶税、屠宰税、筵席税和耕地占用税等。

对我国现行的19个税种，本书只介绍16个税种，而另外三个(烟叶税、屠宰税、筵席税)征收领域与会计核算关系不大，因此不作介绍。

第三节　税收征收管理及程序

一、税收征收管理法律制度

(一)税收征收管理概述

税收征收管理是税务机关根据税收法规对征税活动所实施的组织、指挥、控制和监督，是对纳税人履行纳税义务采用的一种管理、征收和检查行为，是税务管理的重要组成部分。为了加强税收征收管理，规范税收征收和缴纳行为，保障国家税收收入，保护纳税人的合法权益，促进经济和社会发展，我国专门制定了税收征收管理法律制度的基本规范，即《税收征收管理法》及相关的税收征收管理的有关法律、法规和规章。

(二)税收征管法的适用范围

凡依法由税务机关征收的各种税收的征收管理均适用《税收征管法》。

我国税收的征收机关有税务机关、海关、财政机关等部门。《税收征管法》只适用于由税务机关征收的各种税收的征收管理。海关征收的关税及代征的增值税、消费税，适用其他法律、法规的规定。

目前还有一部分收费由税务机关代为征收，如教育费附加。这些收费不适用《税收征管法》，其具体管理办法由各种收费条例或规章规定。

(三)《税收征管法》的遵守主体

1. 税务行政主体——税务机关

税务机关是指各级税务局、税务分局、税务所和省以下税务局的稽查局。稽查局专司偷税、逃避追缴欠税、骗税、抗税案件的查处。

2. 税务行政管理相对人——纳税人、扣缴义务人

纳税人、扣缴义务人和其他有关单位是税务行政管理的相对人，是《税收征管法》的遵守主体，必须按照《税收征管法》的有关规定接受税务管理。纳税人、扣缴义务人必须依照法律、行政法规的规定缴纳税款、代扣代缴、代收代缴税款。纳税人、扣缴义务人应当按照国家有关规定如实向税务机关提供与纳税和代扣代缴、代收代缴税款有关的信息。

3. 有关单位和部门

地方各级人民政府应当依法加强对本行政区域内税收管理工作的领导或者协调，支持税务机关依法执行职务，依照法定税率计算税额，依法征收税款。各有关部门和单位应当支持、协助税务机关依法执行职务。

二、税务登记管理

税务登记又称纳税登记，是税务机关对纳税人的开业、变动、歇业以及生产经营范围变化实行法定登记的一项制度，是确定纳税人履行纳税义务的法定手续，也是税务机关切实控制税源和对纳税人进行纳税监督的一种手段。

税务登记包括开业税务登记，变更税务登记，停业、复业税务登记，注销税务登记，外出经营报验登记等。

(一)开业税务登记

1. 开业税务登记范围

企业、企业在外地设立的分支机构和从事生产、经营的单位，个体工商户和从事生产、经营的事业单位(以下统称从事生产、经营的纳税人)应于开业前向机构所在地税务机关办理税务登记。

不从事生产、经营，但按法律、法规规定负有纳税义务的单位和个人，除临时取得应税收入或发生应税行为以及只缴纳个人所得税、车船税的外，都应按规定向税务机关办理税务登记。

2. 开业税务登记的时限要求

从事生产经营的纳税人，自领取营业执照之日起30日内，持有关证件向税务机关申报办理税务登记。

从事生产、经营的纳税人，应当按国家有关规定，持税务登记证件，在银行或者其他金融机构开立基本存款账户和其他存款账户，自开立账户之日起15日内向主管税务机关书面报告其全部账号；账号发生变化的应自变化之日起15日内向主管税务机关书面报告其变化情况。

(二)变更税务登记

变更税务登记是指纳税人办理税务登记后，登记的内容发生变化时向原税务机关申报办理变更的税务登记。

1. 变更税务登记的适用范围

纳税人税务登记内容发生以下变动的，应向主管税务机关办理变更税务登记事项：①改变纳税人名称、法定代表人的；②改变住所、经营地点的(不含改变主管税务机关的)；③改变经济性质或企业类型的；④改变经营范围、经营方式的；⑤改变注册资金或产权关系的。

2. 变更税务登记的时限要求

从事生产、经营的纳税人发生以上税务登记内容变化的，应自工商行政管理机关办理变更登记之日起30日内或者在向工商行政管理机关申请办理注销登记之前，持有关证件向税务机关申报办理变更税务登记。

(三)停业、复业税务登记

停业、复业税务登记是纳税人暂停和恢复生产经营活动而办理的税务登记。

实行定期定额征收方式的纳税人，在营业执照核准的经营期限内需要停业的，应当向税务机关提出停业登记，说明停业的理由、时间、停业前的纳税情况和发票的领、用、存情况，并如实填写申请停业登记表。税务机关经过审核(必要时可实地审查)，应当责成申请停业的纳税人结清税款并收回税务登记证件、发票领购簿和发票，办理停业登记。纳税人停业期间发生纳税义务，应当及时向主管税务机关申报，依法补缴应纳税款。

纳税人应当于恢复生产、经营之前，向税务机关提出复业登记申请，经确认后，办理复业登记，领回或启用税务登记证件和发票领购簿及其领购的发票，纳入正常管理。

(四)注销税务登记

注销税务登记是指纳税人在发生解散、破产、撤销以及依法终止履行纳税义务的其他情形时，向原登记税务机关申请办理的登记。

1. 注销税务登记适用范围

纳税人发生以下情况，应及时办理注销税务登记：①纳税人发生解散、破产、撤销的；②纳税人被工商行政管理机关吊销营业执照的；③纳税人因住所、经营地点或产权关系变更而涉及改变主管税务机关的；④纳税人发生的其他应办理注销税务登记情况的。

2. 注销税务登记的时限要求

(1)纳税人应当在向工商行政管理机关办理注销登记前，向原税务登记管理机关申报办理注销税务登记。按照规定不需要在工商行政管理机关办理注销登记的纳税人，应当自有关机关批准或者宣告终止之日起15日内，向原税务登记机关申报办理注销税务登记。

(2)纳税人因生产、经营场所变动而涉及改变税务登记机关的，应当在向工商行政管理机关申请办理变更或注销登记前或者生产、经营地点变动前，向原税务登记机关办理注销税务登记，再向迁达地税务机关申报办理税务登记。

(3)纳税人被工商行政管理机关吊销营业执照的，应当自营业执照被吊销之日起15日内，向原税务登记机关申报办理注销登记。

纳税人办理注销税务登记前，应向税务机关结清税款、滞纳金和罚款，缴销发票、发票领购簿和税务登记证件，经税务机关核准，办理注销税务登记手续。

(五)外出经营报验登记

从事生产、经营的纳税人到外县(市)进行生产经营的，应当向主管税务机关申请开具外出经营活动税收管理证明。主管税务机关对纳税人的申请进行审核后，按照一地(县、市)一证的原则，核发《外出经营活动税收管理证明》。纳税人应当在到达经营地进行生产、经营前向经营地税务机关申请报验登记，并按规定提交有关证件、资料。外出经营活动结束，纳税人应当向经营地税务机关填报《外出经营活动情况申报表》，并按规定结清税款、缴销未使用完的发票。

(六)税务登记的管理

1. 税务登记证的使用范围

纳税人办理下列事项时，必须持税务登记证：①开立银行账户；②申请减税、免税和退税；③申请办理延期申报、延期缴纳税款；④领购发票；⑤申请开具外出经营活动的税收管理证明；⑥办理停业、歇业税务登记；⑦其他有关税务事项。

2. 税务登记的审验

(1)税务机关对已核发的税务登记证件，实行定期验证和换证制度。税务登记证件每年验审一次，每3年换证一次。纳税人应当在规定的期限内到税务机关办理验证或者换证手续。

(2)纳税人应将税务登记证件的正本在其生产经营场所或办公场所悬挂。遗失税务登记证的，应在15日内书面报告主管税务机关并登报作废。

(3)从事生产、经营的纳税人到外县(市)临时从事生产经营活动的，应持税务登记证副本和所在地税务机关填开的《外出经营活动税收管理证明》向营业地税务机关报验登记，接受税务管理。

从事生产、经营的纳税人外出经营的，在同一地累计超过180天的，应在营业地办理税务登记。

三、账簿、凭证管理

账簿、凭证是记录和反映纳税人经营活动的基本材料之一，也是税务机关对纳税人、扣缴义务人计征税款以及确认其是否正确履行了纳税义务的重要依据。

(一)设置账簿的范围

(1)从事生产、经营的纳税人应自领取营业执照之日起15日内按照有关法律、行政法规和国务院财政、税务主管部门的规定设置账簿，根据合法、有效凭证记账、进行核算。

(2)扣缴义务人应当自税收法律、行政法规规定的扣缴义务发生之日起10日内，按所代扣、代收的税种，分别设置代扣代缴、代收代缴税款账簿。

(3)生产经营规模小、确无建账能力的个体工商户，可以聘请注册会计师或者经税务机关认可的财会人员代为建账和办理账务；如果聘请注册会计师或者经税务机关认可的财会人员有实际困难的，经县以上税务机关批准，可按税务机关的相关规定，建立收支凭证粘贴簿、进货销货登记簿或税控装置。

(二)财务会计制度管理

根据规定，从事生产、经营的纳税人应当自领取税务登记证件之日起15日内，将其财务、会计制度或者财务、会计处理办法和会计核算软件，报送税务机关备案。

(三)会计档案管理

从事生产、经营的纳税人、扣缴义务人必须按照国务院财政、税务主管部门规定的保管期限保管账簿、记账凭证、完税凭证及其他有关资料。法律、行政法规另有规定的除外，账簿、会计凭证、报表、完税凭证及其他有关纳税资料应当保存10年。账簿、记账凭证、完税凭证及其他有关资料不得伪造、变造或者擅自损毁。

四、纳税申报管理

纳税申报是指纳税人、扣缴义务人按照法律、行政法规规定，在申报期限内就纳税事项向税务机关提出书面申报的一种法定手续。

(一)纳税申报的对象

纳税义务人必须在法律、行政法规规定或税务机关依照法律、行政法规的规定确定的申报期限内办理纳税申报。临时取得应税收入或发生应税行为的纳税人，在发生纳税义务之后，应立即向经营地税务机关办理纳税申报和缴纳税款。

扣缴义务人应当在规定的申报期限内办理代扣代缴、代收代缴税款的申报手续。纳税人享受减税、免税待遇的，在减税、免税期间应当按照规定办理纳税申报。

纳税人、扣缴义务人按照规定的期限办理纳税申报确有困难，需要延期的，应在规定的期限内向税务机关提出书面延期申请，经税务机关核准后，在核准的期限内办理。

(二)纳税申报的内容

纳税人办理纳税申报时，应当如实填写纳税申报表，并根据不同情况相应报送下列有关证件、资料：①财务、会计报表及其说明材料；②与纳税有关的合同、协议书及凭证；③税控装置的电子报税资料；④外出经营活动税收管理证明及异地完税凭证；⑤境内或者境外公证机构出具的有关证明文件；⑥税务机关规定应当报送的其他有关证件、资料。

纳税人、扣缴义务人的纳税申报或者代扣代缴，代收代缴税款报表，报表的主要内容包括：税种、税目、应纳税项目或者应代扣代缴、代收代缴税款项目，适用税率或者单位税额，计税依据，扣除项目及标准，应纳税额或者应代扣代缴、代收代缴税额，税款所属期限等。

(三)纳税申报的方式

纳税人、扣缴义务人办理纳税申报时，可以直接到税务机关办理纳税申报或者报送代扣代缴、代收代缴税款报告表，也可以按照规定采取邮寄、数据电文或者其他方式办理纳税申报、报送事项。

(四)纳税申报的时限

纳税人、扣缴义务人应当按照各税种相关税收法规规定的纳税申报期限办理纳税申报。纳税人、扣缴义务人不能按期办理纳税申报或者报送代扣代缴、代收代缴税款报告表的，经税务机关批准，可以延期申报，但经批准延期办理申报、报送事项的，纳税人、扣缴义务人应当在纳税期内按照上期实际缴纳的税额或者税务机关核定的税额预缴税款，并在核准的延期内办理税款结算。

五、税款征收管理

(一)税款征收的原则

1. 税务机关是征税的唯一行政主体

除税务机关、税务人员以及经税务机关依照法律、行政法规委托的单位和个人外，任何单位和个人不得进行税款征收活动。采取税收保全措施、强制执行措施的权利，不得由法定的税务机关以外的单位和个人行使。

2. 税务机关只能依照法律、行政法规的规定征收税款

(1)税务机关只能依照法律、行政法规的规定征收税款。未经法定机关和法定程序调整，征纳双方均不得随意变动。税务机关代表国家向纳税人征收税款，不能任意征收，只能依法征收。

(2)税务机关不得违反法律、行政法规的规定开征、停征、多征、少征、提前征收或者延缓征收税款或者摊派税款。

(3)税务机关执法必须遵守法定权限和法定的程序。如采取税收保全措施或强制执行措施时；办理减税、免税、退税时；核定征纳税额时；进行纳税调整

时；针对纳税人的欠税，进行清理，采取各种措施时；税务机关都必须按照法律或者行政法规规定的审批权限和程序进行操作，否则就是违法。

(4)税务机关征收税款或扣押、查封商品、货物或其他财产时，必须向纳税人开具完税凭证或开付扣押、查封的收据或清单。

3. 税款、滞纳金、罚款统一由税务机关上缴国库

4. 税款优先原则

(1)税收优先于无担保债权。

(2)纳税人发生欠税在前的，税收优先于抵押权、质权和留置权的执行。纳税人在有欠税的情况下设置抵押权、质权和留置权时，纳税人应当向抵押权人、质权人说明欠税情况。

【例 1-1】甲公司欠缴税款 35 万元，税务机关在多次催缴无效的情况下，查封了其一处业务楼，准备以其拍卖所得抵缴税款。乙公司闻讯后，以该房产已经抵押给乙公司作为合同担保，并且依法办理了抵押物登记手续为由，对税务机关的查封行为提出异议。在该案例中，应如何处理税务机关征收税款与乙公司以房产抵押作为合同担保之间的关系。

【解析】如果甲公司欠缴的税款发生在甲公司以其房产设定抵押前，则税收应当先于抵押权执行，税务机关有权查封甲公司的房产并以其拍卖所得抵缴税款；如果甲公司欠缴的税款发生在财产抵押后，则应保障债权人(乙公司)的合法权利，税务机关查封该房产的决定应予以撤销。

(3)税收优先于罚款、没收非法所得。纳税人欠缴税款，同时又被税务机关决定处以罚款、没收非法所得的，税收优先于罚款、没收非法所得；纳税人欠缴税款，同时又被税务机关以外的其他行政部门处以罚款、没收非法所得的，税款优先于罚款、没收非法所得。

(二)税款征收方式

税款征收方式是指税务机关根据各税种的不同特点、征纳双方的具体条件而确定的计算征收税款的方法和形式。

1. 查账征收

查账征收是指税务机关按照纳税人提供的账表所反映的经营情况，依照适用税率计算缴纳税款的方式。查账征收一般适用于财务会计制度较为健全，能够认真履行纳税义务的纳税单位。

2. 查定征收

查定征收是指税务机关根据纳税人的从业人员、生产设备、采用原材料等因

素，对其产制的应税产品查实核定产量、销售额并据以征收税款的方式。查定征收一般适用于账册不够健全，但是能够控制原材料或进销货的纳税单位。

3. 查验征收

查验征收是指税务机关对纳税人应税商品，通过查验数量，按市场一般销售单价计算其销售收入并据以征税的方式。查验征收一般适用于经营品种比较单一，经营地点、时间和商品来源不固定的纳税单位。

4. 定期定额征收

定期定额征收是指税务机关通过典型调查，逐户确定营业额和所得额并据以征税的方式。定期定额征收一般适用于无完整考核依据的小型纳税单位。

5. 委托代征税款

委托代征税款是指税务机关委托代征人以税务机关的名义征收税款，并将税款缴入国库的方式。委托代征税款一般适用于小额、零散税源的征收。

6. 邮寄纳税

邮寄纳税是一种新的纳税方式，主要适用于那些有能力按期纳税，但采用其他方式纳税又不方便的纳税人。

7. 其他方式

如利用网络申报、用IC卡纳税等方式。

(三)税款征收制度

1. 代扣代缴、代收代缴税款制度

(1)税法规定的扣缴义务人必须依法履行代扣、代收税款义务。如果不履行义务，就要承担法律责任。除按《税收征管法》及其实施细则的规定给予处罚外，应当责成扣缴义务人限期将应扣未扣、应收未收的税款补扣或补收。对法律、行政法规没有规定负有代扣、代收税款义务的单位和个人，税务机关不得要求其履行代扣、代收税款义务。

(2)扣缴义务人依法履行代扣、代收税款义务时，纳税人不得拒绝。纳税人拒绝的，扣缴义务人应当在1日之内报告主管税务机关处理。不及时向主管税务机关报告的，扣缴义务人应承担应扣未扣、应收未收税款的责任。

(3)扣缴义务人代扣、代收税款，只限于法律、行政法规规定的范围，并依照法律、行政法规规定的征收标准执行。对法律、行政法规没有规定代扣、代收的，扣缴义务人不能超越范围代扣、代收税款，扣缴义务人也不得提高或降低标准代扣、代收税款。

(4)税务机关按照规定付给扣缴义务人代扣、代收手续费。代扣、代收税款手续费只能由县(市)以上税务机关统一办理退库手续，不得在征收税款过程中坐支。

2. 延期缴纳税款制度

纳税人和扣缴义务人必须在税法规定的期限内缴纳、解缴税款。纳税人因有特殊困难，不能按期缴纳税款的，经省、自治区、直辖市国家税务局、地方税务局批准，可以延期缴纳税款，但最长不得超过3个月。

特殊困难的主要内容：一是因不可抗力，导致纳税人发生较大损失，正常生产经营活动受到较大影响的；二是当期货币资金在扣除应付职工工资、社会保险费后，不足以缴纳税款的。

3. 税收滞纳金征收制度

纳税人必须按照规定的期限缴纳税款。纳税人未按照期限缴纳税款的，扣缴义务人未按照规定期限解缴税款的，税务机关除责令限期缴纳外，从滞纳税款之日起，按日加收滞纳税款0.5‰的滞纳金。

【例1-2】甲公司2010年8月应纳增值税税款300 000元，该单位会计由于去外地开会，9月23日才将8月税款缴纳。根据税收征收管理法律制度的规定，税务机关依法加收的滞纳金为(　　)元。

A. 450　　B. 1 050　　C. 1 200　　D. 301 200

【解析】滞纳天数为9月16—23日，共8日，滞纳金＝300 000×0.5‰×8＝1 200(元)。

4. 减免税收制度

(1)纳税人有符合法律、行政法规的明确规定减免税情况的，可申请减免税，应向主管税务机关提出书面申请，并按规定附送有关资料。

(2)纳税人在享受减免税待遇期间，仍应按规定办理纳税申报。

(3)纳税人享受减税、免税的条件发生变化时，应当自发生变化之日起15日内向税务机关报告，经税务机关审核后，停止其减税、免税；对不报告的，又不再符合减税、免税条件的，税务机关有权追回已减免的税款。

(4)减税、免税期满，纳税人应当自期满次日起恢复纳税。

(5)纳税人同时从事减免项目与非减免项目的，应分别核算，独立计算减免项目的计税依据以及减免税额度。不能分别核算的，不能享受减免税；核算不清的，由税务机关按合理方法核定。

5. 核定应纳税额

纳税人有下列情形之一的，税务机关有权核定其应纳税额：①依照法律、行政法规的规定可以不设置账簿的；②依照法律、行政法规的规定应当设置但未设置账簿的；③擅自销毁账簿或者拒不提供纳税资料的；④虽设置账簿，但账目混乱或者成本资料、收入凭证、费用凭证残缺不全，难以查账的；⑤发生纳税义务，未按照规定的期限办理纳税申报，经税务机关责令限期申报，逾期仍不申报的；⑥纳税人申报的计税依据明显偏低，又无正当理由的。

纳税人与关联企业之间提供劳务，不按照独立企业之间业务往来收取或者支付劳务费用的，主管税务机关可以参照类似劳务活动的正常收费标准予以调整。

6. 责令缴纳税款

对未按规定办理税务登记的从事生产、经营的纳税人以及临时从事经营的纳税人，由税务机关核定其应纳税额，责令缴纳。不缴纳的，税务机关可以扣押其价值相当于应纳税款的商品、货物；扣押后缴纳应纳税款的，税务机关必须立即解除扣押，并归还所扣押的商品、货物；扣押后仍不缴纳应纳税款的，经县以上税务局(分局)局长批准，依法拍卖或变卖所扣押的商品、货物，以拍卖或者变卖所得抵缴税款。

7. 责令提供纳税担保

纳税担保是指经税务机关同意或确认，纳税人或其他自然人、法人、经济组织以保证、抵押、质押方式，为纳税人应当缴纳的税款及滞纳金提供担保的行为。

(1)纳税人需要提供纳税担保的情形：

①税务机关有根据认为从事生产经营的纳税人有逃避纳税义务行为，在规定的纳税期之前，责令其限期缴纳应纳税款；在限期内发现纳税人有明显的转移、隐匿其应纳税的商品、货物以及其他财产或者应纳税收入迹象的，可以责成纳税人提供纳税担保。

②欠缴税款、滞纳金的纳税人或者其法定代表人需要出境的，可以责成纳税人提供纳税担保。

③纳税人同税务机关在纳税上发生争议而未缴清税款，需要申请行政复议的，纳税人应提供纳税担保。

④税收法律、行政法规规定可以提供纳税担保的其他情形。

(2)纳税担保的范围包括税款、滞纳金和实现税款、滞纳金的费用。

(3)纳税担保的具体方式包括纳税保证、纳税抵押、纳税质押。

8. 税收保全措施

税务机关责令纳税人提供纳税担保而纳税人拒绝提供纳税担保或无力提供纳税担保的，经县以上税务局(分局)局长批准，税务机关可以采取下列税收保全措施：

(1)书面通知纳税人开户银行或者其他金融机构冻结纳税人的金额相当于应纳税款的存款。

(2)扣押、查封纳税人的价值相当于应纳税款的商品、货物或者其他财产。

纳税人在规定的限期内缴纳税款的，税务机关必须立即解除税收保全措施；限期期满仍未缴纳税款的，经县以上税务局(分局)局长批准，税务机关可以书面通知纳税人开户银行或者其他金融机构从其冻结的存款中扣缴税款，或者依法拍卖或者变卖所扣押、查封的商品、货物或者其他财产，以拍卖或者变卖所得抵缴税款。

9. 税收强制执行措施

税收强制执行措施是指税务机关对纳税人、扣缴义务人或纳税担保人欠缴税款经责令限期缴纳或扣押、查封其商品货物以及其他财产后仍未按期缴纳税款的情况下，采取的强行征收其相当于欠缴税款和因欠缴税款应缴纳的滞纳金的行为。

从事生产、经营的纳税人、扣缴义务人未按照规定的期限缴纳或者解缴税款，纳税担保人未按照规定的期限缴纳所担保的税款，由税务机关责令限期缴纳，逾期仍未缴纳的，经县以上税务局(分局)局长批准，税务机关可以采取下列强制执行措施：

(1)书面通知开户银行或者其他金融机构从其存款中扣缴税款。

(2)扣押、查封、依法拍卖或者变卖其价值相当于应纳税款的商品、货物或者其他财产，以拍卖或者变卖所得抵缴税款。

税务机关采取强制执行措施时，对上述所列纳税人、扣缴义务人、纳税担保人未缴纳的滞纳金同时强制执行。纳税人、扣缴义务人和其他当事人因偷税或少缴的税款或者骗取的出口退税款，税务部门除可以无限期追征税款外，还可以采取税收强制执行措施。

10. 欠税清缴制度

(1)限期缴税时限。从事生产、经营的纳税人、扣缴义务人未按照规定的期限缴纳或者解缴税款的，纳税担保人未按照规定的期限缴纳所担保的税款的，由税务机关发出限期缴纳税款通知书，责令缴纳或者解缴税款的最长期限不得超过15日。

(2)出境清税。欠缴税款的纳税人及其法定代表需要出境的，应当在出境前向税务机关结清应纳税款或者提供担保。未结清税款，又不提供担保的，税务机关可以通知出境管理机关阻止其出境。

(3)纳税人有合并、分立情形的，应当向税务机关报告，并依法缴清税款。

纳税人合并时未缴清税款的，应当由合并后的纳税人继续履行未履行的纳税义务；纳税人分立时未缴清税款的，分立后的纳税人对未履行的纳税义务应当承担连带责任。

(4)大额欠税处分财产报告制度。欠缴税款数额在 5 万元以上的纳税人在处分其不动产或者大额资产之前，应当向税务机关报告。

(5)税务机关可以对欠缴税款的纳税人行使代位权、撤销权，即对纳税人的到期债权等财产权利，税务机关可以依法向第三者追索以抵缴税款。

(6)建立欠税公告制度。税务机关应当对纳税人欠缴税款的情况，在办税场所或者广播、电视、报纸、期刊、网络等新闻媒体上定期予以公告。

11. 税款追征与补征

(1)税款追征是指因纳税人、扣缴义务人计算错误等失误，未缴或者少缴税款的，税务机关在 3 年内可以追征税款、滞纳金；有特殊情况的，追征期可以延长到 5 年。对偷税、抗税、骗税的，税务机关追征其未缴或者少缴的税款、滞纳金或者所骗取的税款，不受此限。

(2)税款补征是指因税务机关的责任，致使纳税人、扣缴义务人未缴或者少缴税款的，税务机关在 3 年内可以要求纳税人、扣缴义务人补缴税款，但是不得加收滞纳金。补缴和追征税款的期限，从纳税人、扣缴义务人应缴未缴或者少缴税款之日起计算。

六、税务检查

(一)税务检查的概念

税务检查是税务机关以国家税收法律、行政法规为依据，对纳税人、扣缴义务人履行纳税义务和代扣代缴、代收代缴义务的情况进行的审查监督活动。

(二)税务机关在检查中的职责

税务机关有权进行下列税务检查：

(1)检查纳税人的账簿、记账凭证、报表和有关资料，检查扣缴义务人代扣代缴、代收代缴税款账簿、记账凭证和有关资料。

(2)到纳税人的生产、经营场所和货物存放地检查纳税人应纳税的商品、货物或者其他财产，检查扣缴义务人与代扣代缴、代收代缴税款有关的经营情况。

(3)责成纳税人、扣缴义务人提供与纳税或者代扣代缴、代收代缴税款有关的文件、证明材料和有关资料。

(4)询问纳税人、扣缴义务人与纳税或者代扣代缴、代收代缴税款有关的问题和情况。

(5)到车站、码头、机场、邮政企业及其分支机构检查纳税人托运、邮寄应纳税商品、货物或者其他财产的有关单据、凭证和有关资料。

(6)经县以上税务局(分局)局长批准，凭全国统一格式的检查存款账户许可证明，查询从事生产、经营的纳税人、扣缴义务人在银行或者其他金融机构的存款账户。

第四节　纳税人、扣缴义务人的法律责任

一、纳税人违反税收管理行为的法律责任

(1)纳税人有下列行为之一的，由税务机关责令限期改正，可以处 2 000 元以下的罚款；情节严重的，处 2 000 元以上 1 万元以下的罚款：

①未按照规定的期限申报办理税务登记、变更或者注销登记的；

②未按照规定设置、保管账簿或者保管记账凭证和有关资料的；

③未按照规定将财务、会计制度或者财务、会计处理办法和会计核算软件报送税务机关备查的；

④未按照规定将其全部银行账号向税务机关报告的；

⑤未按照规定安装、使用税控装置，或者损毁或擅自改动税控装置的。

扣缴义务人未按照规定设置、保管代扣代缴、代收代缴税款账簿或者保管代扣代缴、代收代缴税款记账凭证及有关资料的，由税务机关责令限期改正，可以处 2 000 元以下的罚款；情节严重的，处 2 000 元以上 5 000 元以下的罚款。

(2)纳税人不办理税务登记的，由税务机关责令限期改正；逾期不改正的，经税务机关提请，由工商行政管理机关吊销其营业执照。

(3)纳税人未按照规定使用税务登记证件，或者转借、涂改、损毁、买卖、伪造税务登记证件的，处 2 000 元以上 1 万元以下的罚款；情节严重的，处 1 万元以上 5 万元以下的罚款。

(4)非法印制发票的，由税务机关销毁非法印制的发票，没收违法所得和作案工具，并处 1 万元以上 5 万元以下的罚款；构成犯罪的，依法追究刑事责任。

(5)从事生产、经营的纳税人、扣缴义务人有违反《税收征管法》规定的违法

行为，拒不接受税务机关处理的，税务机关可以收缴其发票或者停止向其发售发票。

二、纳税人违反纳税申报规定行为的法律责任

(1)纳税人未按照规定的期限办理纳税申报和报送纳税资料的，由税务机关责令限期改正，可以处2 000元以下的罚款；情节严重的，可以处2 000元以上1万元以下的罚款。

扣缴义务人未按照规定的期限向税务机关报送代扣代缴、代收代缴税款报告表和有关资料的，由税务机关责令限期改正，可以处2 000元以下的罚款；情节严重的，可以处2 000元以上1万元以下的罚款。

(2)纳税人、扣缴义务人编造虚假计税依据的，由税务机关责令限期改正，并处5万元以下的罚款。

(3)纳税人不进行纳税申报，不缴或者少缴应纳税款的，由税务机关追缴其不缴或者少缴的税款、滞纳金，并处不缴或者少缴的税款50%以上5倍以下的罚款。

扣缴义务人应扣未扣、应收而不收税款的，由税务机关向纳税人追缴税款，对扣缴义务人处应扣未扣、应收未收税款50%以上3倍以下的罚款。

三、纳税人偷税、骗税、抗税行为的法律责任

1. 纳税人偷税行为的法律责任

纳税人有伪造、变造、隐匿、擅自销毁账簿、记账凭证，或者在账簿上多列支出或者不列、少列收入，或者经税务机关通知申报而拒不申报或者进行虚假的纳税申报，不缴或者少缴应纳税款的偷税行为，由税务机关追缴其不缴或者少缴的税款、滞纳金，并处不缴或者少缴的税款50%以上5倍以下的罚款；构成犯罪的，依法追究刑事责任。此规定同样适用于扣缴义务人。

扣缴义务人编造虚假计税依据的，由税务机关责令限期改正，并处5万元以下的罚款。

2. 纳税人骗取出口退税行为的法律责任

以假报出口或者其他欺骗手段，骗取国家出口退税款的，由税务机关追缴其骗取的退税款，并处骗取税款1倍以上5倍以下的罚款；构成犯罪的，依法追究刑事责任。对骗取国家出口退税款的，税务机关可以在规定期间内停止为其办理出口退税。

3. 纳税人抗税行为的法律责任

纳税人有以暴力、威胁方法拒不缴纳税款的抗税行为，由税务机关追缴其拒缴的税款、滞纳金外，依法追究刑事责任。情节轻微、未构成犯罪的，由税务机关追缴其拒缴的税款、滞纳金，并处拒缴税款1倍以上5倍以下的罚款。

四、纳税人拖欠税款行为的法律责任

(1)纳税人在规定期限内不缴或者少缴应纳或者应解缴的税款，经税务机关责令限期缴纳，逾期仍未缴纳的，税务机关除依法采取强制执行措施追缴其不缴或少缴的税款外，可处不缴或者少缴的税款50%以上5倍以下的罚款。

(2)扣缴义务人在规定期限内不缴或者少缴应纳或者应解缴的税款，经税务机关责令限期缴纳，逾期仍未缴纳的，税务机关除依法采取强制执行措施追缴其不缴或者少缴的税款外，可以处不缴或者少缴的税款50%以上5倍以下的罚款。纳税人欠缴应纳税款，采取转移或者隐匿财产的手段，妨碍税务机关追缴欠缴的税款的，由税务机关追缴欠缴的税款、滞纳金，并处欠缴税款50%以上5倍以下的罚款，构成犯罪的，依法追究刑事责任。

(3)扣缴义务人逃避、拒绝或者以其他方式阻挠税务机关检查的，由税务机关责令改正，可以处1万元以下的罚款；情节严重的，处1万元以上5万元以下的罚款。

第五节　企业涉税会计主要会计科目的设置

现行企业会计核算中，涉及税务业务的主要会计科目主要有“应交税费”、“营业税金及附加”、“所得税”、“递延所得税资产”、“递延所得税负债”、“以前年度损益调整”。

1. “应交税费”科目

企业按税法规定计算应缴纳的各种税费，除企业不需要预计应缴纳的税金，如印花税、耕地占用税外，其他税种大多均通过“应交税费”科目核算，具体包括增值税、消费税、营业税、所得税、资源税、土地增值税、城市维护建设税、土地使用税、车船使用税、教育费附加及企业代扣代缴的个人所得税等。

本科目贷方余额反映企业尚未缴纳的税费，期末余额反映企业多缴或已抵扣的税金。

“应交税费”科目按税种进行明细核算。由于增值税业务比较复杂，因此增值税在本科目下设3个二级科目，其他各税种各设1个二级科目。

(1)“应交税费——应交增值税”明细科目

“应交税费——应交增值税”是涉税业务核算明细账户最复杂的账户，其借方既要反映增值税进项税额，又要反映预缴的增值税金；贷方既要反映增值税销项税额，又要反映出口退税、进项税额转出等情况，因此采用多栏式账户形式，在“应交税费——应交增值税”账户中的借方设置了5个专栏，分别为“进项税额”、“已交税金”、“减免税款”、“出口抵减内销产品应纳税额”和“转出未交增值税”；贷方设置了4个专栏，分别为“销项税额”、“出口退税”、“进项税额转出”、“转出多交增值税”。

(2)“未交增值税”明细科目

本明细科目金额是从“应交税费——应交增值税”中转过来的。分别反映企业欠缴增值税税款和待抵扣增值税情况，核算一般纳税企业月终时转入的应缴未缴增值税额或多缴的增值税。

(3)“增值税检查调整”明细科目

税务机关对增值税一般纳税人增值税纳税情况进行检查后，发现有问题，需要调整账务的，使用“增值税检查调整”明细科目。

(4)“应交税费——应交消费税”明细科目

(5)“应交税费——应交资源税”明细科目

(6)“应交税费——应交城市维护建设税”明细科目

(7)“应交税费——应交所得税”明细科目

(8)“应交税费——应交土地增值税”明细科目

(9)“应交税费——应交房产税”明细科目

(10)“应交税费——土地使用税”明细科目

(11)“应交税费——车船使用税”明细科目

(12)“应交税费——应交教育费附加”明细科目

(13)“应交税费——矿产资源补偿费”明细科目

(14)“应交税费——应交的保险保障基金”明细科目

2.“营业税金及附加”科目

本科目核算企业经营活动发生的各种营业税、消费税、城市维护建设税、资源税和教育费附加等相关税费。营业税金及附加是损益类项目，最终要转入本年利润。

3.“所得税”科目

本科目核算企业根据所得税准则确认的应从当期利润总额中扣除的所得税费用。本科目下设两个明细科目：

(1)“所得税——当期所得税费用”明细科目

(2)“所得税——递延所得税费用”明细科目

4.“递延所得税资产”科目

本科目核算企业根据所得税准则确认的可抵扣暂时性差异产生的递延所得税资产。

5.“递延所得税负债”科目

本科目核算企业根据所得税准则确认的可抵扣暂时性差异产生的递延所得税负债。

6.“以前年度损益调整”科目

本科目核算企业本年度发生的调整以前年度损益的事项以及本年度发现的重要前期差错更正涉及调整以前年度损益的事项。

强化训练题

一、单项选择题

1. 下列各项中，属于税收法律关系客体的是(　　)。

A. 纳税人　　B. 税率　　C. 课税对象　　D. 纳税义务

2. 反映纳税人税负轻重的要素是(　　)。

A. 课税对象　　B. 税收优惠　　C. 税率　　D. 计税依据

3. 下列各项中，属于税收保全措施的是(　　)。

A. 暂扣纳税人税务登记证

B. 书面通知纳税人开户银行从其存款中扣缴税款

C. 拍卖纳税人价值相当于应纳税款的货物，以拍卖所得抵缴税款

D. 查封纳税人价值相当于应纳税款的货物

4. 某酒店2010年12月取得餐饮收入5万元，客房出租收入10万元，该酒店未在规定期限内进行纳税申报，经税务机关责令限期申报，逾期仍不申报。根据税收征收管理法律制度的规定，税务机关有权对该酒店采取的税款征收措施是(　　)。

A. 采取税收保全措施　　B. 责令提供纳税担保

C. 税务人员到酒店直接征收税款　　D. 核定其应纳税额

5. 我国税法的构成要素中，能够区别不同税种的主要标志是(　　)。

A. 纳税人　　B. 征税对象　　C. 税率　　D. 纳税期限

6. 下列各项中，不属于流转税的有(　　)。

A. 增值税　　B. 消费税　　C. 营业税　　D. 土地增值税

7. 营业额达到或者超过一定标准的照章全额计算纳税，营业额低于该标准的则免予征收营业税，这种减免税方式称为(　　)，属于(　　)。

A. 免征额　税基式减免　　B. 起征点　税额式减免

C. 项目扣除　税额式减免　　D. 起征点　税基式减免

8. 通过直接缩小计税依据的方式实现的减税免税是(　　)。

A. 税基式减免　　B. 税率式减免　　C. 税额式减免　　D. 法定式减免

9. 我国个人所得税的计算中，按税法规定，可以按扣除 2 000 元后的金额计算应纳税额，该 2 000 元指的是(　　)。

A. 起征点　　B. 免征额　　C. 税率式减免　　D. 税额式减免

10. 下列各项中，不属于税务机关职权的是(　　)。

A. 税务检查　　B. 税务代理　　C. 税务处罚　　D. 税款征收

11. 根据规定，从事生产、经营的纳税人，应当在法定期限内将财务、会计制度或者财务、会计处理办法报送税务机关备案。该法定期限为(　　)。

A. 自领取营业执照之日起 30 日内

B. 自领取税务登记证件之日起 30 日内

C. 自领取营业执照之日起 15 日内

D. 自领取税务登记证件之日起 15 日内

12. 纳税人的完税凭证、发票等涉税资料应当保存的期限是(　　)。

A. 3 年　　B. 5 年　　C. 10 年　　D. 20 年

13. 从事生产、经营的纳税人，税务登记内容发生变化的，应当自工商行政管理机关办理变更登记之日起(　　)内，向原税务机关申报办理变更税务登记。

A. 10 日　　B. 15 日　　C. 30 日　　D. 60 日

14. 纳税人未按规定期限缴纳税款的，税务机关除责令其限期缴纳外，从滞纳税款之日起，按日加收滞纳金，该滞纳金的比例是滞纳税款的(　　)。

A. 万分之一　　B. 万分之五　　C. 千分之一　　D. 千分之二

15. 针对纳税人、扣缴义务人和其他当事人因偷税未缴或者少缴的税款或者骗取的退税款的，下列说法正确的是(　　)。

A. 税务机关在 3 年内可以追征

B. 有特殊情况的，追征期可以延长到10年

C. 无限期追征

D. 税务机关在5年内可以追征

16. 纳税人账簿、凭证、财务会计制度比较健全，能够如实反映生产经营成果，正确计算应纳税款的，税务机关应当对其采用的税款征收方式是(　　)。

A. 定期定额征收　B. 查验征收　C. 查账征收　D. 查定征收

17. 我国对税收法律关系中纳税义务人的确定，采取的是(　　)的原则。

A. 属地原则　B. 属人原则

C. 属地兼属人的原则　D. 灵活确定的原则

二、多项选择题

1. 税收具有(　)特征。

A. 无偿性　B. 收益性　C. 强制性　D. 固定性

2. 我国税收法律关系中的征税主体是(　　)。

A. 税务机关　B. 税务师事务所　C. 海关　D. 审计机关

3. 纳税人发生的下列情形中，应办理税务注销登记的有(　　)。

A. 纳税人破产　B. 纳税人变更法定代表人

C. 纳税人被吊销营业执照　D. 纳税人暂停经营活动

4. 纳税人办理下列事项时，必须提供税务登记证件的有(　　)。

A. 申请开具外出经营活动税收管理证明　B. 领购发票

C. 开立银行账户　D. 设置账簿

5. 纳税人在办理注销税务登记前，应当向税务机关(　　)。

A. 结清应纳税款、滞纳金、罚款　B. 提供清缴欠税的纳税担保

C. 缴纳不超过10 000元的保证金　D. 缴销发票和税务登记证件

6. 根据税收征收管理法律制度的规定，税务机关有权核定纳税人应纳税额的情形有(　　)。

A. 纳税人按税法规定应当设置但未设置账簿的

B. 纳税人虽设置账簿，但账目混乱难以查账的

C. 纳税人成本资料、收入凭证、费用凭证残缺不全，难以查账的

D. 纳税人未按照规定的期限缴纳税款，经税务机关责令限期缴纳，逾期仍不缴纳的

7. 根据税收征收管理法律制度的规定，税务机关可以采取的税收强制执行措施的有(　　)。

A. 书面通知纳税人开户银行暂停支付纳税人存款
B. 书面通知纳税人开户银行从其存款中扣缴税款
C. 拍卖所扣押的纳税人价值相当于应纳税款的财产，以拍卖所得抵缴税款
D. 扣押纳税人价值相当于应纳税款的财产

8. 下列各项中属税法所规定的偷税手段的有(　　)。
A. 伪造、变造账簿、记账凭证　　B. 隐匿、擅自销毁账簿、记账凭证
C. 进行虚假的纳税申报　　D. 以暴力、威胁方法拒不缴纳税款

9. 纳税人下列各项行为，可按“由税务机关责令限期改正，逾期不改正的，可以处以 2 000 元以下的罚款，情节严重的，处以 2 000 元以上 10 000 元以下的罚款”规定处理的有(　　)。
A. 未按照规定设置、保管账簿
B. 未按照规定的期限申报办理税务登记
C. 规定期限内不缴纳税款的行为
D. 未按照规定将财务、会计制度报送税务机关备查

10. 我国税法明确规定纳税人的权利包括(　　)。
A. 申请延期纳税　　B. 依法办理税务登记
C. 申请税务行政复议　　D. 提起诉讼权

11. 根据规定，下列各项中，税务机关可以无限期追征的有(　　)。
A. 纳税人偷税的税款
B. 纳税人抗税的税款
C. 纳税人骗税的税款
D. 因纳税人计算错误未缴或者少缴的税款在 10 万元以上的

三、判断题

1. 在华的外国企业、组织、外籍人、无国籍人等，凡在中国境内有收入来源的，都是我国税收法律关系的纳税主体。　(　　)
2. 税收法律关系的权利主体是指代表国家行使征税职责的税务机关或财政机关。　(　　)
3. 税目是税法中具体规定应当征税的项目，是课税对象的具体化，因此对于所有的税种均要规定税目。　(　　)
4. 起征点是指征税对象达到一定数额才开始征税的界限，征税对象的数额达到规定数额的，只对其超过起征点部分的数额征税。　(　　)
5. 纳税期限就是纳税义务发生时间。　(　　)

6. 课税对象是区别不同税种的重要标志。（　）
7. 纳税人和扣缴义务人都是实际承担税负的单位或者个人。（　）
8. 比例税率即征税对象数额越大，税率越高。（　）
9. 纳税人发生解散、破产、撤销，依法终止纳税义务的，应当自工商行政管理机关办理注销之日起 15 日内，持有关证件向原税务登记管理机关申报办理注销税务登记。（　）
10. 我国所有的税种的征收管理均适用于《税收征收管理法》。（　）

第二章 增值税法及账务处理

第一节 增值税概述

一、增值税的概念及类型

（一）增值税的概念

增值税是以商品（含应税劳务）在流转过程中产生的增值额作为计税依据而征收的一种流转税。增值额相当于商品价值 $C+V+M$ 中的 $V+M$ 部分。C 即商品生产过程中所消耗的生产转移价值；V 即工资，是劳动者为自己创造的价值；M 即剩余价值或盈利，是劳动者为社会创造的价值。

从计税原理而言，增值税是对商品生产和流通中各环节的新增价值或商品附加值进行征税。然而由于新增价值或商品附加值在商品流通过程中是一个难以准确计算的数据，因此，在实际操作上，我国增值税采用间接计算办法，具体可称为“购进扣税法”。

购进扣税法的基本步骤是先用销售额乘以税率，得出销项税额，然后再减去当期外购项目已纳税额，从而得出应纳税额，即

应纳税额＝增值额×税率
　　　　＝销售额×税率－当期外购项目已纳税额
　　　　＝当期销项税额－当期进项税额

从事货物销售以及提供应税劳务的纳税人，要根据货物或应税劳务销售额，按照规定的税率计算税款，然后从中扣除上一道环节已纳增值税款，其余额即为

纳税人应缴纳的增值税税款。

在实行购进扣税法的情况下，销售额、税率、当期外购项目已纳税额(体现在购进货物的增值税专用发票上)都是已知的，既计算简便，又能体现出增值税的“中性”特征。这种方法虽然并不直接计算增值额，但可以便捷地计算出应纳税额，因而为各国增值税采用最多的计税方法。

(二)增值税的类型

增值税的扣税范围取决于外购的固定资产已纳税额能不能扣除。增值税按对外购固定资产已纳税额的处理方式不同可划分为生产型增值税、收入型增值税和消费型增值税。

1. 生产型增值税

生产型增值税是指在计算应纳税额时，只允许从当期销项税额中扣除原材料等劳动对象的已纳税款，而不允许扣除固定资产所含税款的增值税。生产型增值税以销售收入总额减去所购中间产品价值后的余额为税基。我国 2008 年 12 月 31 日以前实行的增值税属于生产型增值税。

2. 收入型增值税

收入型增值税是指在计算应纳税额时，除扣除中间产品已纳税款，还允许在当期销项税额中扣除固定资产折旧部分所含税金。收入型增值税以销售收入总额减去所购中间产品价值与固定资产折旧额后的余额为税基。

3. 消费型增值税

消费型增值税是指在计算应纳税额时，除扣除中间产品已纳税款，对纳税人购入固定资产已纳税款，允许一次性地从当期销项税额中全部扣除，从而使纳税人用于生产应税产品的全部外购生产资料都不负担税款。消费型增值税以销售收入总额减去所购中间产品价值与固定资产投资额后的余额为税基。此种类型可以彻底消除重复征税问题，这是世界上实行增值税的国家普遍采用的一种类型。我国从 2009 年 1 月 1 日起实行消费型增值税。

第二节 增值税的基本要素

增值税是对在我国境内销售货物或者提供加工修理修配劳务以及进口货物的

企业单位和个人，就其货物销售和提供劳务的增值额和货物进口金额为计税依据而课征的一种流转税。

一、增值税的征收范围

(一)增值税征税范围的一般规定

我国现行增值税的征税范围包括境内销售货物、提供应税劳务和进口货物。

1. 销售货物

销售货物是指在中华人民共和国境内有偿转让货物的所有权，包括电力、热力、气体在内。

2. 提供加工、修理修配劳务

提供加工、修理修配劳务又称销售应税劳务，是指在中国境内有偿提供加工、修理修配劳务。

3. 进口货物

进口货物是指进入中国关境的货物。对于进口货物，除依法征收关税外，还应在进口环节征收增值税。

(二)我国现行增值税征税范围的特殊规定

1. 视同销售行为

单位和个体经营者的下列行为，虽然没有取得销售收入，也视同销售应税货物，征收增值税：

(1)将货物交付他人代销。

(2)销售代销货物(手续费缴纳营业税)。

(3)设有两个以上机构并实行统一核算的纳税人，将货物从一个机构移送其他机构用于销售，但相关机构在同一县(市)的除外。

(4)将自产或委托加工的货物用于非增值税应税项目。

(5)将自产、委托加工或购买的货物作为投资，提供给其他单位或个体经营者。

(6)将自产、委托加工或购买的货物分配给股东或投资者。

(7)将自产、委托加工的货物用于集体福利或个人消费。

(8)将自产、委托加工或购买的货物无偿赠送他人。

2. 混合销售行为

同一项销售行为如果既涉及货物又涉及非增值税应税劳务为混合销售行为。

其中的非增值税应税劳务是指属于应缴营业税的劳务。混合销售行为的特点是：销售货物与提供非增值税应税劳务是由同一纳税人实现，价款是同时从一个购买方取得的。对混合销售行为的征税规定如下。

(1)对于从事货物的生产、批发或零售的企业、企业性单位及个体经营者的混合销售行为，视同销售货物，征收增值税；其他单位和个人的混合销售行为，视同销售非增值税应税劳务，不征收增值税而征收营业税。

(2)对以从事非增值税应税劳务为主，并兼营货物销售的单位和个人，其混合销售行为应视为销售非应税劳务，不征收增值税。但对其混合销售行为有几项特殊规定：

①如果其设立单独的机构经营货物销售并单独核算，该单独机构应视为从事货物的生产、批发或零售的企业、企业性单位，其发生的混合销售行为应当征收增值税；

②从事运输业务的单位和个人，发生销售货物并负责运输所售货物的混合销售行为，征收增值税；

③电信部门自己销售无线寻呼机、移动电话，并为客户提供有关的电信服务的，属于混合销售，征收营业税；但对单独销售无线寻呼机、移动电话，不提供有关的电信劳务服务的，征收增值税。

3. 兼营行为

兼营行为是指纳税人的经营范围兼有销售货物和提供非增值税应税劳务两类经营业务，并且这种经营业务并不发生在同一项业务中。兼营行为征税规定：纳税人兼营非增值税应税劳务的，应分别核算货物、应税劳务和非增值税应税劳务的销售额；不分别核算或不能准确核算的，其非增值税应税劳务应与货物或应税劳务一并征收增值税。对于纳税人兼营的非增值税应税劳务，是否应当一并征收增值税，由国家税务总局所属征收机关确定。

4. 属于增值税征税范围的其他项目

(1)货物期货，包括商品期货和贵金属期货，在期货的实物交割环节纳税。

(2)银行销售金银的业务。

(3)典当业的死当物品销售业务和寄售业代委托人销售寄售物品的业务。

(4)集邮商品，如邮票、明信片、首日封等的生产、调拨以及邮政部门以外的其他单位与个人销售集邮商品。

(5)邮政部门以外其他单位和个人发行报刊。

(6)单独销售无线寻呼机、移动电话，不提供有关的电信劳务服务的。

(7)缝纫业务等。

此外,《中华人民共和国增值税暂行条例》(以下简称)《增值税暂行条例》及其实施细则还规定了不征收增值税的项目,主要项目有:①供应或开采未经加工的天然水;②邮政部门销售集邮商品,邮政部门发行报刊;③电信局及经电信局批准的其他从事电信业务的单位销售无线寻呼机、移动电话,并为客户提供有关的电信劳务服务;④融资租赁业务;⑤体育彩票的发行收入等。

(三)增值税的减免税

1. 符合下列条件的免征增值税:

(1)农业生产者销售的自产农业产品,具体是指直接从事种植业、养殖业、林业、牧业、水产业的单位和个人销售自产的属于税法规定范围的农业产品。

(2)避孕药品和用具。

(3)古旧图书,是指向社会收购的古书和旧书。

(4)直接用于科学研究、科学试验和教学的进口仪器、设备。

(5)外国政府、国际组织无偿援助的进口物资和设备。

(6)由残疾人组织直接进口供残疾人专用的物品。

(7)销售自己使用过的物品,是指个人(不包括个体经营者)销售自己使用过的除游艇、摩托车、汽车以外的货物。

纳税人兼营免税、减税项目的,应当分别核算免税、减税项目的销售额;未分别核算销售额的,不得免税、减税。

2. 对下列特定情况,适用起征点

起征点是指对未达到起征点的个人纳税人实行免税,超过起征点则全额征税。

根据规定,个人销售额未达到起征点的,免征增值税。现行增值税的起征点为:

(1)销售货物的起征点为月销售额2 000~5 000元。

(2)销售应税劳务的起征点为月销售额1 500~3 000元。

(3)按次纳税的起征点为每次(日)销售额150~200元。

二、增值税纳税人

(一)增值税纳税人的基本规定

增值税纳税人是指在中国境内销售货物或者提供加工、修理修配劳务以及进口货物的单位和个人。

申报进入中国境内的货物均应缴纳增值税，进口货物的收货人或办理报关手续的单位和个人，为进口货物增值税的纳税人。

企业租赁或承包给他人经营的，以承租人或承包人为增值税的纳税人。

境外单位或个人在中国境内销售应税劳务而在中国境内未设有经营机构的，其应纳税款以代理人为扣缴义务人；没有代理人的，以购买者为扣缴义务人。

(二)增值税纳税人的划分

增值税实行凭增值税专用发票抵扣税款的制度，要求增值税纳税人会计核算健全，并能够准确核算销项税额、进项税额和应纳税额。考虑到目前我国众多纳税人的会计核算水平参差不齐，加之某些经营规模小的纳税人其销售货物或提供应税劳务的对象多为最终消费者而无须开具增值税专用发票，因此将纳税人按其经营规模大小及会计核算健全与否划分为小规模纳税人和一般纳税人，分别采用不同的增值税计税方法。

1. 小规模纳税人

小规模纳税人是指年销售额在规定标准以下，并且会计核算不健全，不能正确核算增值税的销项税额、进项税额和应纳税额，不能按规定报送有关税务资料的增值税纳税人。小规模纳税人的具体认定标准如下：

(1)从事货物生产或提供应税劳务的纳税人，以及以从事货物生产或提供应税劳务为主，并兼营货物批发或零售的纳税人，年应税销售额在 50 万元(含本数，下同)以下的，为小规模纳税人。

(2)从事货物批发或零售的纳税人，年应税销售额在 80 万元以下的为小规模纳税人。

(3)年应税销售额超过小规模纳税人标准的个人。

(4)非企业性单位、不经常发生应税行为的企业可选择按小规模纳税人纳税。

小规模纳税人实行简易征税办法，并且一般不使用增值税专用发票。但对小规模生产企业，只要企业有会计、有账册，能够正确计算进项税额、销项税额和应纳税额，并能按规定报送有关税务资料，应税销售额不低于 30 万元的可以认定为增值税小规模纳税人。

2. 一般纳税人

(1)一般纳税人的概念

一般纳税人是指年应征增值税销售额超过小规模纳税人标准的企业和企业性

单位。根据规定，有下列情形之一的，可在税务机关办理一般纳税人认定手续，取得一般纳税人法定资格：

①年应税销售额超过小规模纳税人标准的企业或企业性单位；

②非企业性单位如果经常发生增值税应税行为，并且符合一般纳税人条件的；

③对从事成品油销售的加油站，无论其所应税销售额是否超过80万元，一律按一般纳税人征税；

(2)一般纳税人的管理

①增值税一般纳税人，应向其企业所在地主管税务机关申请办理一般纳税人认定手续。一般纳税人总分支机构不在同一县(市)的，应分别向其机构所在地主管税务机关申请办理一般纳税人认定手续。

②企业申请办理一般纳税人认定手续，应提出申请报告，并提供营业执照、有关合同、章程、银行账号证明等税务机关要求的证件和资料，经主管税务机关审核，符合一般纳税人条件的，在其《税务登记证》副本首页上方加盖"增值税一般纳税人"确认专章，作为领购增值税专用发票的证件。

③纳税人总分支机构实行统一核算，其总机构年应税销售额超过小规模企业标准，但分支机构是商业企业以外的其他企业，年应税销售额未超过小规模企业标准的，其分支机构可持总机构一般纳税人申请认定表的影印件申请办理一般纳税人认定手续。

④新办小型商贸企业自税务之日起，1年内实际销售额达80万元方可申请一般纳税人资格认定。未达到80万元之前一律按小规模纳税人管理。

⑤对设在固定经营场所和拥有货物实物的新办商贸零售企业及注册资金在500万元、人员在50人以上的新办大中型商贸企业在进行税务登记时，可认定为一般纳税人，但需实行为期6个月的纳税辅导期管理，合格后方能认定的一般纳税人。

三、增值税税率

1. 增值税基本税率

增值税一般纳税人销售货物或者进口货物，提供加工修理修配劳务，除低税率适用范畴和销售个别旧货适用低税率外，税率一律为基本税率17%。

2. 增值税低税率

增值税一般纳税人销售或进口下列货物，适用13%的低税率：

(1)粮食、食用植物油、鲜奶。

(2)暖气、冷气、热水、煤气、石油液化气、天然气、沼气、居民用煤炭制品。

(3)图书、报纸、杂志(邮政部门发行报刊按规定缴纳营业税，不缴纳增值税)。

(4)饲料、化肥、农药、农机(不包括农机零部件)、农膜。

(5)国务院规定的其他货物，主要有农产品、音像制品、电子出版物和二甲醚。

3. 增值税征收率

(1)小规模纳税人增值税征收率。

小规模纳税人实行按销售额与征收率计算应纳税额的简易办法进行征收，不得抵扣进项税额。小规模纳税人销售货物或者提供应税劳务，增值税的征收率均为3%。

(2)一般纳税人下列行为按简易办法征收增值税，不得抵扣进项税额：

①一般纳税人销售自己使用过的固定资产，如是2009年1月1日以后购进或自制的，按正常适用税率征收增值税，如是2008年12月31日以前购进或自制的，按照4%征收率减半征收增值税，按下列公式确定销售额和应纳税额：

销售额＝含税销售额÷(1＋4%)

应纳税额＝销售额×4%÷2

②一般纳税人销售自己使用过的除固定资产以外的物品和旧货，按照4%征收率减半征收增值税，不得抵扣进项税额。

(3)小规模纳税人销售自己使用过的固定资产和旧货，减按2%征收率征收增值税，按下列公式确定销售额和应纳税额：

销售额＝含税销售额÷(1＋3%)

应纳税额＝销售额×2%

(4)一般纳税人销售自产下列货物，可选择按简易办法依6%的征收率计算缴纳增值税：

①县级及以下小型水力发电单位生产的电力；

②建筑用和生产建筑材料所用的砂、土、石料；

③以自己采掘的砂、土、石料生产的砖、瓦、石灰；

④自来水；

⑤商品混凝土。

纳税人选择简易办法计算缴纳增值税后，36个月内不得变更。

(5)一般纳税人销售货物属于下列情形之一的，可按简易办法依4%的征收率计算缴纳增值税：

①经批准的免税商店零售的免税品；

②银行销售金银的业务；

③典当业的死当物品销售业务和寄售业代委托人销售寄售物品的业务。

4. 其他规定

(1)纳税人兼营不同税率的货物或应税劳务的，应当分别核算不同税率货物或应税劳务的销售额，不分别核算销售额的，从高适用税率。

(2)纳税人销售不同税率货物或应税劳务，并兼营应属一并征收增值税的非应税劳务的，其非应税劳务应从高适用税率。

第三节　增值税应纳税额的计算

增值税一般纳税人应纳税额等于当期销项税额减当期进项税额。增值税一般纳税人当期应纳税额的多少取决于当期销项税额和当期进项税额这两个因素，其计算公式为：

应纳税额＝当期销项税额－当期进项税额

　　　　＝当期销售额×适用税率－当期进项税额

其中，当期销项税额等于增值税销售额乘以适用增值税税率；当期进项税额等于购进货物或者接受应税劳务所支付或者负担的增值税额。要正确计算应纳增值税额，关键在于正确计算当期增值税销售额、销项税额和进项税额。

一、销项税额的计算

销项税额是指纳税人销售货物或者提供应税劳务，按照销售额或应税劳务收入和规定的税率计算并向购买方收取的增值税税额。

销项税额的计算公式为：

销项税额＝销售额×适用税率

销项税额是由购买方支付的税额。对于属于一般纳税人的销售方来讲，在没有抵扣其进项税额前，销售方收取的销项税额还不是其应纳增值税税额。销项税额的计算取决于销售额和适用税率两个因素。增值税是价外税，公式中的"销售额"必须是不包括收取的销项税额的销售额。

(一)一般销售方式下增值税销售额的确定方法

增值税销售额是指纳税人销售货物或者提供应税劳务从购买方(承受应税劳务也视为购买方)收取的全部价款和一切价外费用，但不包括收取的销项税额。

其中，价外费用(其实是价外收费)是指价外向购买方收取的手续费、补贴、基金、集资费、返还利润、奖励费、违约金(即延期付款的利息)、包装费、包装物租金、储备费、优质费、运输装卸费、代收款项、代垫款项及其他各种性质的价外收费。价外费用不包括下列项目：

(1)向购买方收取的销项税额。

(2)受托加工应征消费税的消费品所代收代缴的消费税。

(3)同时符合以下条件的代垫运费：

①承运者的运费发票开具给购货方的；

②纳税人将该项发票转交给购货方的。

(4)同时符合以下条件代为收取的政府性基本或者行政事业性收费：

①由国务院或财政部批准设立的政府性基金，由国务院或省级人民政府及其财政、价格主管部门批准设立的行政事业性收费；

②收取时开具省级以上财政部门印制的财政票据；

③所收款项全额上缴财政。

(5)销售货物时代办保险等而向购买方收取的保险费，以及向购买方收取的代购买方缴纳的车辆购置税、车辆牌照费。

凡随同销售货物或提供应税劳务向购买方收取的价外费用，无论其会计制度如何核算，均应并入销售额计算应纳税额。

普通发票的价款、零售价格、价外收入、非增值税应税劳务征收增值税及一般纳税人向购买方收取的价外费用和逾期包装物押金，这些都属于含税收入，在征税时要按以下公式换算成不含税收入再并入销售额：

不含税销售额＝含税收入/(1＋税率)

【例 2-1】某公司为增值税一般纳税人，2010 年 8 月销售钢材一批，开出增值税专用发票中注明销售额为 8 000 元，税额为 1 360 元，另外收取包装费 117 元，另销钢材一批，开出一张价款为 3 510 元的普通发票。计算该公司 8 月份增值税销售额。

【解析】纳税人随同销售货物向购买方收取的价外费用应并入销售额计算应纳税额，且为含税收入，另外，普通发票的价款属价税合一的含税收入，由于增值税为价外税，在计算增值税销售额时，应换算为不含税收入。因此该公司8月份增值税销售额＝8 000＋(117＋3 510)÷(1＋17%)＝11 100(元)。

(二)特殊销售方式下增值税销售额的确定方法

1. 采取折扣方式销售

纳税人以折扣方式销售货物分为折扣销售和现金折扣两种。

(1)折扣销售

折扣销售又称价格折扣，是指销货方为鼓励购货方多买而给予的价格折让，即购买越多，价格折扣越多。纳税人销售货物并向购买方开具增值税专用发票后，由于购货方在一定时期内累计购买货物达到一定数量，或由于市场价格下降等原因，销售方给予购货方相应的价格优惠或补偿等折扣、折让行为，销售方可按现行《增值税专用发票使用规定》的有关规定开具红字增值税专用发票。

折扣销售仅限于货物价格的折扣，如销售货者将自产、委托加工和购买的货物用于实物折扣的，则该实物款额不能从货物销售额中减除，且该实物应按“视同销售货物”中的“赠送他人”计算征收增值税

(2)现金折扣

现金折扣是指销货方为鼓励购货方在一定期限内早日付款而给予的一种折让优惠。现金折扣额不能从销售额中扣减，也不能从销项税额中扣减。

2. 采取以旧换新方式销售

采取以旧换新方式销售货物的，应按新货物的同期销售价格确定销售额，不得扣减旧货物的收购价格。因为销售货物与收购货物是两个不同的业务活动，销售额与收购额不能相减。但对金银首饰以旧换新业务可以按销售方实际收取的不含增值税的差价征收增值税。

【例2-2】某商场为增值税一般纳税人，2010年7月采取以旧换新方式销售冰箱10台，同时回收10台旧冰箱，每台收购金额为100元，取得现金净收入为22 400元。已知每台冰箱市场零售价格为2 340元。计算此项业务的增值税销售额。

【解析】此项业务属于以旧换新方式销售货物，除税法对金银首饰等有特殊规定外，其增值税销售额应按照新货物同期销售价格确定，也就是新冰箱市场零售

价格 2340 元为基础换算增值税销售额。

此项业务的增值税销售额＝[含税销售额÷(1＋税率)]×10＝[2 340÷(1＋17％)]×10＝20 000(元)或(22 400＋100×10)÷(1＋17％)＝20 000(元)

3. 以物易物方式销售

以物易物时购销双方不是以货币结算，而是以同等价款的货物相互结算，实现货物销售。以物易物双方都应作购销处理，以各自发出的货物核算销售额并计算销项税，以各自收到的货物按规定核算购货额并计算进项税。应分别开具合法的增值税专用发票，如收到的货物不能取得相应的增值税专用发票或其他合法票据的，则不能抵扣进项税额。

4. 包装物押金

纳税人为销售货物而出租、出借包装物收取的押金，单独记账核算的，时间在 1 年以内，又未过期的，不并入销售额征税；但对因逾期(一般以 1 年为限)未收回包装物不再退还的押金，应按所包装货物的适用税率计算销项税额。对销售除啤酒、黄酒外的其他酒类产品而收取的包装物押金，无论是否返还，均应并入当期销售额征税。

5. 视同销售货物行为

对视同销售行为而无销售额的，或纳税人销售货物或者提供应税劳务的价格明显偏低且无正当理由的，按下列顺序确定其销售额：①按纳税人当月同类货物的平均销售价格确定；②按纳税人最近时期同类货物的平均销售价格确定；③按组成计税价格确定。组成计税价格的公式为：

组成计税价格＝成本×(1＋成本利润率)

征收增值税的货物，同时又征收消费税的，其组成计税价格中应加计消费税税额。其组成计税价格公式为：

组成计税价格＝成本×(1＋成本利润率)＋消费税税额

或：组成计税价格＝成本×(1＋成本利润率)÷(1－消费税税率)

【例 2-3】某服装厂为增值税一般纳税人，2009 年 8 月将自产的一批新产品 W 牌针织服装 200 件作为福利发给本厂职工。已知 W 牌针织服装尚未投放市场，没有同类服装销售价格，每件服装成本 500 元。假设税务机关核定的成本利润率为 10％。计算该批服装的增值税销售额。

【解析】纳税人将自产 W 牌针织服装 200 件作为福利发给本厂职工的行为视同销售行为，应缴纳增值税。因 W 牌针织服装尚没有市场同类价格，可按组成计税价格确定其销售价格。

该批服装的增值税销售额＝成本×(1＋成本利润率)

＝200×500×(1＋10％)＝110 000(元)

6. 销货退回或折让

一般纳税人因销货退回或折让而退还给购买方的销售额，应按规定程序开具红字增值税专用发票，从发生销货退回或折让当期的销售额中扣减，同时冲减当期销项税额。

7. 含税销售额换算

一般纳税人销售货物或者应税劳务取得的含税销售额在计算销项税额时必须将其换算为不含税的销售额，按下列公式计算销售额：

销售额＝含税销售额÷(1＋税率)

二、增值税进项税额的确定

进项税额是指纳税人购进货物或接受应税劳务所支付或负担的增值税额。进项税额是与销项税额相对应的另一个概念。在开具增值税专用发票的情况下，它们之间的对应关系是，销售方收取的销项税额，就是购买方支付的进项税额。对于任何一个一般纳税人而言，由于其在经营活动中，既会发生销售货物或提供应税劳务，又会发生购进货物或接受应税劳务，因此，每一个一般纳税人都会有收取的销项税额和支付的进项税额。增值税的核心就是用纳税人收取的销项税额抵扣其支付的进项税额，其余额为纳税人实际应缴纳的增值税税额。需要注意的是，并不是纳税人支付的所有进项税额都可以从销项税额中抵扣。如当纳税人购进的货物或接受的应税劳务不是用于增值税应税项目，而是用于非应税项目、免税项目或用于集体福利、个人消费等情况时，其支付的进项税额就不能从销项税额中抵扣。因此，税法对准予从销项税额中抵扣的进项税作出了严格的规定。

(一)准予从销项税额中抵扣的进项税额项目

1. 以票抵扣

一般纳税人购进货物，准予从销项税额中抵扣的进项税额，限于下列增值税扣税凭证上注明的增值税税额：

(1)从销售方取得的增值税专用发票上注明的增值税额。

(2)从海关取得的海关进口增值税专用缴款书上注明的增值税额。

一般纳税人在进行增值税账务处理时，每抵扣一笔进项税额，就要有一份记录该进项税额的法定扣税凭证与之相对应；没有从销售方或海关取得注明增值税税额的法定扣税凭证，就不能抵扣进项税额。

一般纳税人取得的增值税专用发票，应当自开票之日起180日内向主管国家税务局办理认证，并于通过的次月申报期内申报抵扣进项税额。

一般纳税人取得的进口增值税专用缴款书，应当自开具之日起180日后的第一个纳税申报期结束以前，向主管税务机关申报抵扣进项税额。

2. 计算抵扣

一般纳税人购进以下货物，虽然不能取得增值税法定扣税凭证，但税法规定特准按规定办法抵扣进项税。

(1)一般纳税人购进农业生产者销售的农业产品，或者向小规模纳税人购买的农产品，准予按照农产品收购发票或销售发票上注明的农产品买价和13%的扣除率计算进项税额，从当期销项税额中扣除。其进项税额的计算公式为：

准予抵扣的进项税额＝买价×扣除率

(2)一般纳税人外购货物、销售货物及在生产经营过程中所支付的运输费用(按规定不并入销售额的代垫运费除外)，根据运费结算单据(普通发票)所列运费金额(运输单位开具的货票上注明的运费、建设基金)依7%的扣除率计算进项税额准予扣除，但随同运费支付的装卸费、保险费等其他杂费不得计算扣除进项税额。其进项税额的计算公式为：

准予抵扣的进项税额＝运费×扣除率

一般纳税人取得的国内运输业统一发票，应在开具之日起180日内到税务机关办理认证，并在认证通过的次月申报期内，向主管税务机关申报抵扣进项税额。

一般纳税人购买或者销售免税货物所发生的运输费用，不得计算抵扣进项税额。

一般纳税人取得的国际货物运输代理业发票和国际货物无界发票，不得计算抵扣进项税额。

【例2-4】某一般纳税人企业本期购进免税农产品，收购价格是2 000元，支付运输企业运费100元，取得运费发票；购进生产用原材料10 000元，取得增值税专用发票注明增值税额1 700元，运费发票上注明运费200元；上述购进货物均用于增值税应税产品的生产。计算本期准予抵扣的增值税进项税额。

【解析】购进生产用材料取得增值税专用发票，可按照发票上列明的增值税抵扣进项税额 1 700 元；收购免税农产品可以抵扣的进项税额＝2 000×13％；运费可以抵扣的进项税额＝300×7％。

本期可抵扣的增值税进项税额＝1 700＋2 000×13％＋300×7％＝1 981(元)

(二)不得从销项税额中抵扣的进项税额

按照《增值税暂行条例》的规定，下列项目的进项税额(包括运输费用对应的进项税额)不得从销项税额中抵扣：

(1)用于非应税项目、免征增值税项目、集体福利或者个人消费的购进货物或者应税劳务。

(2)非正常损失的购进货物及相关的应税劳务。非正常损失是指因管理不善造成货物被盗窃、发生霉烂变质等损失。

(3)非正常损失的在产品、产成品所耗用的购进货物或者应税劳务。

(4)纳税人自用的应征消费税的摩托车、小汽车、游艇，其进项税额不得从销项税额中抵扣。

(5)纳税人购进货物或者应税劳务，未按照规定取得并保存增值税扣税凭证，或者增值税扣税凭证上未按照规定注明增值税额及其他有关事项的，其进项税额不得从销项税额中抵扣。

(6)进口货物，在海关计算缴纳进口环节增值税额时，不得抵扣发生在中国境外的各种税金。

(7)因进货退出或折让而收回的进项税额，应按规定取得销售方开具的红字增值税专用发票，从发生进货退出或折让当期的进项税额中扣减。

(8)一般纳税人兼营免税项目或者非增值税应税劳务而无法划分不得抵扣的进项税额的，按下列公式计算不得抵扣的进项税额：

不得抵扣的进项税额＝当月无法划分的全部进项税额×当月免税项目销售额、非增值税应税劳务营业额合计÷当月全部销售额、营业额合计

【例 2-5】某企业为增值税一般纳税人，2010 年 8 月初外购货物一批，支付增值税进项税额 18 万元，8 月下旬，因管理不善，造成 8 月初购进的该批货物一部分发生霉烂变质，经核实造成 1/3 损失。计算该企业 8 月份可以抵扣的增值税进项税额。

【解析】非正常损失购进货物的进项税额不得从当期销项税额中抵扣。因管理

不善发生霉烂变质损失，属于非正常损失，其进项税额不能从销项税额中抵扣。

该企业8月份可以抵扣的增值税进项税额为18－18÷3＝12(万元)

三、增值税应纳税额的计算

(一)一般纳税人应纳税额的计算

1. 一般纳税人销售货物或提供应税劳务应纳税额的计算

一般纳税人销售货物或提供应税劳务，其应纳税额为当期销项税额抵扣当期进项税额后的余额，其基本计算公式为：

应纳税额＝当期销项税额－当期进项税额

当期销项税额小于当期进项税额不足抵扣时，不足抵扣的部分可以结转下期继续抵扣。

【例2-6】某公司为增值税一般纳税人，2010年8月初增值税进项税余额为零，本月涉及增值税的经济业务如下：(1)7月外购用于生产家具的板材一批，全部价款已付并验收入库，取得对方开具的增值税专用发票注明的货款为40万元，运输单位开具的货运发票注明的运费金额为1万元；(2)7月外购建筑涂料用于装饰公司办公楼，取得对方开具的增值税专用发票上注明的增值税税额为9万元，已办理验收入库手续；(3)本月销售家具一批，取得销售额(含增值税)93.6万元。上述发票上月均已认证通过。计算该公司8月份应纳增值税税额。

【解析】外购建筑涂料用于装饰公司办公楼的进项税额9万元不得抵扣。

该公司8月份销项税额＝含税销售额÷(1＋税率)×税率＝93.6÷(1＋17％)×17％＝13.6(万元)

该公司8月份进项税额＝40×17％＋1×7％＝6.87(万元)

该公司8月份应纳增值税税额＝当期销项税额－当期进项税额＝13.6－6.87＝6.73(万元)

【例2-7】某生产企业为增值税一般纳税人，适用增值税税率17％，2010年5月涉及增值税经济业务如下：

(1)本月销售甲产品给某大商场，开具增值税专用发票，取得不含税销售额80万元；另外，开具普通发票，取得销售甲产品的送货运输费收入5.85万元。

(2)本月销售乙产品，开具普通发票，取得含税销售额29.25万元。

(3)本月将试制的一批应税新产品用于本企业基建工程；成本价为20万元，

成本利润率为10%，该新产品无同类产品市场销售价格。

(4)本月销售2008年5月购进的自己使用过的进口摩托车5辆，开具普通发票，每辆取得含税销售额1.04万元。

(5)上月购进货物取得增值税专用发票，注明支付的货款60万元、进项税额10.2万元，货物验收入库；另外，支付购货的运输费用6万元，取得运输公司开具的普通发票。

(6)上月向农业生产者购进免税农产品一批，支付收购价30万元，支付给运输单位的运费5万元，取得相关的合法票据，农产品验收入库。本月下旬将购进的农产品的20%用于本企业职工福利。

(7)上月购进一生产设备，取得增值税专用发票注明价款10万元，增值税1.7万元。

上述发票均于4月通过认证。计算该企业2010年5月应纳增值税税额。

【解析】(1)销售甲产品的销项税额＝80×17%＋5.85÷(1＋17%)×17%＝14.45(万元)

(2)销售乙产品的销项税额＝29.25÷(1＋17%)×17%＝4.25(万元)

(3)自用新产品的销项税额＝20×(1＋10%)×17%＝3.74(万元)

(4)销售使用过的摩托车应纳税额＝1.04÷(1＋4%)×4%×50%×5＝0.1(万元)

(5)外购货物应抵扣的进项税额＝10.2＋6×7%＋1.7＝12.32(万元)

(6)外购免税农产品应抵扣的进项税额＝(30×13%＋5×7%)×(1－20%)＝3.4(万元)

(7)该企业5月份应纳增值税税额＝14.45＋4.25＋3.74＋0.1－12.32－3.4＝6.82(万元)

2. 一般纳税人采用简易办法征收增值税计算方法

一般纳税人生产、销售一些特殊货物采用简易办法征收增值税的，其应纳税额按销售额和规定的征收率计算，其基本计算公式为：

应纳税额＝销售额×征收率

3. 向供货方取得返还收入的税务处理

对商业企业向供货方收取的与商品销售量、销售额挂钩(如以一定比例、金额、数量计算)的各种返还收入，均应按照平销返利行为的有关规定冲减当期增值税进项税金。应冲减进项税额的计算公式调整为：

当期应冲减进项税金＝当期取得的返还资金÷(1＋所购货物适用增值税税率)×所购货物适用增值税税率

商业企业向供货方收取的各种返还收入，一律不得开具增值税专用发票。

4. 一般纳税人注销时进项税额的处理

一般纳税人注销或取消辅导期一般纳税人资格，转为小规模纳税人时，其存货不作进项税额转出处理，其留抵税额也不予以退税。

(二)小规模纳税人应纳增值税计算

小规模纳税人应纳增值税采用简易办法征收，不得抵扣进项税额，也不得使用增值税专用发票。因此，小规模纳税人销售货物或提供应税劳务一般为含税销售额，应先换算成不含税销售额再按规定的征收率计算应纳税额，其计算公式为：

应纳税额＝含税销售额/(1＋征收率)×征收率

(三)进口货物应纳税额的计算

进口货物在报关进口时，按组成计税价格和规定的增值税税率计算应纳税额并向报关进口地海关缴纳增值税，其计算公式为：

应纳税额＝组成计税价格×适用税率

组成计税价格＝关税完税价格＋关税＋消费税

【例 2-8】某公司为增值税一般纳税人。2010 年 8 月，该公司进口铜材一批，关税完税价格 8 万元，已纳关税 1 万元。计算该公司进口铜材应向海关缴纳的增值税额。

【解析】应纳增值税税额＝(8＋1)×17％＝1.53(万元)

第四节 增值税出口退(免)税

一、出口货物退(免)税概述

出口货物退(免)税是指在国际贸易业务中，对我国报关出口的货物退还或免征其在国内各生产和流转环节按税法规定缴纳的增值税和消费税，即对增值税出口经营实行零税率，对消费税出口货物免税。

出口货物的零税率有两层具体含义：一是对本道环节生产或销售货物的增值部分免征增值税；二是对出口货物前道环节所含的进项税额进行退付。

(一)出口货物退(免)税基本政策

1. 出口免税并退税

出口免税是指货物出口环节不征增值税、消费税。出口退税是指对货物在出口前实际承担增值税、消费税税款予以退还。

2. 出口免税不退税

出口免税不退税是指货物出口环节不征增值税、消费税，出口前一道生产、销售或进口环节是免税的，使得出口货物本身就不含税，因而出口也无须退税。

3. 出口不免税也不退税

出口不免税是指对国家限制或禁止出品的某些货物的出口环节视同内销环节，照常征税；不退税是指对这些货物出口不退还出口前其所负担的税款。

(二)增值税出口退(免)税货物基本条件

根据我国税法的规定，享受出口退(免)税的货物一般应同时具备以下4个条件：①必须是属于增值税、消费税征税范围的货物；②必须是报关离境的货物；③必须是在财务上作销售处理的货物；④必须是出口收汇并已核销的货物。

(三)出口货物退(免)税适用范围

对出口的凡属于已征或应征增值税、消费税的货物，除国家规定不予退(免)税的货物和出口企业从小规模纳税人购进并持普通发票的部分货物外，都是出口货物退(免)税的货物范围，均应予以退还已征增值税和消费税或免征应征的增值税和消费税。

1. 下列企业出口的货物，除另有规定外，给予免税并退税

(1)生产企业一般纳税人自营出口或委托外贸企业代理出口的自产货物。

(2)有出口经营权的外贸企业从一般纳税人企业收购货物直接出口或委托其他外贸企业代理出口的货物。

(3)特定出口货物。有些出口货物虽然不同时具备出口货物的4个条件，但由于其销售方式、消费环节和结算办法的特殊性，国家特准退还或免征其增值税和消费税。这类货物常见的有：对外承包工程公司运出境外用于对外承包项目的

货物；对外承接修理修配业务的企业出口用于对外修理修配的货物；企业在国内采购并运往境外作为在国外投资的货物等。

2. 下列企业出口的货物，除另有规定外，给予免税但不予退税

(1)生产企业小规模纳税人自营出口或委托外贸企业代理出口的自产货物。

(2)有出口经营权的外贸企业从小规模纳税人企业购进并持普通发票的出口货物。

(3)外贸企业直接购进国家规定的免税货物出口。

另外，来料加工复出口的货物，由于原料进口环节免税，加工后复出口不办理退税。

对于享受出口免征但不退增值税的货物，其耗用的原材料、零部件等支付的进项税额及相关运费所含准予抵扣的进项税额，均不得从内销货物的销项税额中抵扣，应计入产品成本。

3. 下列企业出口的货物不免税也不退税

(1)国家计划外出口的原油。

(2)国家禁止出口的货物。

(3)援外出口货物。

(四)出口货物退税率

目前，我国出口货物退税率有17%、15%、14%、13%、11%、9%、8%、6%、5%等。

出口企业应将不同税率的货物分开核算和申报退税，凡划分不清适用退税率的，一律从低适用退税率计算退(免)增值税、消费税。

二、出口货物退税的计算

(一)生产企业“免、抵、退”税的计算方法

“免、抵、退”税办法，主要适用于自营出口自产货物或委托外贸企业代理出口自产货物的生产企业。“免”税是指对生产企业出口自产货物，免征本企业生产销售环节的增值税。“抵”税是指生产企业出口自产货物所耗用的原材料、零部件、燃料、动力等所含应予退还的进项税额，抵顶内销货物的应纳税额。“退”税是指生产企业出口的自产货物在当月内应抵顶的进项税额大于内销货物应纳税额时，对未抵顶完的部分予以退税。

1. 当期应纳税额的计算

当期应纳税额＝当期内销货物的销项税额－（当期进项税额－当期免抵退不得免征和抵扣税额）－上期留抵税额

其中，当期免抵退不得免征和抵扣税额＝出口货物离岸价格×外汇人民币牌价×（出口货物征税率－出口货物退税率）－免抵退税不得免征和抵扣税额抵减额

免抵退税不得免征和抵扣税额抵减额＝免税购进原材料价格×（出口货物征税率－出口货物退税率）

免税购进原材料包括从国内购进免税原材料和进料加工免税进口料件。在这里，进料加工免税进口料件的价格为组成计税价格：

进料加工免税进口料件的组成计税价格＝货物到岸价＋海关实征关税和消费税

2. 免抵退税额的计算

免抵退税额＝出口货物离岸价×外汇人民币牌价×出口货物退税率－免抵退税额抵减额

其中，免抵退税额抵减额＝免税购进原材料价格×出口货物退税率。

3. 当期应退税额和免抵税额的计算

按规定方法计算的当期应纳税额有以下三种情况：

(1)如当期应纳税额＞0时

当期应退税额＝0，企业按计算结果缴纳增值税，当期免抵税额＝当期免抵退税额。

(2)如当期期末留抵税额≤当期免抵退税额时

当期应退税额＝期末留抵税额，当期免抵税额＝当期免抵退税额－当期应退税额。

(3)如当期期末留抵税额＞当期免抵退税额时

当期应退税额＝当期免抵退税额，当期免抵税额＝0。

【例 2-9】某自营出口的生产企业为增值税一般纳税人，出口货物的退税税率为 15%。2010 年 4 月有关经营业务为：购进原材料一批，取得的增值税专用发票注明的价款 200 万元，外购货物准予抵扣的进项税额 34 万元，货已验收入库。上月末留抵税款 3 万元；本月内销货物不含税销售额 100 万元；收款 117 万元存入银行；本月出口货物的销售额折合人民币 200 万元。计算该企业当期的“免、抵、退”税额。

【解析】(1)当期免抵退税不得免征和抵扣税额＝200 ×（17% －15%）＝4(万元)

(2)当期应纳税额＝100 ×17％－(34－4)－3＝17－30－3＝－16(万元)

(3)出口货物"免、抵、退"税额＝200 ×15％＝30(万元)

(4)按规定，如当期期末留抵税额≤当期免抵退税额时

当期应退税额＝当期期末留抵税额，即该企业当期应退税额＝16(万元)

(5)当期免抵税额＝当期免抵退税额－当期应退税额，即当期免抵税额＝30－16＝14(万元)

【例 2-10】某自营出口生产企业是增值税一般纳税人，出口货物的征税税率为 17％，退税率为 15％。2010 年 8 月有关经营业务为：购原材料一批，取得的增值税专用发票注明的价款 200 万元，外购货物准予抵扣进项税额 34 万元，货已验收入库。当月进料加工免税进口料件的组成计税价格 100 万元。上期末留抵税款 6 万元。本月内销货物不含税销售额 100 万元。收款 117 万元存入银行。本月出口货物销售额折合人民币 200 万元。试计算该企业当期的"免、抵、退"税额。

【解析】(1)免抵退税不得免征和抵扣税额抵减额＝免税进口料件的组成计税价格×(出口货物征税税率－出口货物退税率)＝100 ×(17％－15％)＝2(万元)

(2)当期免抵退税不得免征和抵扣税额＝出口货物离岸价格×外汇人民币牌价×(出口货物征税率－出口货物退税率)－免抵退税不得免征和抵扣税额抵减额＝200 ×(17％－15％)－2＝4－2＝2(万元)

(3)当期应纳税额＝100× 17％－(34－2)－6＝17－(34－2)－6＝ －21(万元)

(4)免抵退税额抵减额＝免税购进原材料×出口货物退税率＝100 ×15％＝15(万元)

(5)出口货物"免、抵、退"税额＝200× 15％－15＝15(万元)

(6)按规定，如当期期末留抵税额＞当期免抵退税额时

当期应退税额＝当期免抵退税额，即该企业应退税额＝15(万元)

(7)当期免抵税额＝当期免抵退税额－当期应退税额，即当期该企业免抵税额＝15－15＝0(万元)

(8)8 月期末留抵结转下期继续抵扣税额＝21－15＝6(万元)。

(二)外贸企业"先征后退"的计算方法

(1)外贸企业以及实行外贸企业财务制度的工贸企业收购货物出口，其出口环节免征增值税。同时，在货物出口后，按收购成本与退税率计算退税额并退还给外贸企业，征、退税之差计入企业成本，其基本计算公式为：

应退税额＝外贸收购不含增值税购进金额×退税率

(2)外贸企业收购小规模纳税人购进持普通发票特准退税的抽纱、工艺品等12类出口货物，同样实行销售出口货物的收入免税，并退还出口货物进项税额的办法。其基本计算公式为：

应退税额＝普通发票所列销售金额/(1＋征收率)×6%或5%

(3)外贸企业委托生产企业加工出口货物的退税规定：按购进国内原辅材料的增值税专用发票上注明的进项金额。

第五节 增值税的征收管理

一、增值税纳税义务发生时间、纳税地点和纳税期限

(一)纳税义务发生时间

纳税义务发生时间是纳税人发生应税行为应当承担纳税义务的起始时间，销项税额的计算时间取决于增值税纳税义务发生时间，不同的销售方式下纳税义务发生时间具体规定不同。

1. 一般规定

(1)纳税人销售货物或者应税劳务，其纳税义务发生时间为收讫销售款项或者取得索取销售款项凭据的当天；但先开具发票的，为开具发票的当天。

(2)纳税人进口货物，其纳税义务发生时间为报关进口的当天。

(3)增值税扣缴义务发生时间为纳税人增值税纳税义务发生的当天。

2. 具体规定

(1)采取直接收款方式销售货物，不论货物是否发出，均为收到销售额或取得索取销售额的凭据，并将提货单交给买方的当天。

(2)采取托收承付和委托银行收款方式销售货物，为发出货物并办妥托收手续的当天。

(3)采取赊销和分期收款方式销售货物，为按合同约定的收款日期的当天。

(4)采取预收货款方式销售货物，为货物发出的当天。但生产销售生产工期超过12个月的大型机械设备、船舶、飞机等货物，为收到预收款或合同约定的

收款日期的当天。

(5)委托其他纳税人代销货物，为收到代销单位销售的代销清单或者收到全部或者部分货款的当天，未收到代销清单及货款的，为发出代销货物满180日的当天。

(6)销售应税劳务，为提供劳务同时收讫销售额或取得索取销售额凭据的当天。

(7)纳税人发生按规定视同销售货物行为(委托他人代销、销售代销货物除外)，为货物移送的当天。

(二)增值税的纳税地点

(1)固定业户应当向其机构所在地主管税务机关申报纳税。总机构和分支机构不在同一县(市)的，应当分别向各自所在地主管税务机关申报纳税；经国家税务总局或其授权的税务机关的批准，也可由总机构汇总向总机构所在地主管税务机关申报纳税。

(2)固定业户到外县(市)销售货物的，其机构所在地主管税务机关申请开具外出经营活动税收管理证明，向其机构所在地主管税务机关申报纳税。未持有其机构所在地主管税务机关核发的《外出经营活动税收管理证明》，到外县(市)销售货物或者应税劳务的，应向销售地或劳务发生地主管税务机关申报纳税；未向销售地主管税务机关申报纳税的，由其机构所在地主管税务补征税款。

(3)非固定业户销售货物或者应税劳务，应当向销售地主管税务机关申报纳税。未向销售地主管税务机关申报纳税的，由其机构所在地主管税务补征税款。

(4)进口货物，进口人或其代理人向报关地海关申报纳税。

(5)扣缴义务人应当向其机构所在地或者居住地的主管税务机关申报缴纳其扣缴的税款。

(三)增值税纳税期限

增值税的纳税期限分别为1日、3日、5日、10日、15日或者1个月。纳税人的具体纳税期限由主管税务机关根据纳税人应纳税额的大小分别核定；不能按照固定期限纳税的，可以按次纳税。

纳税人以1个月为一期纳税的，自期满之日起15日内申报纳税；以1日、3日、5日、10日或者15日为一期纳税的，自期满之日起5日内预缴税款，于次月1日起15日内申报纳税并结清上月应纳税款。

纳税人进口货物，应当自海关填发税款缴款书之日起15日内缴纳税款。

二、增值税专用发票管理

增值税实行凭国家印发的增值税专用发票注明的税款进行抵扣的制度。增值税专用发票不仅是纳税人经济活动中的重要商业凭证，而且是兼销货方销项税额和购货方进项税额进行税款抵扣的凭证，对增值税的计算和管理起着决定性的作用，因此，正确使用增值税专用发票是十分重要的。

(一)增值税专用发票联次

专用发票是增值税一般纳税人销售货物或者提供应税劳务开具的发票，是购买方支付增值税额并可按照增值税有关规定据以抵扣进项税额的凭证。

一般纳税人应通过增值税防伪税控系统使用专用发票。使用包括增值税专用发票的领购、开具、缴销、认证及相应的数据电文。

增值税防伪税控系统由专用设备和能用设备构成。专用设备主要包括金税卡、IC卡、读卡器和其他设备，通用设备包括计算机、打印机、扫描器和其他设备。

专用发票由基本联次或者基本联次附加其他联次构成，基本联次为发票联、抵扣联和记账联三联。发票联作为购买方核算采购成本和增值税进项税额的记账凭证。抵扣联用作购买方报送主管税务机关认证和留存备查的凭证。记账联作为销售方核算销售收入和增值税销项税额的记账凭证。

(二)专用发票的领购、开具范围和开具要求

增值税专用发票只限于增值税一般纳税人领购使用。一般纳税人凭发票领购簿、IC卡和经办人身份证明领购专用发票。

一般纳税人销售货物或者提供应税劳务，应向购买方开具专用发票。一般纳税人应通过增值税防伪税控系统使用专用发票。

商业企业一般纳税人零售的烟、酒、食品、服装、鞋帽、化妆品等消费品不得开具专用发票。增值税小规模纳税人和非增值税纳税人不得领购使用专用发票。

增值税小规模纳税人需开具专用发票的，可向当地主管税务机关申请代开。

(三)销货退回、开票有误或销售折让专用发票的管理规定

销售货物纳税人销售货物并向购买方开具专用发票后，如发生退货、开票有误或者销售折让，应根据不同情况分别按以下规定办理。

1. 专用发票抵扣联、发票联均无法认证

由购买方填报开具红字增值税专用发票申请单，经主管税务机关审核后出具红字增值税专用发票通知单，由销售方开具红字专用发票。

2. 开票有误

因开票有误购买方拒收专用发票的，销售方须在专用发票认证期内向主管税务机关填报申请单，同时提供由购买方出具的拒收理由、错误具体项及正确内容的书面材料，经主管税务机关审核后出具通知单。销售方凭通知单开具红字专用发票。

因开票有误等原因尚未将专用发票交付购买方的，销售方须在开票的次月内向主管税务机关填报申请单，经税务机关审核后出具通知单，销售方凭通知单开具红字专用发票。

3. 销货退回或销售折让

因销货部分退回及发生销售折让的，购买方向主管税务机关填报《开具红字增值税专用发票申请单》，经税务机关审核和认证后，出具《开具红字增值税专用发票通知单》，由销售方依通知单开具红字专用发票。

(四)专用发票不得抵扣进项税额的规定

1. 需要重新开具专用发票的情况

经认证有下列情形之一的，不得作为增值税进项税额的抵扣凭证，购货方可要求销售方重新开具专用发票：

(1)无法认证的发票，由于专用发票所列密文或明文不能辨别，无法产生认证结果。

(2)纳税人识别号认证不符。

(3)专用发票代码、号码认证不符。

2. 需由税务机关审查后决定的情况

经认证，有下列情形之一的，暂不得作为增值税进项税额的抵扣凭证，税务机关扣留原件，查明原因，分别情况进行处理：

(1)重复认证。

(2)密文有误。

(3)认证不符。

(4)已被列为失控专用发票。

3. 丢失已开具专用发票的发票联和抵扣联的处理

(1)丢失已开具专用发票的发票联和抵扣联，丢失前已认证相符的，购买方凭销售方提供的专用发票记账联复印件及销售方所在地主管税务机关出具的丢失专用发票已报税证明单，经购买方税务机关审核后，可作为进项税额的抵扣凭证。

丢失前未认证的，购买方凭销售方提供的专用发票记账联复印件到主管税务机关进行认证，认证相符的凭该专用发票记账联复印件及销售方所在地主管税务机关出具的丢失专用发票已报税证明单，经购买方税务机关审核后，可作为进项税额的抵扣凭证。

(2)丢失已开具专用发票的抵扣联，丢失前已认证相符的，可使用专用发票的发票联复印件留存备查；丢失前未认证的，可使用专用发票的发票联到主管税务机关认证，专用发票的发票联复印留存备查。

(3)丢失已开具专用发票的发票联，可将专用发票抵扣联作为记账凭证，专用发票的抵扣联复印留存备查。

第六节　增值税的纳税申报及账务处理

一、增值税纳税申报

增值税纳税人无论有无销售额，均应按照主管税务机关核定的纳税期填报《增值税纳税申报表》，并于次月 1 日至 15 日内，向当地的国家税务局申报纳税并结清上月应纳税款。纳税人应按增值税有关规定及时办理纳税申报，如实填写《增值税纳税申报表》及其附表和附例资料。

1.《增值税纳税申报表(适用于增值税一般纳税人)》的填制

这里以例题说明增值税纳税申报表(适用于增值税一般纳税人)的填制方法。

【例 2-11】红星家用电器有限责任公司是一家电生产企业，被税务机关认定为增值税一般纳税人，其生产的家电产品适用增值税税率为 17%。该企业的纳税识别号为 3607280243010356，增值税纳税期限为 1 个月，2010 年 2 月生产经营情况如下：

(1)购买各种原材料取得防伪税控系统开具的增值税专用发票 25 张，合计货款金额为 2 000 元，税额为 340 000 元，均在本月内通过税务机关的认证，并在本期全部申报抵扣进项税额。

(2)购买 4 台生产用设备，取得防伪税控系统开具的增值税专用发票 4 张，共计金额为 200 000 元，税额为 34 000 元，均已通过认证。

(3)外购原材料取得运费普通发票 10 张，金额为 10 000 元。

(4)上月取得但上月未认证的防伪税控系统开具的增值税专用发票 2 张，合计金额 50 000 元，税额 8 500 元，本期通过认证并于本期申报抵扣。

(5)本月将上月购入并已申报抵扣过进项税的外购材料用于厂房扩建，其实际成本为 40 000 元，适用税率为 17%。

(6)由于管理不当，致使上月购入并已申报抵扣过进项税的某种原料损毁，经查，其实际成本为 30 000 元，适用税率为 17%。

(7)本月销售家电产品开具防伪税控系统开具的增值税专用发票 20 张，合计销售额为 3 000 元，税额为 510 000 元；开具普通发票 4 张，合计金额为234 000元。

(8)本月将企业生产的家电对外捐赠一批，其生产成本为 70 000 元，正常对外销售不含税价格为 100 000 元。

(9)因销售生产产品提供运输劳务开具发票 10 份，收取运输收入共计23 400元。

其他资料：2009 年年初未缴税款为 0 元；1 月份应税货物销售额为 2 000 元，应税劳务销售额为 50 000 元，销项额为 348 500 元；1 月份外购原材料及应税劳务已抵扣进项税额为 201 000 元，期末未缴税额为 40 000 元，于本月份缴纳。

【解析】计算填列该公司 2 月份《增值税纳税申报表》。

增值税纳税申报表

（适用于增值税一般纳税人）

根据《中华人民共和国增值税暂行条例》第二十二条和第二十三条的规定制定本表。纳税人不论有无销售额，均应按主管税务机关核定的纳税期限按期填报本表，并于次月 1 日起 10 日内，向当地税务机关申报		
税款所属时间：自 2010 年 02 月 01 日至 2010 年 02 月 28 日		填表日期：2010 年 03 月 05 日
纳税人识别号：3607280243010356	所属行业：工业	金额单位：元至角分
纳税人名称：红星家用电器有限责任公司	法定代表人姓名：刘宏	营业地址：林阳市牡丹区
开户银行及账号：林阳市牡丹区工商银行	企业登记注册类型：有限责任公司	电话号码：3640221

续表

<table>
<tr><td colspan="2" rowspan="2">项　　目</td><td rowspan="2">栏次</td><td colspan="2">一般货物及劳务</td><td>即征即退货物及劳务</td></tr>
<tr><td>本月数</td><td>本年累计</td><td>本月数
本年累计</td></tr>
<tr><td rowspan="10">销售额</td><td>(一)按适用税率征税货物及劳务销售额</td><td>1</td><td>3 320 000</td><td>5 370 000</td><td></td></tr>
<tr><td>其中：应税货物销售额</td><td>2</td><td>3 300 000</td><td>5 300 000</td><td></td></tr>
<tr><td>应税劳务销售额</td><td>3</td><td>20 000</td><td>70 000</td><td></td></tr>
<tr><td>纳税检查调整的销售额</td><td>4</td><td></td><td></td><td></td></tr>
<tr><td>(二)按简易征收办法征税货物销售额</td><td>5</td><td></td><td></td><td></td></tr>
<tr><td>其中：纳税检查调整的销售额</td><td>6</td><td></td><td></td><td></td></tr>
<tr><td>(三)免、抵、退办法出口货物销售额</td><td>7</td><td></td><td></td><td></td></tr>
<tr><td>(四)免税货物及劳务销售额</td><td>8</td><td></td><td></td><td></td></tr>
<tr><td>其中：免税货物销售额</td><td>9</td><td></td><td></td><td></td></tr>
<tr><td>免税劳务销售额</td><td>10</td><td></td><td></td><td></td></tr>
<tr><td rowspan="14">税款计算</td><td>销项税额</td><td>11</td><td>564 400</td><td>912 900</td><td></td></tr>
<tr><td>进项税额</td><td>12</td><td>383 200</td><td>584 200</td><td></td></tr>
<tr><td>上期留抵税额</td><td>13</td><td>——</td><td></td><td></td></tr>
<tr><td>进项税额转出</td><td>14</td><td>11 900</td><td>11 900</td><td></td></tr>
<tr><td>免抵退货物应退税额</td><td>15</td><td></td><td></td><td></td></tr>
<tr><td>按适用税率计算的纳税检查应补缴税额</td><td>16</td><td></td><td></td><td></td></tr>
<tr><td>应抵扣税额合计</td><td>17＝12＋13－14－15＋16</td><td>371 300</td><td>572 300</td><td></td></tr>
<tr><td>实际抵扣税额</td><td>18(如 17＜11，则为 17，否则为 11)</td><td>371 300</td><td>572 300</td><td></td></tr>
<tr><td>应纳税额</td><td>19＝11－18</td><td>193 100</td><td>340 600</td><td></td></tr>
<tr><td>期末留抵税额</td><td>20＝17－18</td><td></td><td></td><td></td></tr>
<tr><td>简易征收办法计算的应纳税额</td><td>21</td><td></td><td></td><td></td></tr>
<tr><td>按简易征收办法计算的纳税检查应补缴税额</td><td>22</td><td></td><td></td><td></td></tr>
<tr><td>应纳税额减征额</td><td>23</td><td></td><td></td><td></td></tr>
<tr><td>应纳税额合计</td><td>24＝19＋21－23</td><td>193 100</td><td>340 600</td><td></td></tr>
</table>

续表

税款缴纳	期初未缴税额(多缴为负数)	25	40 000		
	实收出口开具专用缴款书退税额	26			
	本期已缴税额	27＝28＋29＋30＋31	40 000	40 000	
	①分次预缴税额	28		——	
	②出口开具专用缴款书预缴税额	29		——	
	③本期缴纳上期应纳税额	30			
	④本期缴纳欠缴税额	31	40 000	40 000	
	期末未缴税额(多缴为负数)	32＝24＋25＋26－27	193 100	340 600	
	其中：欠缴税额(≥0)	33＝25＋26－27		——	
	本期应补(退)税额	34＝24－28－29	193 100		
	即征即退实际退税额	35	——	——	
	期初未缴查补税额	36			
	本期入库查补税额	37			
	期末未缴查补税额	38＝16＋22＋36－37			

授权声明	如果你已委托代理人申报，请填写下列资料： 为代理一切税务事宜，现授权 (地址)　　　　为本纳税人的代理申报人，任何与本申报表有关的往来文件，都可寄予此人。 授权人签字：	申报人声明	此纳税申报表是根据《中华人民共和国增值税暂行条例》的规定填报的，我相信它是真实的、可靠的、完整的。声明人签字：
以下由税务机关填写：			
收到日期：	接收人：	主管税务机关盖章：	

注：①2＝3 000 000＋234 000÷(1＋17%)＋100 000＝3 300 000(元)
②3＝23 400÷(1＋17%)＝20 000(元)
③12＝340 000＋10 000×7%＋8 500＋34 000＝383 200(元)
④14＝40 000×17%＋30 000×17%＝11 900(元)

2. 增值税小规模纳税人的纳税申报

增值税小规模纳税的按简易办法计算纳税，按照规定的纳税期限预缴增值税，并于次月1日至15日内计算填列《增值税纳税申报表》(适用于小规模纳税人)及附例资料，并结清上月税款，多退少补。

【例2-12】新华制衣厂属于增值税小规模纳税人，纳税人识别号为465701265434578，适用征收率为3%，2010年2月购销情况如下：

(1)本期购进一批服装面料，支付现金20 000元，购进其他材料10 000元，材料均已入库；

(2)本期销售服装，取得现金收入 27 810 元，其中开具普通发票的金额为 8 000元；

(3)将自用设备 1 台出售，取得收入 51 500 元，其原价为 80 000 元；

(4)2010 年 1 月份现金销售货物销售额 20 600 元，应纳增值税额 600 元，已于本月缴纳。

【解析】计算填报新华制衣厂 2010 年 2 月份的《增值税纳税申报表》。

增值税纳税申报表

（适用于小规模纳税人）

纳税人识别号：465701265434578　　　　电脑编码：

纳税人名称(公章)：　　　　填表日期：　年　月　日

税款所属期：　年　月　日至　年　月　日　　　　金额单位：元(列至角分)

	项目	税目、征收率	栏次	本期数	本年累计
一、计税依据	(一)应征增值税货物及劳务不含税销售额		1	27 000	47 000
	其中：税务机关代开的增值税专用发票不含税销售额		2		
	税控器具开具的普通发票不含税销售额		3	27 000	47 000
	(二)销售使用过的应税固定资产不含税销售额		4	50 000	50 000
	其中：税控器具开具的普通发票不含税销售额		5	50 000	50 000
	(三)免税货物及劳务销售额		6		
	其中：税控器具开具的普通发票销售额		7		
	(四)出口免税货物销售额		8		
	其中：税控器具开具的普通发票销售额		9		
二、税款计算	本期应纳税额		10	2 310	
	本期应纳税额减征额		11	500	
	应纳税额合计		12=10−11	1 810	
	本期预缴税额		13		
	本期应补(退)税额		14=12−13	1 810	

纳税人或代理人声明： 此纳税申报表是根据国家税收法律的规定填报的，我确定它是真实的、可靠的、完整的	如纳税人填报，由纳税人填写以下各栏： 办税人员(签章)：　　财务负责人(签章)： 法定代表人(签章)：　　联系电话： 如委托代理人填报，由代理人填写以下各栏： 代理人名称：　　经办人(签章)：　　联系电话： 代理人(公章)：

受理人：　　受理日期：　年　月　日　　受理税务机关(签章)：

本表一式三份，一份纳税人留存，一份主管税务机关留存，一份征收部门留存

①服装销售额=27 810÷(1+3%)=27 000(元)

②自用设备销售额=51 500÷(1+3%)=50 000(元)

二、增值税核算的账户设置

(一)一般纳税人增值税核算的账户设置

根据现行规定，一般纳税人应在“应交税费”账户下设置“应交增值税”、“未交增值税”2个二级账户。

1. “应交税费——应交增值税”明细账户

“应交税费——应交增值税”明细账户的借方发生额，反映企业购进货物、接受应税劳务所支付的进项税额、实际已交纳的增值税以及月末转入“未交增值税”明细账户的当月发生的应交未交增值税额；贷方反映销售货物、提供应税劳务应交纳的增值税、出口货物退税、转出已支付或应分摊的增值税以及月末转入“未交增值税”明细账户的当月多交增值税额；本账户的期末借方余额，反映尚未抵扣的增值税额。

在“应交税费——应交增值税”二级账户下，可设置以下明细专栏。

(1)借方设置进项税额、已交税金、减免税款、出口抵减内销产品应纳税额、转出未交增值税5个栏目

①“进项税额”专栏

这个科目记录企业购入货物或接受应税劳务而支付的、准予从销项税额中抵扣的增值税额。企业购入货物或接受应税劳务支付的进项税额，用蓝字登记；退回所购货物应冲销的进项税额，用红字登记。

企业购进材料、商品时：

借：材料采购等

　　应交税费——应交增值税(进项税额)

　贷：银行存款等

企业购进材料、商品发生退货时作相反会计分录。

②“已交税金”专栏

这个科目主要出现在企业1个月内分次预缴增值税时。

预缴增值税时：

借：应交税费——应交增值税(已交税金)

　贷：银行存款

③“减免税款”专栏

这个科目反映企业按规定减免的增值税款。企业按规定直接减免的增值税额

借记本科目，贷记“营业外收入”科目。

企业销售产品时：

借：银行存款

贷：主营业务收入

应交税费——应交增值税(销项税额)

企业按规定直接减免的增值税时：

借：应交税费——应交增值税(减免税款)

贷：营业外收入——政府补助

④“出口抵减内销产品应纳税额”专栏

这个科目对应“出口退税”，反映出口企业销售出口货物后，向税务机关办理免抵退税申报，按规定计算的应免抵税额。

生产企业以自产的货物出口，内、外销业务共同使用的原材料难以凭票退税，在实行免抵退税办法的条件下，出口货物的销项税免征，进项税先用内销货物的销项税抵扣，未抵扣完的再申报办理退税。因此，出口货物所享受的实质上的退税款由抵减的进项税和收到的退税款两部分组成。所以，核算抵减税额时作以下账务处理。

借：应交税费——应交增值税(出口抵减内销产品应纳税额)

贷：应交税费——应交增值税(出口退税)

⑤“转出未交增值税”专栏

这个科目核算企业月终转出应缴未缴的增值税。企业月末转出未缴增值税时：

借：应交税费——应交增值税(转出未交增值税)

贷：应交税费——未交增值税

(2)贷方设置4个栏目

①“销项税额”专栏

这个科目反映销售货物或提供应税劳务应收取的增值税额。销售货物或提供应税劳务应收取的销项税额，用蓝字登记；退回销售货物应冲销的销项税额，用红字登记。

企业销售货物时：

借：银行存款等

贷：主营业务收入

应交税金——应交增值税(销项税额)

企业发生已销货物退回时作相反会计分录。

②“转出多交增值税”专栏

和“转出未交增值税”相反，月末“应交税费——应交增值税”出现借方余额时，贷方用“转出多交增值税”转平余额，也是要转入“应交税费——未交增值税”科目。

借：应交税费——未交增值税

贷：应交税费——应交增值税(转出多交增值税)

③“出口退税”专栏

出口企业当期按规定应退税额，申报时先通过“其他应收款——应收出口退税款(增值税)”科目核算。应免抵税额部分，借记“应交税费——应交增值税(出口抵减内销产品应纳税)”科目，贷记本科目。

借：其他应收款——应收出口退税款(增值税)

应交税费——应交增值税(出口抵减内销产品应纳税额)

贷：应交税费——应交增值税(出口退税)

④“进项税额转出”专栏

该科目核算企业购进货物，在产品、产成品等发生非正常损失以及其他原因而不应从销项税额中抵扣，按规定转出的进项税额。

借：待处理财产损溢——流动资产损溢(应付职工薪酬、在建工程等)

贷：原材料

应交税费——应交增值税(进项税额转出)

2. “未交增值税”明细科目

该科目其金额是从“应交税费——应交增值税”中转过来的。反映企业欠缴增值税税款或待抵扣增值税情况，核算一般纳税企业月终时转入的应缴未缴增值税额或多缴的增值税。其对应项目是应交税费——应交增值税(转出未交增值税)或(转出多交增值税)。

(二)小规模纳税人增值税核算的会计账户

小规模纳税人只需在“应交税费”账户下设置“应交增值税”二级账户，无需再设置明细专栏。贷方余额反映尚未上交或欠交的增值税，借方余额反映多交的增值税。

三、企业增值税涉税业务的账务处理

(一)供应阶段增值税涉税业务的账务处理

1. 企业购进货物、固定资产账务处理

企业从国内采购货物、固定资产，按照专用发票上注明的增值税额和按运费规定计算可抵扣的进项税额，借记“应交税费——应交增值税(进项税额)”科目，按照发票上注明价款及发生的外地运杂费(扣除7%进项税额)等应计入采购成本的金额，借记“原材料”、“低值易耗品”、“管理费用”、“固定资产”等科目；贷记“银行存款”、“应付账款”、“应付票据”等科目。购入货物发生退货作相反会计分录。

【例2-13】A企业购入钢材一批，已取得增值税专用发票1张，发票上注明价款100 000元，增值税17 000元，同时收到对方代垫运杂费2 800元(其中运输发票上列明的运费及建设基金为2 000元)的运输发票，款项已付，钢材已验收入库。A企业的账务处理为：

借：原材料　　102 660

　　应交税费——应交增值税(进项税额)　　17 140

　贷：银行存款　　119 800

2. 企业接受投资转入的货物进项税额的账务处理

企业接受投资转入的货物，按照增值税专用发票上注明的增值税额，借记“应交税费——应交增值税(进项税额)”科目，按照投资确认的货物价值(已扣除增值税)借记“原材料”、“低值易耗品”、“库存商品”等科目；按照投资确认的货物价值与增值税税额合计数，贷记“实收资本”。

【例2-14】B企业用原材料对A企业投资，开来一份增值税专用发票，企业直接将货物验收入库。增值税专用发票上注明货价格200 000元，税款34 000元，取得向运输单位支付该货物的运输费用发票列明运费2 000元，以银行存款支付。A企业的账务处理为：

借：原材料　　201 860

　　应交税费——应交增值税(进项税额)　　34 140

　贷：实收资本——B企业　　234 000

　　　银行存款　　2 000

3. 企业接受捐赠转入的货物进项税额的账务处理

按照增值税专用发票上注明的增值税额，借记“应交税费——应交增值税(进项税额)”科目，按照确认的捐赠货物价值，借记“原材料”等科目；按照增值税额与货物价值的合计数，贷记“营业外收入”科目。

【例2-15】A企业接受乙企业捐赠的数控机床1台，收到的增值税专用发票上注明设备价款200 000元，配套模具价款4 000元。增值税税额分别为34 000元和680元。A企业的账务处理为：

借：固定资产　200 000
　　低值易耗品　4 000
　　应交税费——应交增值税(进项税额)　34 680
　贷：营业外收入　238 680

4. 企业购进应税劳务进项税额的账务处理

按照专用发票上注明的增值税额，借记“应交税费——应交增值税(进项税额)”科目，按照专用发票上记载的应计入加工、修理修配等货物成本的金额，借记“委托加工材料”等科目；按照应付或实付的金额，贷记“银行存款”等科目。

【例 2-16】A 企业材料采用计划成本核算，本月月初发出棒料 1 吨，委托外单位加工成某种锻件 100 件，委托材料实际成本 4 000 元(计划成本 3 800 元)，支付加工费 2 000 元，运费 200 元，加工费专用发票上注明进项税额 340 元，加工完入库(委托加工材料的计划成本 6 000 元)。根据上述经济业务，A 企业的账务处理为(不考虑运费应抵扣的进项税额)：

(1)委托加工发出原料时

借：委托加工物资　4 000
　贷：原材料　3 800
　　材料成本差异　200

(2)支付加工费、税金及运费时

借：委托加工物资　2 200
　　应交税费——应交增值税(进项税额)　340
　贷：银行存款　2 540

(3)收回入库时

借：原材料——××锻件　6 000
　　材料成本差异　200
　贷：委托加工物资　6 200

5. 企业进口货物进项税额的账务处理

按照海关提供的完税凭证上注明的增值税额，借记“应交税费——应交增值税(进项税额)”科目，按照进口货物应计入采购成本的金额，借记“在途物资”等科目；按照应付或实付的价款，贷记“应付账款”或“银行存款”等科目。

【例 2-17】A 企业本月从国外购进生产用原材料一批，国外采购价格折合人民币 20 000 元，支付境外运输费用折合人民币 2 000 元，报关进口时支付关税 2 000 元，支付进口增值税 4 080 元，报关后支付境内运输费用 1 000 元，各种款项均以银行存款支付，材料已入库。A 企业的账务处理为：

借：原材料　　　　　　　　　　　　　　　　　　20 850

　　应交税费——应交增值税(进项税额)　　　　　4 150

　贷：银行存款　　　　　　　　　　　　　　　　　　25 000

6. 企业购进免税农产品进项税额的账务处理

企业从农业生产者或小规模纳税人处购进初级农产品为购进免税农产品，无法取得增值税专用发票，其进项税额按照购进农产品的买价乘以13%的扣除率计算借记“应交税费——应交增值税(进项税额)”，实际支付的买价的87%借记“在途物资”、“原材料”科目。

【例2-18】A企业以农副产品为生产原料，本月从农民处收购农副产品40吨，每吨收购价款为5 000元；收购凭证注明收购款共200 000元，以现金支票支付款项，材料已入库。A企业的账务处理为：

借：原材料　　　　　　　　　　　　　　　　　174 000

　　应交税费——应交增值税(进项税额)　　　　26 000

　贷：银行存款　　　　　　　　　　　　　　　　　200 000

7. 对运输费用允许抵扣进项税额的账务处理

企业购进货物时，取得运输单位开给购货方的发票原件，可按照货运发票上注明的运费、建设基金依7%计算进项税额准予扣除。

【例2-19】A企业本月外购原材料一批，专用发票上注明的价款为6 000元，增值税额为1 020元，另外销货方代垫运费200元(转来承运部门开具给A企业的普通发票1张)。A企业开出为期1个月的商业汇票1张，材料已验收入库。A企业的账务处理为：

借：原材料　　　　　　　　　　　　　　　　　　6 186

　　应交税费——应交增值税(进项税额)　　　　　1 034

　贷：应付票据　　　　　　　　　　　　　　　　　　7 220

8. 企业以物易物增值税账务处理

按照规定，以物易物双方都应作购销处理，以各自发出的货物核算销售额并计算销项税，以各自收到的货物按照规定核算购货额并计算进项税。应分别开据合法的票据，如收到的货物不能取得相应的增值税专用发票或其他合法票据的，不能抵扣进项税额。

【例2-20】A企业本月用自产成品换入B企业的产品一批作为生产用原材料，双方货物均适用17%增值税率，双方互开增值税专用发票，列明价款20 000元，增值税额3 400元，换入的货物已入库。A企业的账务处理为：

(1)A 发出自产产品时

借：应收账款　　23 400

　贷：应交税费——应交增值税(销项税额)　　3 400

　　主营业务收入　　20 000

(2)A 企业收到换入原材料时

借：原材料　　20 000

　　应交税费——应交增值税(进项税额)　　3 400

　贷：应收账款　　23 400

9. 企业购进货物在运输途中发生的非正常短缺或溢余的账务处理

企业购进货物运输途中发生的溢余，按照不含税价款贷记“待处理财产损溢”科目，查明原因后进行转销，这种情况下一般不用考虑增值税。

企业购进货物运输途中发生的毁损与短缺，则应当将已付的损失商品货款及相应的进项税额一起贷记“待处理财产损溢”科目，查明原因后进行转销。

【例 2-21】A 企业购进原材料一批，全部款项 12 700 元，其中专用发票上注明的价款为 10 000 元，税额为 1 700 元，对方代垫运费 1 000 元，取得承运部门开具的普通发票 1 张，价税款项合计及代垫运费已由银行划拨。A 企业的账务处理为：

借：在途物资　　10 930

　　应交税费——应交增值税(进项税额)　　1 770

　贷：银行存款　　12 700

上述货物验收入库时，发现有不含税价格 1 000 元的货物毁损，根据毁损商品报告单，A 企业的账务处理为：

实际入库商品：

借：原材料　　9 837[10 930×9 000/10 000]

　贷：在途物资　　9 837

毁损商品：

借：待处理财产损溢　　1 270

　贷：在途物资　　1 093

　　应交税费——应交增值税(进项税额转出)　　177

若上例中的外购材料发生合理损耗与溢余，A 企业的账务处理为：

借：原材料　　10 930

　贷：在途物资　　10 930

(二)生产阶段增值税涉税业务的账务处理

1. 用于非应税项目、免税项目、集体福利或个人消费的购进货物或应税劳务

企业将原计划用于生产的外购材料或应税劳务改变用途，用于按照规定不得抵扣进项税的非应税项目、免税项目、集体福利或个人消费的，则应将已计入增值税进项税额的相应部分转出。

【例 2-22】A 企业 2010 年 10 月将 2010 年 6 月外购的乙材料 10 吨转用于企业的在建工程，按企业材料成本计算方法确定，该材料实际成本为 52 000 元，适用增值税税率为 17%。A 企业的账务处理为：

应转出进项税额＝52 000×17%＝8 840(元)

借：在建工程　　60 840

　贷：原材料　　52 000

　　应交税费——应交增值税(进项税额转出)　　8 840

2. 非正常损失的外购货物，在产品、产成品的账务处理

企业发生非正常损失的外购货物，在产品、产成品所耗用的购进货物或应税劳务的进项税额是不准从销项税额中抵扣的，企业应依具体情况按以下方式进行及账务处理。

(1)取得增值税专用发票的外购货物的非正常损失

应转出的进项税额＝损失货物的账面价值×适用税率

【例 2-23】A 企业 2010 年 10 月由于意外火灾损毁外购的丙种材料一批，已知损失的材料的实际成本为 10 000 元，适用增值税税率为 17%。A 企业的账务处理为：

借：待处理财产损溢——待处理流动资产损溢　　11 700

　贷：原材料　　10 000

　　应交税费——应交增值税(进项税额转出)　　1 700

(2)取得免税农产品抵扣凭证的外购货物的非正常损失

企业从农业生产者或小规模纳税人处购进农产品，可以按照主管税务机关核准使用的收购凭证上收购款的 13%计入进项税额，因而计入入库材料成本部分只是收购款的 87%。如果企业此类材料发生非正常损失，则企业应按照以下公式计算应转出的进项税额。

应转出的进项税额＝损失货物的账面价值÷(1－13%)×13%

【例 2-24】A 企业 2010 年 10 月由于意外火灾损毁从农业生产者处购进的丙种

免税农产品材料一批，已知损失农产品材料的实际成本为 87 930 元，其中含计入成本的运输费用为 930 元。A 企业的账务处理为：

应转出进项税额＝(87 930－930)÷(1－13%)×13%＋930÷(1－7%)×7%＝13 070(元)

借：待处理财产损溢——待处理流动资产损溢　　101 000

　贷：原材料　　87 930

　　应交税费——应交增值税(进项税额转出)　　13 070

(3)在产品、产成品非正常损失

当企业发生在产品、产成品非正常损失时，首先计算出在产品、产成品中耗用外购货物或应税劳务的购进成本，再按照购进时适用的税率计算应转出的进项税额，贷记“应交税费——应交增值税(进项税额转出)”税目，按照实际损失的在产品、产成品成本，贷记“生产成本”、“库存商品”科目；按照非正常损失的在产品、产成品的实际成本与负担的进项税额的合计数，借记“待处理财产损溢——待处理流动资产损溢”科目。

【例 2-25】A 企业 2010 年 10 月由于意外火灾损毁库存产成品一批，已知损失产品的实际成本为 40 000 元，当期总的生产成本为 210 000 元，其中耗用外购材料、低值易耗品等价值为 150 000 元，外购材料均适用 17% 的增值税税率。A 企业的账务处理为：

损失产品成本中所耗外购货物的购进额＝40 000×(150 000÷250 000)＝24 000(元)

应转出进项税额＝24 000×17%＝4 080(元)

借：待处理财产损溢——待处理流动资产损溢　　44 080

　贷：库存商品　　40 000

　　应交税费——应交增值税(进项税额转出)　　4 080

(三)销售阶段增值税涉税业务的账务处理

1. 一般纳税人销售货物或提供应税劳务的账务处理

企业销售货物或提供应税劳务，按照实现的销售收入和按照规定收取的增值税额，借记“应收账款”、“应收票据”、“银行存款”等科目；按照收取的增值税额贷记“应交税费——应交增值税(销项税额)”科目，按照实现的销售收入贷记“主营业务收入”、“其他业务收入”等科目。发生的销售退回，作相反的会计分录。

【例 2-26】A 企业本月对外销售产品一批，应收取款项 1 049 600 元，其中：

价款 880 000 元，税金 149 600 元，代垫运输费 20 000 元，运费发票开给购货方。A 企业的账务处理为：

借：应收账款　　1 049 600

　贷：主营业务收入　　880 000

　　　应交税费——应交增值税(销项税额)　　149 600

　　　银行存款　　20 000

2. 视同销售行为的账务处理

(1)企业将自产或委托加工的货物用于非应税项目，应视同销售货物计算应缴增值税，借记“在建工程”等科目，贷记“应交税费——应交增值税(销项税额)”科目。

【例 2-27】某水泥厂将自产水泥用于在建工程，成本价 8 000 元，不含税售价 10 000 元，账务处理为：

借：在建工程　　9 700

　贷：库存商品　　8 000

　　　应交税费——应交增值税(销项税额)　　1 700

(2)企业将自产、委托加工或购买的货物作为投资，提供给其他的单位或个体经营者，应视同销售货物计算应缴增值税，借记“长期股权投资”科目，贷记“应交税费——应交增值税(销项税额)”科目。

【例 2-28】A 企业以自己生产的产品分配利润，产品的成本为 500 000 元，不含税销售价格为 800 000 元，该产品的增值税税率为 17%。A 企业的账务处理为：

计算销项税额＝800 000×17%＝136 000(元)

借：应付利润　　936 000

　贷：主营业务收入　　800 000

　　　应交税费——应交增值税(销项税额)　　136 000

(3)企业将自产、委托加工的货物用于集体福利、个人消费等，应视同销售货物计算应缴增值税，借记“应付职工薪酬”等科目，贷记“应交税费——应交增值税(销项税额)”科目。

①用于集体福利时

借：应付职工薪酬——非货币性福利

　贷：主营业务收入（按售价记账）

　　　应交税费——增(销) 按售价或组价计算

②用于交际应酬消费等个人消费时

借：管理费用——业务招待费等

贷：库存商品（按成本记账）

应交税费——增（销）（按售价或按组价计算）

(4)企业将自产、委托加工或购买的货物无偿赠送他人，应视同销售货物计算应缴增值税，借记“营业外支出”等科目，贷记“应交税费——应交增值税（销项税额）”科目。

(5)设有2个以上机构并实行统一核算的纳税人，将货物从一个机构移送其他的机构用于销售，但相关机构设在同一县（市）的除外。

移送货物的一方：

借：其他应收款——内部应收款

贷：库存商品

应交税费——应交增值税（销项税额）

接受货物的一方：

借：库存商品

应交税费——应交增值税（进项税额）

贷：其他应付款——内部应付款

(6)将货物交付其他的单位或者个人代销，委托方账务处理：

①发出代销商品时

借：发出商品（或委托代销商品）

贷：库存商品

②收到代销清单时

借：应收账款

贷：主营业务收入

应交税费——应交增值税（销项税额）

同时结转成本

借：主营业务成本

贷：发出商品（或委托代销商品）

③收到手续费结算发票时

借：销售费用

贷：应收账款

④收到代销货款时

借：银行存款

贷：应收账款

(7)销售代销货物，按实际售价计算销项税额；取得委托方增值税专用发票，可以抵扣进项税额；受托方收取的代销手续费，应按“服务业”税目5%的税率征收营业税。

受托方账务处理：

①售出代销商品时

借：银行存款

　贷：应付账款

　　　应交税费——应交增值税(销项税额)

②结转应收手续费收入时

借：应付账款

　贷：其他业务收入(或主营业务收入)

计提营业税：

借：营业税金及附加

　贷：应交税费——应交营业税

③收到委托方的增值税专用发票并支付剩余货款时

借：应付账款

　　应交税费——应交增值税(进项税额)

　贷：银行存款

3. 带包装销售货物的账务处理

(1)单独计价包装物的账务处理。随同产品出售并单独计价的包装物，按照规定应缴纳的增值税，借记“银行存款”等科目，贷记“应交税费——应交增值税(销项税额)”科目。

【例2-29】A企业本月销售产品一批，不含税售价为50 000元，随同产品出售但单独计价的包装物1 000个，普通发票上注明单价为每个10元，款项尚未收到。A企业的账务处理为：

借：应收账款	68 500	
贷：主营业务收入		50 000
其他业务收入		8 547
应交税费——应交增值税(销项税额)		9 953

(2)逾期押金的账务处理。对于出租、出借包装物收取的押金，因逾期未收回包装物而没收的部分应计入其他业务收入，企业收取押金时，借记“银行存款”科目，贷记“其他应付款”科目；因逾期未收回包装物而没收押金时，借记“其他应付款”科目，进行价税分离后分别贷记“其他业务收入”科目和“应交税费——应交增值税(销项税额)”科目。

【例 2-30】A 企业 2010 年 2 月出借包装物给甲购货商周转使用，收取包装物押金 20 000 元，期限为 3 个月，同年 5 月，该购货商退回包装物时有部分包装物损毁，A 企业将该单位包装物押金 2 000 元予以没收，返还押金 18 000 元。A 企业的账务处理为：

(1)因出借包装物收取押金时

借：银行存款　　20 000

　贷：其他应付款　　20 000

(2)退还包装物时

借：其他应付款　　20 000

　贷：银行存款　　18 000

　　其他业务收入　　1 709.40

　　应交税费——应交增值税(销项税额)　　290.60

(3)随同货物销售收取的包装物租金，应视为销售货物的价外收费，征收增值税，借记“银行存款”等科目，贷记“应交税费——应交增值税(销项税额)”、“其他业务收入”等科目。单独出租收取的包装物租金，不征收增值税，而应征收 5%的营业税，收取租金时，借记“银行存款”等科目，“其他业务收入”，其应交的营业税，借记“营业税金及附加”，贷记“应交税费——应交营业税”等科目。

4. 小规模纳税人涉税业务账务处理

小规模纳税人销售货物或提供应税劳务，按照实现的销售收入和规定收取的增值税，借记“应收账款”、“应收票据”、“银行存款”等科目，按照实现的销售收入贷记“主营业务收入”、“其他业务收入”等科目，按规定收取的增值税额，贷记“应交税费——应交增值税”科目。由于小规模纳税人一般情况下不得抵扣进项税额，因此期末其“应交税费——应交增值税”账户贷方余额即本期应缴纳的增值税税额。

【例 2-31】某小规模工业企业 A 企业本月销售自产货物一批，取得价款20 600 元。A 企业的账务处理为：

借：银行存款　　20 600

　贷：主营业务收入　　20 000(20 600÷(1＋3%))

　　应交税费——应交增值税　　600

(四)一般纳税人企业应缴增值税的账务处理

企业当期应纳的增值税具体计算公式为：

当期应纳税额＝(当期销项税额＋当期进项税额转出＋当期出口退税发生额)－

(上期留抵税额＋当期发生的允许抵扣的进项税额)

【例 2-33】A企业本月外购货物，发生允许抵扣的进项税额共计 230 000 元，本月初“应交税费——应交增值税”明细账借方余额为 20 000 元，本月外销货物取得销项税额合计为 310 000 元。

企业本月应纳增值税税额＝310 000－(230 000＋20 000)＝60 000(元)

月末账务处理如下：

借：应交税费——应交增值税(转出未交增值税)　　60 000

　贷：应交税费——未交增值税　　60 000

借：应交税费——未交增值税　　60 000

　贷：银行存款　　60 000

强化训练题

一、单项选择题

1. 下列各项中，不构成销售额的是(　　)。

A. 增值税税额　B. 应税消费品的消费税税额　C. 违约金　D. 代垫款项

2. 下列各项应为小规模纳税人的是(　　)。

A. 年不含税销售额在 100 万元以上的从事货物生产的纳税人

B. 年不含税销售额 300 万元以上的从事货物批发的纳税人

C. 年不含税销售额为 80 万元以下，会计核算制度健全的从事货物零售的纳税人

D. 年不含税销售额为 50 万元以上，会计核算制度健全的从事货物生产的纳税人

3. 下列各项业务中，应当征收增值税的是(　　)。

A. 毛毯厂将自产的毛毯分发给本厂的员工

B. 超市将外购部分商品分发本公司的员工

C. 将外购零部件用于本公司在建工程

D. 将外购茶叶用于员工福利

4. 下列各项中，不缴纳增值税的是(　　)。

A. 商品期货　　B. 寄售业代委托人销售物品

C. 邮票的生产　　D. 邮局发行报刊

5. 下列各项中属于增值税混合销售的有(　　)。

A. 汽车制造厂销售自产汽车并提供汽车租赁服务

B. 饭店提供客房、餐饮服务并设立独立的柜台外销自制的食品

C. 空调厂销售空调并为购买的客户提供安装服务

D. 电脑公司单独提供培训服务

6. 增值税一般纳税人兼营不同增值税税率的货物，未分别核算不同税率货物销售额的，确定其适用增值税税率的方法是(　　)。

A. 适用3%的征收率　　B. 从低适用税率

C. 适用平均税率　　D. 从高适用税率

7. 根据增值税法律制度的规定，下列各项中不应缴纳增值税的有(　　)。

A. 销售汽车　　B. 修理桥梁

C. 进口货物　　D. 银行销售金银业务

8. 某企业(一般纳税人)2010年将一辆自己使用过3年的设备，以10万元的价格售出，其正确的税务处理方法是(　　)。

A. 按2%简易办法计算应纳增值税

B. 按4%简易办法计算应纳增值税

C. 按4%简易办法减半计算应纳增值税

D. 不交增值税

9. 纳税人采取分期收款方式销售货物，增值税的纳税义务发生时间为(　　)。

A. 货物发出的当天　　B. 收到全部货款的当天

C. 合同约定的收款日期的当天　　D. 取得索取销售款凭据的当天

10. 甲公司为增值税一般纳税人，于2009年12月10日收到乙公司委托代销的产品，2010年1月10日以直接收款方式出售受托代销产品成功，3月12日甲公司将受托代销商品款支付给乙公司，则甲公司对该批货物的增值税纳税义务发生时间为(　　)。

A. 2009年12月10日　　B. 2010年3月12日

C. 2010年3月5日　　D. 2010年1月10日

11. 生产酒类产品的企业，销售啤酒收取的包装物押金增值税处理正确的是(　　)。

A. 逾期的并入销售额缴纳增值税　　B. 该押金收入为不含税收入

C. 不缴纳增值税　　D. 无论是否返还均并入销售额

12. 某贸易公司进口产品一批，关税完税价格140万元，关税70万元，该商品消费税90万元，增值税税率为17%，则进口该商品由海关代征增值税

(　　)万元。

A. 90　　B. 51　　C. 63　　D. 35.7

13. 某食品加工企业为小规模纳税人。2010 年 2 月取得销售收入 16 960 元；直接从农户购入农产品价值 6 400 元，支付运输费 600 元，当月支付人员工资 3 460元，该企业当月应缴纳的增值税税额为(　　)元。

A. 451.98　　B. 493.98　　C. 508　　D. 960

14. 某食品厂为增值税一般纳税人，6 月购进免税农产品的收购凭证上注明收购价为 20 000 元，支付运输公司运费 6 000 元、装卸费 500 元、保险费 100 元，并取得了运输公司开具的运输业普通发票。该食品厂准予抵扣的进项税额为(　　)元。

A. 2 420　　B. 2 600　　C. 3 020　　D. 3 062

15. 下列行为中，涉及的进项税额不得从销项税额中抵扣的是(　　)。

A. 购进货物一批用于本单位集体福利

B. 外购货物用于交换生产所需材料

C. 上年委托加工收回的材料用于偿还债务

D. 外购货物用于雪灾灾区捐赠

二、多项选择题

1. 甲公司一车间生产的半产品用于下列用途中，应作为销售交纳增值税的有(　　)。

A. 二车间继续领用加工为产成品　　B. 公司在建工程领用

C. 作为职工福利发放　　D. 捐赠给老年福利院

2. 增值税纳税人的下列行为中，应视同销售货物行为征收增值税的有(　　)。

A. 将购买的货物分配给股东

B. 将自产的货物用于非增值税应税项目

C. 委托代销商品

D. 将购买的货物无偿赠送他人

3. 下列各项中，属于增值税混合销售应征收增值税的是(　　)。

A. 销售家具并负责运输所售货物

B. 销售家用电器并负责安装

C. 电信单位从事电信业务，并同时销售移动电话

D. 邮政局出售集邮商品

4. 纳税人销售或进口下列货物，适用增值税税率13%的有(　　)。

A. 粮食、食用植物油　　B. 图书、报纸、杂志

C. 盐　　D. 农机配件

5. A公司外购一批货物5 000元，取得增值税专用发票，委托B公司加工，支付加工费1 000元，并取得B公司开具的增值税专用发票。货物加工好收回后，A公司将这批货物直接对外销售，开出的增值税专用发票上注明的价款为8 000元。根据以上所述，以下各种说法正确的有(　　)。

A. A公司应当缴纳增值税340元　　B. B公司应该缴纳增值税170元

C. A公司应当缴纳增值税510元　　D. B公司不需缴纳增值税

6. 法定的增值税扣税凭证为(　　)。

A. 从一般纳税人处取得的普通发票

B. 从销售方取得增值税专用发票

C. 取得由税务所为小规模纳税人代开的专用发票

D. 从海关取得的完税凭证

7. 增值税一般纳税人发生的下列进项税额中，不得从销项税额中抵扣的有(　　)。

A. 用于建造房屋购入物资　　B. 用于免税项目购进物资

C. 用于对外投资购进物资　　D. 非正常损失的购进物资

8. 增值税一般纳税人在下列(　　)情况下不得开具增值税专用发票。

A. 向消费者销售产品　　B. 向大型商场销售产品

C. 自产商品用于对外投资　　D. 生产的产品直接报关出口

9. 下列有关增值税的纳税义务发生时间的表述中，符合我国税法规定的有(　　)。

A. 直接收款销售货物，为收到销售额或取得索取销售额的凭据并将提货单交给买方的当天

B. 采取预收货款方式销售货物，为实际收到货款的当天

C. 采取分期付款方式销售货物，为合同约定的收款日期的当天

D. 委托其他纳税人代销货物，为收到代销单位销售货物的代销清单的当天

10. 下列各项中，不得开具增值税专用发票的有(　　)。

A. 在境外销售应税劳务　　B. 销售报关出口的货物

C. 将自产货物用于集体福利　　D. 转让非专利技术

11. 下列属于视同销售的是(　　)。

A. 企业将委托加工的货物用于非应税项目

B. 企业将购买的货物作为对外投资

C. 企业将购买的货物用于集体福利

D. 企业将购买的货物无偿赠送给他人

12. 甲工厂向乙工厂购买了一批原材料，然后将其生产的产品按出厂价销售给丙，丙以批发价销售给零售商丁，丁又零售给消费者。根据规定，需缴纳增值税的环节有（　　）。

A. 甲乙之间的交易环节　　B. 甲丙之间的交易环节

C. 丙丁之间的交易环节　　D. 丁向消费者销售的环节

13. 下列各项中，属于增值税兼营行为的有（　　）。

A. 运输企业销售货物并运输所售货物

B. 建材商店销售建材的同时，也为其他的客户提供装饰装修服务

C. 塑钢门窗商店销售产品，并为购买的客户进行加工与安装

D. 商场销售商品，并为顾客提供餐饮娱乐服务

14. 下列各项中，免于征收增值税的有（　　）。

A. 用于对外投资的自产产品　　B. 用于单位集体福利的自产货物

C. 农业生产者销售的自产农业产品　　D. 出口外销的货物

15. 下列项目中，其进项税额不得从销项税额中抵扣的有（　　）。

A. 因自然灾害毁损的库存外购商品

B. 企业被盗窃的产成品所耗用的外购原材料

C. 在建厂房耗用的外购原材料

D. 生产免税产品接受的劳务

三、判断题

1. 2010 年 5 月 A 企业购入一批货物，6 月公司组织拔河比赛，这批货物作为胜利一方的奖品发给企业职工，这批货物要视同销售计算销项税。（　　）

2. 甲未按照规定向乙支付货款，乙按照合同规定向甲收取违约金，由于违约金是在销售实现后收取的，故不应征增值税。（　　）

3. 纳税人以代销方式销售货物，在收到代销清单前已收到全部贷款或部分货款的，其纳税义务发生时间为收到代销单位代销清单的当天。（　　）

4. 工业企业一般纳税人购进货物，取得防伪税控系统专用发票，应在货物已验收入库后申报抵扣进项税额。（　　）

5. 某汽车经销商经营汽车销售业务，同时附设了汽车修理修配门市部。该经销商进行增值税纳税申报时，应将该门市部提供的修理修配劳务收入计入应税

销售额。 （ ）

6. 某企业的销售行为既涉及货物又涉及非增值税应税劳务，该企业的销售行为均应视为销售货物，征收增值税。 （ ）

7. 2010 年 2 月 1 日，甲乙两企业签订一项货物买卖合同，甲企业向乙企业销售一批汽车轮胎，约定款到付货。2 月 10 日乙企业将货款全部交付给甲企业，甲企业应于 2 月 1 日向乙企业开具增值税专用发票。 （ ）

8. 酒类产品的包装物押金，无论押金是否返还以及会计上如何核算，均应并入销售额计征消费税。 （ ）

9. 增值税一般纳税人以物易物时，双方都应作购销处理，无论是否开具销售货物的专用发票，均应以各自发出的货物核算销售额并计算销项税金，以各自收到的货物核算购货额并计算扣除进项税金。 （ ）

10. 已抵扣进项税额的购进货物，如作为集体福利发放给职工个人的，发放时应视同销售计算增值税的销项税额。 （ ）

四、计算题

1. 某电子企业为增值税一般纳税人，2010 年 2 月发生下列经济业务：①销售自产 A 产品 50 台，不含税单价 8 000 元，货款收到后，向购买方开具了增值税专用发票，并将提货单交给了购买方。截止到月底，购买方尚未提货；②将 20 台新试制的 B 产品分配给投资者，单位成本为 6 000 元，该产品尚未投放市场；③单位内部基本建设领用甲材料 1 000 千克，每千克单位成本为 50 元；④改、扩建单位幼儿园领用甲材料 200 千克，每千克单位成本为 50 元。同时领用 A 产品 5 台；⑤当月丢失库存乙材料 800 千克，每千克单位本为 20 元，作待处理财产损溢处理；⑥当月发生购进货物的全部进项税额为 68 000 元，全部取得增值税发票并通过了认证。

其他相关资料：上月进项税额已全部抵扣完毕。购销货物增值税税率均为 17%。税务局核定的 B 产品成本利润率为 10%。

要求：计算当月销项税额、当月可抵扣进项税额和当月应缴增值税税额。

2. 明辉食品有限责任公司为增值税一般纳税人，2010 年 10 月发生以下业务：①购进一批用于生产的花生油，支付款项 56 500 元，取得增值税专用发票；②以每千克 2 元的单价向农业生产者收购草莓 2 000 千克；③购置办公用电脑 10 台，单价 20 000 元，售货方开具的增值税专用发票上注明的增值税税额为34 000 元；④向鑫隆商厦销售月饼 5 000 千克，取得销售收入 117 000 元(含增值税)；销售草莓酱 1 000 箱，取得销售收入 93 600 元(含增值税)；⑤直接向消费者零星销售月饼400千克，取得销售收入14 040元(含增值税)。已知：花生油适用13%的增值税税率。

要求：计算该公司当期增值税进项税额、销项税额和当期应缴纳的增值税。

3. 北京某电器专卖店(一般纳税人)2010年2月发生下列购销业务：

(1)销售空调机300台，每台零售价格3 000元，商场派人负责安装，每台收取安装费200元。

(2)采取有奖销售方式销售电冰箱100台，每台零售价格2 800元；奖品为电子石英手表，市场零售价格200元，共计送出50只电子石英手表。

(3)收取客户购买20台空调机的预付款40 000元，每台3 000元(含增值税)，按60 000元金额开具普通发票，因供货商的原因本期未能向客户交货。

(4)将本专卖店自用2年的固定资产，账面原价130 000元，已计提折旧30 000元，以140 000元的价格售出。

(5)购进空调机200台，取得增值税专用发票注明价款420 000元，已通过认证，货款已支付；另支付运输费20 000元，运输企业开具的货票上注明运费15 000元，建设基金1 000元，装卸费2 000元，保险费2 000元。

(6)购进电冰箱150台，取得增值税专用发票注明价款300 000元，已通过认证，因资金周转困难只支付厂商70%的货款，余款在下月月初支付；因质量问题，退回从某冰箱厂上期购进电冰箱20台，每台出厂单价价税合计2 340元，并取得厂家开具的红字发票和税务机关的证明单。

要求：计算该电器专卖店2010年2月各项业务的所涉及的税额，并计算应纳的增值税额。

4. 乙贸易公司(以下简称乙公司)为增值税一般纳税人，2010年8月有关经济业务如下：

(1)向甲企业销售原材料和零部件一批，开具的防伪税控增值税专用发票，注明货款380万元、增值税64.6万元。

(2)从丙企业购进电脑1 000台，每台不含税单价0.5万元，取得开具的增值税专用发票，注明货款500万元、增值税85万元。

(3)向农民购进免税农产品一批，收购凭证上注明支付收购货款50万元，为运输该批农产品向丁运输公司支付运输费4万元，取得运输公司开具的普通发票。

(4)农产品入库后，将收购的农产品30%作为职工福利消费，其余70%零售给消费者并取得含税收入56万元。

(5)乙公司当月销售电脑300台，取得不含税收入175万元。

要求：计算乙公司 2010 年 8 月应缴纳的增值税。

5. 大华机械公司为增值税一般纳税人，主要生产各种电动工具，适用的增值税税率为 17%。增值税以 1 个月为一个纳税期，自期满之日起 15 日内申报纳税，增值税专用发票通过防伪税控系统开具。2010 年 7 月 10 日该公司申报缴纳 6 月增值税税款 100 万元。7 月底，税务机关对该公司 6 月增值税计算缴纳情况进行专项检查，有关检查情况如下：

(1)6 月 6 日，一批外购钢材因管理不善被盗，增值税专用发票确认的成本为 40 万元，增值税税额为 6.8 万元，在查明原因之前，该公司将 40 万元作为待处理财产损溢入账。

(2)6 月 10 日，处理一批下脚料，将取得的含增值税销售额 3.51 万元全部确认为其他业务收入。

(3)6 月 15 日，购进低值易耗品一批，取得承运公司开具的运输发票上注明的运费金额为 1 万元，该公司计算抵扣的进项税额为 0.1 万元。

(4)6 月 25 日，销售电动工具一批，另外向购货方收取包装物租金 2.34 万元，该公司将该项价外费用全部计入营业外收入。

(5)6 月底计算应纳增值税时，将 2010 年 2 月取得的一张防伪税控系统开具的增值税专用发作为 6 月可抵扣的进项税额处理，该增值税专用发票注明的增值税税额为 1.87 万元，开票时间为 2010 年 1 月 25 日。

要求：根据以上情况，分析并计算该公司应补缴的增值税税款。

6. 某自营出口的生产企业为增值税一般纳税人，出口货物的增值税税率为 17%，退税率为 13%。2010 年 7 月的有关业务如下：①购进原材料一批，取得的增值税专用发票注明的价款为 500 万元；②准予抵扣的进项税额为 85 万元(该增值税专用发票已经税务机关认证)，货物已验收入库；③本月出口货物销售取得销售额 100 万元；内销货物 600 件，开具普通发票，取得含税销售额 140.4 万元；将与内销货物相同的自产货物 200 件用于本企业基建工程，货物已移送；④2010年 6 月留抵税额为 5 万元。

要求：计算该企业当期“免、抵、退”税额。

五、综合题

1. 资料：W 公司为增值税一般纳税人，除农产品外，其余商品适用的增值税税率为 17%。商品销售价格除特别注明外均为不含税价格，销售实现时结转成本。W 公司销售商品和提供劳务均为主营业务。2010 年 2 月，W 公司销售商品和提供劳务的情况如下：

(1)2月1日，收到A公司来函，要求对2010年1月15日所购商品在价格上给予10%的折让(W公司在该批商品售出时确认销售收入200万元，未收款)。经查核该批商品外观存在质量问题。W公司同意了B公司提出的折让要求。当日收到A公司交来的税务机关开具的《开具红字增值税专用发票通知单》，并开具了红字增值税专用发票。

(2)2月6日与B公司签订预收货款销售合同，销售商品一批，销售价格为100万元。合同约定，B公司应当于2月6日支付预付款50万元，W公司应于2月6日按照全额给B公司开具增值税专用发票，货物应于3月20日发出。2月6日W公司按照合同规定开具了发票注明：价款100万元，税款17万元，并将预收款存入银行。该批商品的实际成本80万元。

(3)2月15日，向C公司销售商品一批，增值税专用发票注明销售价格300万元，增值税额51万元。提货单和增值税专用发票已交C公司，2月16日收C公司款项并存入银行。该批商品的实际成本为225万元。

(4)2月直接销售商品给消费者个人，收取含税价款58.5万元，货款存入银行。商品的实际成本为35万元。

(5)2月16日从D公司购入不需要安装的生产用设备1台，取得增值税专用发票注明价款50万元，增值税8.5万元。运输公司开具的运费发票注明运费5万元、装卸费1万元。

(6)2月18日从F公司购进商品，合同规定不含税销售额200万元，取得F公司开具的增值税专用发票；货物由G公司负责运输，运费由W公司负担，G公司收取运输费用10万元、装卸费2万元，开具运费发票。货物已验收入库，运费通过银行付讫，货款尚未支付。

(7)2月20日从农场购进免税农产品，收购凭证上注明支付货款20万元。将收购农产品的50%用于职工福利消费，50%捐赠给受灾企业，假设成本利润率为10%。

(8)其他资料：当月期初增值税留抵税额为30万元。该纳税人企业识别号：110105662168×××，法人代表王杰，注册及经营地址为北京市海淀区学院路1号，开户行及账号：中国建设银行北京分行A00285，公司登记注册类型为：有限责任公司，联系电话：010-8231××××。

要求：①根据上述资料，编制W公司2010年2月发生的经济业务的会计分录；②计算W公司2010年2月应缴纳的增值税；③填报《企业增值税纳税申报表》。

2. 资料：长江电视机厂为增值税一般纳税人工业生产企业，有进出口经营权，纳税人识别号是：11010566216８×××，法人代表王杰，注册及经营地址为北京市海淀区学院路1号，开户行及账号：中国建设银行北京分行A00285，公司登记注册类型为：有限责任公司，联系电话：010-8231××××。

2010年1月经济业务如下：

(1)销售电视机500台，开具增值税专用发票价款1 000 000元，增值税170 000元，另向购货方收取包装费2 340元，款项均送存银行。

(2)当月购进材料若干批，取得增值税专用发票上注明价款合计600 000元，税金合计100 000元，款项均付，材料均已验收入库，当月购入生产设备1台，取得增值税专用发票上列明价款100 000元，税额17 000元，该设备已投入生产使用。

(3)上月销售的电视机中，有2台因质量问题在本月退回，企业退还购货方价款和税金共计4 680元。

(4)办公室购买办公用品，取得增值税专用发票1张，注明价款3 000元，税金510元。

(5)企业将自产的最新型号电视机10台用于奖励本厂优秀职工，已知每台电视机工厂成本为2 400元，因尚未对外销售过，故无同类产品售价。

(6)因仓库保管员失职，导致仓库原材料被窃，经盘查，被窃材料账面价值为5 000元，该材料适用17%增值税税率。

(7)本月15日，主管国税局对企业进行稽查，查出少计视同销售收入10 000元，应补缴1 700元增值税，已于22日缴清。

其他资料：企业上期留抵税额10 000元，本期预缴增值税税款20 000元。

要求：根据上述资料，分别编制每笔经济业务相关会计分录，计算当月应纳增值税，填制本月企业《增值税纳税申报表》。

第三章　消费税法及账务处理

第一节　消费税概述

一、消费税的概念及特点

(一)消费税的概念

消费税是以特定消费品或消费行为的流转额为征收对象的一种税。具体地说，是对在我国境内从事生产、委托加工及进口应税消费品的单位和个人，就其应税消费品的销售额或销售数量或销售额与销售数量相结合征收的一种流转税。消费税是在货物征收增值税之后，再根据财政政策或特定的调节消费目的的需要选择部分产品(主要是一些消费品)进行征收的一种税。

(二)我国消费税的特点

1. 征税范围具有选择性

我国消费税仅选择部分消费品征税，而不是对所有的消费品都征收消费税。我国消费税目前共设置 14 个税目。

2. 征税环节具有单一性

消费税的纳税环节主要确定在货物的生产、委托加工和进口环节征收，除个别应税消费品的纳税环节为零售、批发环节外，在以后的批发、零售等环节就不再缴纳。即无论在哪个环节征税都实行单环节征收。

3. 征收方法的多样性

消费税采用从量定额、从价定率或从量定额、从价定率相结合的计税办法，计税准确、方便。

4. 税收负担具有转嫁性

消费税包含在价格中，应税消费品是带着消费税款进行流转，因此税款最终是由消费者负担的。

5. 平均税率水平比较高且税负差异大

消费税的平均税率水平比较高，不同应税消费品税率差异也比较大，对需要限制或控制消费的消费品，通常税负较重。

二、消费税与增值税的关系

1. 消费税与增值税的区别

(1)消费税和增值税的征税范围不同，增值税普遍征收，而消费税只对 14 类应税消费品征收。

(2)消费税和增值税与价格的关系不同，增值税是价外税，消费税是价内税。

(3)消费税和增值税的纳税环节不同，消费税是单一环节征收，增值税是在货物所有的流转环节道道征收。

(4)消费税和增值税的计税方法不同，增值税是按照两类纳税人来计算的，消费税的计算方法是根据应税消费品来划分。

2. 消费税与增值税的联系

(1)消费税和增值税都是对货物征收。

(2)对于从价定率征收消费税的商品，如增值税与消费税同时征收时，两者计税依据是一致的。

第二节　消费税的基本要素

一、消费税的纳税义务人与征税范围

(一)消费税的纳税义务人

消费税的纳税义务人是指在我国境内生产、委托加工和进口应税消费品的单位和个人。

境内是指生产、委托加工和进口属于应当缴纳消费税的消费品的起运地或者所在地在境内。

(二)消费税的征税范围

1. 生产应税消费品

生产应税消费品销售是消费税征收的主要环节，因为消费税具有单一环节征税的特点，在生产销售环节征税以后，货物在流通环节无论再转销多少次，不用再缴纳消费税。生产应税消费品除了直接对外销售应征收消费税外，纳税人将生产的应税消费品换取生产资料、消费资料、投资入股、偿还债务，以及用于继续生产应税消费品以外的其他方面都应缴纳消费税。

2. 委托加工应税消费品

委托加工应税消费品是指由委托方提供原料和主要材料，受托方只收取加工费和代垫部分辅助材料加工的应税消费品。由受托方提供原材料或其他情形的一律不能视同委托加工应税消费品。委托加工的应税消费品收回后，再继续用于生产应税消费品销售的，其加工环节缴纳的消费税款可以扣除。

3. 进口应税消费品

单位和个人进口货物属于消费税征税范围的，在进口环节也要缴纳消费税，进口环节缴纳的消费税由海关代征。

4. 零售应税消费品

金银首饰、钻石及钻石饰品消费税在零售环节纳税，纳税人销售金银首饰、钻石及钻石饰品在零售时征收消费税，其应纳消费税税率适用税率为5%。

对既销售金银首饰，又销售非金银首饰的生产、经营单位，应将两类商品划分清楚，分别核算销售额。凡划分不清楚或不能分别核算的，在生产环节销售的，一律从高适用税率征收消费税；在零售环节销售的，一律按金银首饰征收消费税。金银首饰与其他产品组成成套消费品销售的，应按销售额全额征收消费税。

金银首饰连同包装物销售的，无论包装是否单独计价，也无论会计上如何核算，均应并入金银首饰的销售额，计征消费税。

带料加工的金银首饰，应按受托方销售同类金银首饰的销售价格确定计税依据征收消费税。没有同类金银首饰销售价格的，按照组成计税价格计算纳税。

纳税人采用以旧换新(含翻新改制)方式销售的金银首饰，应按实际收取的不含增值税的全部价款确定计税依据征收消费税。

二、消费税的税目、税率

(一)消费税的税目

消费税目前采用正列举法方式，即凡是征税的消费品列入税目，不征税的消费品不列入税目。消费税属于价内税，目前我国消费税共设14个税目，有的税目还进一步划分若干个子目。

1. 烟

凡是以烟叶为原料加工生产的产品，均属于本税目的征收范围，包括卷烟、雪茄烟和烟丝3个子目。

2. 酒及酒精

酒是酒精度在1度以上的各种酒类饮料。酒类包括粮食、薯类白酒，黄酒，啤酒和其他酒。酒精包括各种工业酒精、医用酒精和食用酒精。

对饮食业、商业、娱乐业举办的啤酒屋(啤酒坊)利用啤酒生产设备生产的啤酒，应当征收消费税。

3. 化妆品

化妆品是日常生活中用于修饰美化人体表面的用品、高档护肤类化妆品和成套化妆品。具体包括：香水、香水精、香粉、口红、指甲油、胭脂、眉笔、唇笔、蓝眼油、眼睫毛和成套化妆品、高档护肤类化妆品等。

4. 贵重首饰及珠宝玉石

贵重首饰及珠宝玉石包括：凡以金、银、白金、宝石、珍珠、钻石、翡翠、珊瑚、玛瑙等高贵稀有物质以及其他金属、人造宝石等制作的各种纯金银首饰及镶嵌首饰和经采掘、打磨、加工的各种珠宝玉石。对出国人员免税商店销售的金银首饰征收消费税。

5. 鞭炮、焰火

鞭炮、焰火包括各类鞭炮、焰火。体育上用的发令纸、鞭炮引线不按本税目征收。

6. 成品油

成品油包括汽油、柴油、航空煤油、石脑油、溶剂油、润滑油、燃料油7个子目。

7. 汽车轮胎

汽车轮胎是指用于汽车、挂车、专用车和其他机动车上的内、外轮胎。不包括农用拖拉机、收割机、手扶拖拉机的专用轮胎。另外，子午线轮胎、翻新轮胎免征消费税。

8. 摩托车

应税摩托车包括轻便摩托车和摩托车两种。对最大设计车速不超过50千米/小时，发动机气缸总工作容量不超过50毫升的三轮摩托车不收消费税。

9. 小汽车

小汽车分为乘用车和中轻型商用客车两个子目，电动汽车不属于本税目征收范围。对生产销售达到低污染排放值的小轿车、越野车和小汽车减征30%的消费税。

10. 木制一次性筷子

未经打磨、倒角的木制一次性筷子属于本税目征税范围。

11. 实木地板

具体包括各类规格的实木地板、实木指接地板、实木复合地板及用于装饰墙壁、天棚的侧端面为榫、槽的实木装饰板。未经涂饰的素板属于本税目征税范围。

12. 游艇

游艇包括艇身长度大于8米(含)小于90米(含)，内置发动机，可以在水上移动，一般为私人或团体购置，主要用于水上运动和休闲娱乐等非牟利活动的各类机动艇。

13. 高尔夫球及球具

本税目是指从事高尔夫球运动所需的各种专用装备，包括高尔夫球、高尔夫球杆、高尔夫球包(袋)。高尔夫球杆的杆头、杆身和握把也属于本税目的征收范围。

14. 高档手表

高档手表是指销售价格(不含增值税)每只在10 000元(含)以上的各类手表。

(二)消费税的税率

消费税税率档次较多、幅度差别较大，主要采取比例税率和定额税率两种形式(参见表3-1)。

表 3-1 消费税税目、税率(税额)表

税目	计税单位标准	税率(税额)
一、烟		
1. 卷烟		
定额税率	支	0.003元/支
比例税率		
(1)甲类卷烟	每标准条(200支)对外调拨价格在70元以上的(含70元，不含增值税)	56%
(2)乙类卷烟	每标准条对外调拨价格在70元以下的(不含增值税)	36%
批发环节		5%
2. 雪茄烟		36%
3. 烟丝		30%
二、酒及酒精		
1. 白酒		
定额税率	每千克	1.0元/每千克
比例税率		20%
2. 黄酒	吨	240元/吨
3. 啤酒		
甲类啤酒	每吨出厂价格(含包装物及包装物押金)≥3 000元(不含增值税)	250元/吨
乙类啤酒	每吨出厂价格<3 000元(不含增值税)	220元/吨
	娱乐业及饮食业自制的每吨	250元/吨
4. 其他酒		10%
5. 酒精		5%
三、化妆品	含成套化妆品	30%
四、贵重首饰及珠宝玉石		
1. 金银首饰、钻石及钻石饰品		5%
2. 其他贵重首饰及珠宝玉石		10%
五、鞭炮、焰火		15%
六、成品油		
1. 汽油		
(1)含铅		1.4元/升
(2)无铅		1.0元/升
2. 柴油		0.8元/升
3. 航空煤油		0.8元/升
4. 石脑油		1.0元/升
5. 溶剂油		1.0元/升
6. 润滑油		1.0元/升
7. 燃料油		0.8元/升
七、汽车轮胎		3%
八、小汽车	排放量大小不同，税率不同	1%、3%、5%、9%、12%、25%、40%等

续表 3-1

税目	计税单位标准	税率(税额)
九、摩托车		3%、10%
十、高尔夫球及球具		10%
十一、高档手表	每只在10 000元以上的	20%
十二、游艇		10%
十三、木制一次性筷子		5%
十四、实木地板		5%

第三节 消费税应纳税额的计算

一、消费税应纳税额的确定

(一)消费税应纳税额的计算方法

消费税应纳税额的计算分为从价计征、从量计征和从价从量复合计征三种方法。

从价计征计算方法的基本公式为

应纳税额=应税消费品销售额×适用比例税率

从量计征计算方法的基本公式为

应纳税额=应税消费品销售数量×单位税额

卷烟、白酒采用从价从量复合计征方法，从价从量复合计征计算方法的基本公式为：

应纳税额=应税消费品销售数量×单位税额+应税消费品销售额×比例税率

(二)应税消费品销售额的确认

1. 应税消费品销售额确定的一般规定

(1)从价计征办法中销售额为纳税人销售应税消费品向购买方收取的全部价款和价外费用。价外费用是指价外收取的基金、集资费、返还利润、补贴、违约金和手续费、包装费、储备费、优质费、运输装卸费、代收款项，以及其他各种性质的价外收费，但不包括下列项目：①向购买方收取的增值税款；②符合条件的代垫运费；③符合条件代为收取的政府性基金或行政事业性收费。

(2)应税消费品连同包装物销售的，无论包装物是否单独计价，也无论会计上如何核算，均应并入应税消费品的销售额中征收消费税。如果包装物不作价随同产品出售，而是收取押金的，此项押金则不应并入应税消费品的销售额中征税。但对逾期未收回包装物不再退还的和已收取1年以上的押金，应并入应税消费品的销售额征税。

对酒类产品生产企业销售除啤酒、黄酒外的其他酒类产品而收取的包装物押金，无论押金是否返还，会计上如何核算，均应并入酒类产品销售额中，依酒类产品的适用税率征收消费税。

【例3-1】某酒厂为增值税一般纳税人，主要生产粮食白酒和啤酒。2010年1月“主营业务收入”账户反映销售粮食白酒30 000千克，取得不含税销售额105 000元；销售啤酒150吨，每吨不含税售价2 900元。在“其他业务收入”账户反映收取粮食白酒品牌使用费4 680元；“其他应付款”账户反映本月销售粮食白酒收取包装物押金9 360元，销售啤酒收取包装物押金1 170元。试计算该酒厂本月应纳消费税税额。

【解析】粮食白酒应纳消费税税额＝30 000×1.0＋105 000×20%＋4 680÷1.17×20%＋9 360÷1.17×20%＝53 400(元)

啤酒出厂价＝2 900＋1 170÷(1＋17%)÷150＝2 906.67(元)＜3 000(元)，适用单位税额220元/吨

啤酒应纳消费税税额＝150×220＝33 000(元)

该酒厂应纳消费税税额＝53 400＋33 000＝86 400(元)

【例3-2】某摩托车生产厂5月份销售摩托车20辆，出厂价15 000元/辆(不含增值税)，另收取手续费50元/辆(不含增值税)，消费税率为10%，试计算当月应交消费税税额。

【解析】应纳消费税税额＝应税消费品销售额×税率＝(15 000＋50)×20×10%＝30 100(元)

2. 应税消费税销售额的特殊规定

(1)应税消费品计税价格明显偏低，又无正当理由，税务机关有权核定计税价格。卷烟和粮食白酒的计税价格由国家税务总局核定，其他应税消费品的计税价格由省、自治区、直辖市税务机关核定，进口应税消费品的计税价格由海关核定。

(2)纳税人通过自设非独立核算门市部销售自产应税消费品，应当按照门市部对外销售额或销售数量计算征收消费税。

(3)纳税人自产的应税消费品用于换取生产资料和消费资料、投资入股、抵偿债务等方面，应当按纳税人同类应税消费品的最高销售价格作为计税依据，计算征收消费税。

【例 3-3】某汽车制造厂，以自产小汽车 8 辆换取某橡胶厂生产的橡胶 300 000 元，该厂生产的同一型号的小汽车销售价格分别是 6 万元/辆、4 万元/辆、3 万元/辆，小汽车适用的消费税率为 10%，试计算该项业务应缴纳消费税税额(以上价格不含增值税)。

【解析】应当按纳税人同类应税消费品的最高销售价格作为计税依据，计算征收消费税。所以，应纳消费税＝销售额×税率＝6×8×10%＝4.8(万元)

(4)纳税人兼营不同税率的应税消费品，应分别核算不同税率应税消费品的销售额、销售数量。未分别核算销售额、销售数量，或者将不同税率的应税消费品组成成套消费品销售的，从高适用税率。

(5)白酒生产企业向商业销售单位收取的“品牌使用费”是随着应税白酒的销售而向购货方收取的，属于应税白酒销售价款的组成部分，应并入白酒的销售额中缴纳消费税。

(三)销售数量的确认

从量计征计算公式中应税消费品销售数量的确认有以下几种情况：

(1)销售应税消费品的，为应税消费品的销售数量。

(2)自产自用应税消费品的，为应税消费品的移送使用数量。

(3)委托加工应税消费品的，为纳税人收回应税消费品的数量。

(4)进口的应税消费品，为海关核定的应税消费品的进口数量。

【例 3-4】某酒厂 7 月份销售啤酒 200 吨，开具增值税专用发票上注明 2 800 元/吨，试计算当月应纳消费税税额。

【解析】应纳消费税税额＝应税消费品销售数量×单位税额＝200×220＝44 000(元)

二、自产自用应税消费品应纳税额的计算

自产自用就是纳税人生产应税消费品后，不是用于直接对外销售，而是用于连续生产应税消费品或其他方面。

(一)用于连续生产应税消费品

纳税人自产自用的应税消费品，用于连续生产应税消费品的，不纳税。如卷烟厂生产出的烟丝，烟丝已是应税消费品，卷烟厂再用生产出的烟丝连续生产卷烟，这样用于连续生产卷烟的烟丝就不缴纳消费税，只对生产的卷烟征收消费税。当然，生产出的烟丝如果是直接销售的，则烟丝还是要缴纳消费税的。

(二)用于其他方面

纳税人自产自用的应税消费品，除用于连续生产应税消费品外，凡用于其他方面的，于移送使用时纳税。用于其他方面包括用于本企业连续生产非应税消费品和在建工程、管理部门、非生产机构、提供劳务、馈赠、赞助、集资、广告、样品、职工福利、奖励等方面。

【例 3-5】某卷烟厂为增值税一般纳税人，主要生产卷烟和雪茄烟，卷烟的最高价为 210 元/条、平均价为 200 元/条(均为不含税价格)。将 50 条卷烟做样品分给各经销单位；将一大箱(250 条)卷烟分给职工作福利，计算此业务增值税销项税及应纳消费税税额。

【解析】增值税销项税＝(50×200＋1×250×200)×17％÷10 000＝1.02(万元)

应纳消费税税额＝(50×200×56％＋50×200×0.003＋1×250×200×56％＋250×200×0.003)÷10 000＝3.378(万元)

(三)组成计税价格及应纳税额的计算

纳税人自产自用应税消费品，凡是用于其他方面应当纳税的，其计税依据为纳税人生产的同类消费品的销售价格。如果纳税人当月无销售的同类消费品的销售价格，则按照同类消费品上月或最近月份的销售价格作为同类产品的销售价格。没有同类消费品销售价格的，以组成计税价格为计税依据，其组价公式为：

组成计税价格＝成本＋利润＋消费税税额

应纳消费税＝组成计税价格×消费税税率

组价公式有以下几种适用情况。

1. 对从价计征消费税的应税消费品

组成计税价格＝成本×(1＋成本利润率)÷(1－消费税税率)

【例 3-6】某化妆品公司将一批自产的化妆品用作职工福利，化妆品的成本

8 000元，该化妆品无同类产品市场销售价格，但已知其成本利润率为5%，消费税税率为30%。计算该批化妆品应纳消费税税额。

【解析】(1)组成计税价格＝成本×(1＋成本利润率)÷(1－消费税税率)＝8 000×(1＋5%)÷(1－30%)＝12 000(元)

(2)应纳消费税税额＝12 000×30%＝3 600(元)

2. 对从量计征消费税的应税消费品

消费税从量征收与售价或组价无关；增值税需组价时，组价公式中的成本利润率按照增值税法规定确定，组价中应含消费税税金。

【例题3-7】某啤酒厂自产啤酒10吨，无偿提供给某啤酒节，已知每吨成本1 000元，无同类产品售价(税务机关核定的消费税单位税额为220元/吨)。试计算该业务应纳的消费税和增值税。

【解析】(1)应纳消费税税额＝10×220＝2 200(元)

(2)应纳增值税税额＝[10×1 000×(1＋10%)＋2 200]×17%＝2 244(元)

属于从价计征消费税的货物，上面组成计税价格公式中的成本利润率按照消费税税法规定。

3. 对复合计税办法征收消费税的应税消费品

组成计税价格＝(成本＋利润＋自产自用数量×定额税率)÷(1－比例税率)

应纳消费税税额＝组成计税价格×比例税率＋自产自用数量×定额税率

【例题3-8】某酒厂以自产特制粮食白酒1 000千克用于厂庆庆祝活动，每千克白酒成本24元，无同类产品售价。计算应纳消费税税额和增值税税额(成本利润率为10%)。

【解析】从量征收的消费税税额＝1 000×1.0＝1 000(元)

从价征收的消费税税额＝[24×1 000×(1＋10%)＋1 000]÷(1－20%)×20%＝6 850(元)

应纳消费税税额＝1 000＋6 850＝7 850(元)

增值税销项税额＝{[24×1 000×(1＋10%)＋1 000]}÷(1－20%)×17%＝5 822.5(元)

公式中的“成本”是指应税消费品的产品生产成本。“利润”是指根据应税消费品的全国平均成本利润率计算的利润，全国成本利润率由国家税务总局确定(参见表3-2)。

表 3-2　应税消费品生产全国平均成本利润率　%

项目	成本利润率	项目	成本利润率
乙类卷烟	5	甲类卷烟	10
雪茄烟	5	粮食白酒	10
烟丝	5	游艇	10
鞭炮、焰火	5	高尔夫球及球具	10
薯类白酒	5	贵重首饰及珠宝玉石	6
其他酒	5	乘用车	8
酒精	5	高档手表	20
化妆品	5	木制一次性筷子	5
汽车轮胎	5	实木地板	5
中轻型商用客车	5		

三、委托加工应税消费品应纳税额的计算

企业委托其他单位代为加工应税消费品，由受托方向委托方交货时代收代缴消费税款，但纳税人委托个体经营者加工应税消费品时，则由委托方收回后在委托方所在地缴纳消费税。

(一)委托加工应税消费品的确定

委托加工应税消费品是指由委托方提供原料和主要材料，受托方只收取加工费和代垫部分辅助材料加工而成的应税消费品。对于由受托方提供原材料生产的应税消费品，或者受托方先将原材料卖给委托方，然后再接受加工的应税消费品，以及由受托方以委托方的名义购进原材料生产的应税消费品，不论纳税人在财务上是否作销售处理，都不得作为委托加工应税消费品，而应当按照受托方照销售自制的应税消费品缴纳消费税。

(二)代收代缴消费税款

对于确实属于委托方提供原料和主要材料，受托方只收取加工费和代垫部分辅助材料加工的应税消费品，由受托方在向委托方交货时代收代缴消费税，受托方就是法定的代收代缴义务人。如果受托方对委托加工的应税消费品未代收代缴或少代收代缴消费税，委托方要补缴税款，但对受托方处以应代收代缴税款50%以上3倍以下的罚款。对委托方补征税款的计税依据是：

如果在检查时，收回的应税消费品已经直接销售的，按照销售额计税；收回

的应税消费品尚未销售或不能直接销售的，按照组成计税价格计税。

委托加工的应税消费品，受托方在交货时已代收代缴消费税，委托方收回后直接出售的，不再征收消费税。

纳税人委托个体经营者加工的应税消费品，其应纳税额由委托方自行缴纳。

(三)组成计税价格的计算

委托加工的应税消费品，如果受托方有同类消费品销售价格，按照受托方同类的消费品的销售价格计算纳税，没有同类消费品销售价格的，按照组成计税价格计算纳税。

1. 从价计征组价公式

组成计税价格＝(材料成本＋加工费)÷(1－消费税税率)

应纳税额＝组成计税价格×税率

公式中的“材料成本”是指委托方所提供加工材料的实际成本。委托加工应税消费品的纳税人必须在委托合同上注明材料成本，凡未提供材料成本的，受托方所在地主管税务机关有权核定其材料成本。“加工费”是指受托方加工应税消费品向委托方收取的全部费用(包括代垫辅助材料的实际成本)。

【例 3-9】某鞭炮企业 8 月受托为某单位加工一批鞭炮，委托单位提供的原材料金额为 30 万元，收取委托单位不含增值税的加工费 4 万元，该鞭炮企业当地无加工鞭炮的同类产品市场价格。计算该鞭炮企业应代收代缴的消费税(鞭炮的消费税税率为 15%)。

【解析】(1)组成计税价格＝(30＋4)÷(1－15%)＝40(万元)

(2)应代收代缴消费税＝40×15%＝6(万元)

2. 从价从量复合计征组价公式

组成计税价格＝(材料成本＋加工费＋委托加工数量×定额税率)÷(1－比例税率)

【例 3-10】甲酒厂从农业生产者手中收购粮食，共计支付收购价款 60 000 元。甲酒厂将收购的粮食从收购地直接运往异地的乙酒厂生产加工白酒，白酒加工完毕，企业收回白酒 8 吨，取得乙酒厂开具防伪税控的增值税专用发票，注明加工费 25 000 元，代垫辅料价值 15 000 元，加工的白酒当地无同类产品市场价格。试计算乙酒厂此项业务应代收代缴的消费税以及乙酒厂此项业务应收取的增值税。

【解析】乙酒厂应代收代缴的消费税＝8×2 000×0.5＋[60 000×(1－13%)＋(25 000＋15 000)＋8×2 000×0.5]÷(1－20%)×20%＝33 050(元)

乙酒厂增值税的销项税＝(25 000＋15 000)×17%＝6 800(元)

甲酒厂可以抵扣的增值税为 6 800 元。

四、外购和委托加工收回应税消费品已纳税款的扣除

某些应税消费品是用外购已缴纳消费税的应税消费品连续生产出的，在对这些连续生产出来的应税消费品计算征税时，应按照当期生产领用数量计算扣除外购的应税消费品已纳的消费税税款。

委托加工的应税消费品因为已由受托方代收代缴消费税，因此，委托方收回货物后用于连续生产应税消费品的，其已纳税款准予按照规定从连续生产的应税消费品应纳消费税税额中抵扣。

下列连续生产的应税消费品准予从应纳消费税税额中按照当期生产领用数量计算扣除外购和委托加工收回的应税消费品已纳消费税税款：

(1)以外购或委托加工收回的已税杆头、杆身和握把为原料生产的高尔夫球杆。

(2)以外购或委托加工收回的已税木制一次性筷子为原料生产的木制一次性筷子。

(3)以外购或委托加工收回的已税实木地板为原料生产的实木地板。

(4)以外购或委托加工收回的已税石脑油为原料生产的应税消费品。

(5)以外购或委托加工收回的已税润滑油为原料生产的润滑油。

(6)以外购或委托加工收回的已税烟丝生产的卷烟。

(7)以外购或委托加工收回的已税化妆品生产的化妆品。

(8)以外购或委托加工收回的已税珠宝玉石生产的贵重首饰及珠宝玉石。

(9)以外购或委托加工收回的已税鞭炮焰火生产的鞭炮焰火。

(10)以外购或委托加工收回的已税汽车轮胎(内胎和外胎)生产的汽车轮胎。

(11)以外购或委托加工收回的已税摩托车生产的摩托车。

当期准予扣除外购或委托加工收回应税消费品已纳消费税税款的计算公式为：

当期准予扣除的外购消费品已纳税款＝当期准予扣除的外购应税消费品买价×外购应税消费品适用税率

当期准予扣除的外购应税消费品买价＝期初库存的外购应税消费品买价＋当期购进的应税消费品买价－期末库存的外购应税消费品买价

当期准予扣除委托加工收回应税消费品已纳消费税税款的计算公式为：

当期准予扣除的委托加工应税消费品已纳税款＝期初库存的委托加工应税消

费品已纳税款+当期收回的委托加工应税消费品已纳税款－期末库存的委托加工应税消费品已纳税款

纳税人用外购或委托加工收回的已税珠宝石生产的改在零售环节征收消费税的金银首饰(镶嵌首饰)，在计税时一律不得扣除外购珠宝玉石的已纳税款。

允许扣除外购已纳税款的应税消费品只限于从工业企业购进的应税消费品和进口环节已纳消费税的应税消费品，对从境内商业企业购进应税消费品的已纳税款一律不得扣除。

【例 3-11】某化妆品生产企业 9 月出厂销售化妆品总金额为 100 万元，同期购入化妆品作生产用原材料，取得防伪税控系统开具的增值税发票列明价款 20 万元，增值税额 3.4 万元，当期生产化妆品领用上述原材料 10 万元，消费税税率为 30%，计算该企业当月应纳消费税税额和应纳增值税税额。

【解析】应纳消费税税额＝100×30%－10×30%＝27(万元)

应纳增值税税额＝100×17%－3.4＝13.6(万元)

【例 3-12】某化妆品厂把购入的原材料委托甲厂加工成应纳消费税的初级化妆品，在委托合同上注明成本为 300 万元，支付加工费 50 万元，该厂收回初级化妆品直接销售，销售额为 600 万元(不含增值税)，计算甲厂应代扣代缴的消费税。

【解析】组成计税价格＝(3 000 000＋500 000)÷(1－30%)＝5 000 000(元)

甲厂代收代缴消费税＝5 000 000×30%＝1 500 000(元)

五、兼营不同税率应税消费品应纳税额的计算

纳税人兼营不同税率的应税消费品，应当分别核算不同税率的应税消费品的销售额、销售量。未分别核算销售额、销售量，或者将不同税率的应税消费品组成成套消费品销售的，从高适用税率。

【例 3-13】某酒厂既生产税率 20%的粮食白酒，也生产税率 10%的其他酒类。节日期间该厂将这两类不同税率的酒组合为礼品套酒销售，每套礼品装有 1 瓶白酒和 1 瓶果酒，每瓶重 500 克，本月共销售此类礼品套酒 200 盒，取得销售额 35 000 元(不含增值税)，计算应纳消费税税额。

【解析】应纳消费税税额＝50 000×20%＋200×2×0.5＝10 200(元)

六、进口应税消费品的计税方法

进口的应税消费品在报关进口时向报关地海关缴纳消费税，由进口人或其代理人向报关地海关申报纳税，在海关填发税款缴款书之日 15 日内缴纳消费税。

纳税人进口应税消费品，按照组成计税价格和规定的税率计算，应纳消费税税额计算公式如下。

1. 实行从价计征办法的应税消费品的应纳消费税税额的计算

组成计税价格＝(关税完税价格＋关税)÷(1－消费税税率)

应纳消费税税额＝组成计税价格×消费税税率

“关税完税价格”是指海关核定的关税计税价格。

【例 3-14】某外贸公司本月进口化妆品，关税完税价格为 780 000 元，关税税率为 5%，消费税率为 30%，计算应纳消费税税额。

【解析】应缴关税税额＝780 000×5%＝39 000(元)

组成计税价格＝(780 000＋39 000)÷(1－30%)＝1 170 000(元)

进口应纳消费税＝1 170 000×30%＝351 000(元)

2. 实行从量计征办法的应税消费品的应纳消费税税额的计算

应纳消费税税额＝进口应税消费品的数量×消费税单位税额

3. 实行从价从量复合计税办法应纳消费税税额的计算

组成计税价格＝(关税完税价格＋关税＋进口数量×消费税单位税额)÷(1－消费税税率)

应纳税额＝组成计税价格×消费税税率＋进口数量×消费税单位税额

4. 进口卷烟应纳消费税税额的计算

进口卷烟应纳消费税税额＝进口卷烟从量税＋进口卷烟从价税

进口卷烟从量税应纳消费税税额＝进口应税消费品的数量×单位税额

进口卷烟从价税应纳消费税税额＝(关税完税价格＋关税＋消费税定额税)÷(1－进口卷烟消费税适用比例税率)×进口卷烟消费税适用比例税率

由于卷烟比例税率有 56%和 36%两档，进口卷烟从价税应纳税额计算公式中的适用比例税率先采用下述方法来确定：

每标准条卷烟组价＝(关税完税价格＋关税＋从量消费税)÷(1－36%)

每标准条卷烟组价≥70 元，适用比例税率 56%；单条组价＜70 元，适用比例税率 36%。

【例 3-15】有进出口经营权的某外贸公司，7 月从国外进口卷烟 320 箱(每箱 250 条，每条 200 支)，支付买价 4 000 000 元，支付到达我国海关前的运输费用 120 000 元，保险费用 80 000 元。已知进口卷烟的关税税率为 20%，计算卷烟在进口环节应纳消费税税额和应纳增值税税额。

(1)每标准条进口卷烟消费税适用比例税率的价格＝[(4 000 000＋120 000＋80 000)÷(320×250)×(1＋20%)＋200×0.003]÷(1－36%)＝99.375(元)

每标准条卷烟价格大于70元，适用消费税税率为56%。

(2)进口卷烟应缴纳的消费税＝[(4 000 000＋120 000＋80 000)×(1＋20%)＋320×250×200×0.003]÷(1－56%)×56%＋320×250×200×0.6＝6 523 636.36(元)

(3)进口环节应缴纳的增值税＝[(4 000 000＋120 000＋80 000)×(1＋20%)＋6 523 636.36)]×17%＝1 965 818.18(元)

七、出口应税消费品退(免)税

(一)出口应税消费品退(免)税政策

出口应税消费品退(免)消费税在政策上分为以下三种情况。

1. 出口免税并退税

适用出口免税并退税政策的是：有出口经营权的外贸企业购进应税消费品直接出口，以及外贸企业受其他外贸企业委托代理出口应税消费品的。

2. 出口免税但不退税

适用出口免税但不退税政策的是：有出口经营权的生产性企业自营出口或生产企业委托外贸企业代理出口自产的应税消费品，依据其实际出口数量免征消费税，不予办理退还消费税。

3. 出口不免税也不退税

除生产企业、外贸企业外的其他企业，即一般外贸企业委托外贸企业代理出口应税消费品，一律不予退(免)税。

(二)出口应税消费品退税率

符合出口免税并退税政策的，消费税的征税率即为出口退税率。

企业应将不同消费税率的出口应税消费品分开核算和申报，凡划不清适用税率的，一律从低适用税率计算应退消费税额。

(三)出口应税消费品退税额的计算

外贸企业从生产企业购进货物直接出口或受其他外贸企业委托代理出口应税消费品的消费税款，分以下情况计算。

1. 从价计征

应退消费税税款＝出口货物的工厂销售额×税率

公式中的“出口货物的工厂销售额”不包含增值税，对含有增值税的价格应换算为不含增值税的销售额。

2. 从量计征

应退消费税税款＝出口数量×单位税额

(四)出口应税消费品办理退(免)税后的管理

如果出口的应税消费品办理退税后，发生退关，或者国外退货进口时予以免税的，报关出口者必须及时向其所在地主管税务机关申报补缴已退的消费税税款。

纳税人直接出口的应税消费品办理免税后发生退关或国外退货，进口时已予以免税的，经所在地主管税务机关批准，可暂不办理补税，待其转为国内销售时，再向其主管税务机关申报补缴消费税。

第四节 消费税的征收管理

一、消费税纳税环节及纳税义务发生时间

纳税义务发生时间，以货款结算方式或行为发生时间分别确定。

(1)纳税人采取赊销和分期收款结算方式，其纳税义务发生时间为销售合同规定的收款日期当天。

(2)纳税人采取预收货款结算方式，其纳税义务发生时间为发出应税消费品的当天。

(3)纳税人采取托收承付和委托收款结算方式，其纳税义务发生时间为发出应税消费品并办妥托收手续的当天。

(4)纳税人采取其他销售方式，其纳税义务发生时间为收讫销售款或取得索取货款凭据的当天。

(5)自产自用于非生产应税消费品，其纳税义务发生时间在消费品移送时。

(6)委托加工消费品，其纳税义务发生时间为纳税人提货的当天。

(7)金银首饰、钻石及钻石饰品，其纳税义务发生时间在零售时。

(8)进口应税消费品，其纳税义务发生时间在进口报关时。

二、纳税期限

消费税的纳税期限同增值税。

三、纳税地点

(1)纳税人销售应税消费品以及自产自用应税消费品，除国务院另有规定外，应当向纳税人核算地主管税务机关申报纳税。

(2)纳税人到外县(市)销售或委托外县(市)代销自产应税消费品的，应于应税消费品销售后，回纳税人核算地或所在地税务机关缴纳税款。

(3)委托加工的应税消费品，由受托方向所在地主管税务机关解缴税款。

(4)进口的应税消费品，由进口人或代理人向报关地海关申报纳税。

(5)纳税人销售的应税消费品，如因质量等原因由购买者退回时，经所在地主管税务机关审核批准后，可退还已征收的消费税，但不能自行直接抵减应纳税款。

第五节　消费税的纳税申报及账务处理

一、消费税的纳税申报

消费税纳税人无论有无销售额，均应按照主管税务机关核定的纳税期限及时填报纳税申报表，并于次月1日至15日内，向当地国家税务局申报纳税并结清上月应纳税款。纳税人应按照有关规定及时办理纳税申报，并如实填写《消费税纳税申报表》。目前我国《消费税纳税申报表》因应税消费品种类而设计，不同的应税消费品纳税申报表是不同的，下面以烟类消费品纳税申报表(参见表3-3)为例，举例说明《消费税纳税申报表》的填制方法。

【例3-16】某卷烟厂为增值税一般纳税人，纳税识别号463234057788253，2010年10月经营情况如下：

(1)购进烟丝一批，取得增值税专用发票，注明价款110 000元，税额18 700元：供货方转来代垫运费发票(由国有运输部门开具，抬头为该卷烟厂)注明运费7 500元，建设基金500元，装卸费700元，款项已付，货物已入库；外购烟丝账面显示：月初库存150 000元，月末库存100 000元。

(2)B种烟丝一直委托白云烟厂加工，烟丝应纳消费税由白云烟厂每次都按每千克100元的售价(即白云烟厂销售同类卷烟的售价)代扣代缴。本月发出烟叶成本20 000元，支付加工费2 470元，增值税419.9元，白云烟厂开具了增值税专用发票，烟丝加工完毕全部收回，共计321千克，白云烟厂代收消费税9 630元，当月生产车间领用委托加工的B种烟丝，用于连续生产B牌卷烟，月末结算时，委托加工的B种烟丝账面显示：月初库存120千克，月末库存141千克。

(4)将上月购进的部分A种烟丝作为福利发给本厂职工一批，原进项税额已无法准确确定，已知该批烟丝实际采购成本为18 000元，同种等量烟丝的市场售价为17 000元。

(5) 销售A牌卷烟20箱(每标准箱50 000支，下同)，每箱不含税销售价格18 000元，收取包装物押金8 100元，并已单独记账。

(6) 销售B牌卷烟15箱，每箱不含税销售价格为9 500元。

(7) 上年5月收取的包装A牌卷烟的包装物押金5 440.5元已逾期，包装物未收回，押金不退还。

(8) 将A牌卷烟2箱移送本厂设在本市的非独立核算门市部，出厂销售价每箱18 000元，零售价(含税)每箱23 400元，门市部本月已售出2箱。

已知消费税适用税率为：卷烟定额税率为每标准箱150元；比例税率为每标准条对外调拨价格在70元以上(含70元)的，税率56%，70元以下的，税率36%，烟丝消费税税率30%。

计算该卷烟厂应纳消费税税额并根据计算结果填制《消费税纳税申报表》。

【解析】(1)外购烟丝可按照生产领用数量已纳税额从当期应纳消费税中扣除；

纳税人委托加工烟丝可按照生产领用数量已纳税额从当期应纳消费税中扣除；

当月准予扣除的已纳消费税税额＝(120＋321－141)×100×30%＋(150 000＋110 000－100 000－18 000)×30%＝51 600(元)

(2)纳税人通过自设非独立核算门市部销售的自产应税消费品，应当按照门市部对外销售额或销售量计算征收消费税。

纳税人销售A牌卷烟每标准条不含税单价为72元(18 000÷250)，因此适用56%的税率。

纳税人销售B牌卷烟每标准条不含税单价为38元(9 500÷250)，因此适用36%的税率。

(3)上年收取的包装物押金5 440.5元已逾期，包装物未收回，押金没收，

应纳消费税税额＝5 440.5÷(1＋17％)×56％＝2 604(元)

(4)企业本月应向税务机关缴纳的消费税税额＝23 400÷(1＋17％)×2×56％＋2×150＋18 000×20×56％＋20×150＋9 500×15×36％＋15×150＋2 604－51 600＝231 854(元)

表 3-3　烟类应税消费品消费税纳税申报表

税款所属期：　2010 年 10 月 1 日至 2010 年 10 月 31 日

纳税人名称(公章)：　　纳税人识别号：463234057788253

填表日期：　2010 年 11 月 12 日　　单位：卷烟万支、雪茄烟支、烟丝千克；

金额单位：元(列至角分)

项目 应税消费品名称	适用税率		销售数量	销售额	应纳税额
	定额税率	比例税率			
卷烟	30 元/万支	56％	110	404 650	229 904
卷烟	30 元/万支	36％	75	142 500	53 550
雪茄烟	—	36％			
烟丝	—	30％			
合计	—	—	—	—	283 454

本期准予扣除税额：51 600	声明 此纳税申报表是根据国家税收法律的规定填报的，我确定它是真实的、可靠的、完整的。 经办人(签章)： 财务负责人(签章)： 联系电话：
本期减(免)税额：	
期初未缴税额：	
本期缴纳前期应纳税额：	(如果你已委托代理人申报，请填写) 授权声明 为代理一切税务事宜，现授权________(地址　　　　　)为本纳税人的代理申报人，任何与本申报表有关的往来文件，都可寄予此人。 授权人签章：
本期预缴税额：	
本期应补(退)税额：231 854	
期末未缴税额：	

二、消费税涉税业务的账务处理

消费税是价内税，不实行税款抵扣，纳税人应在“应交税费”总账科目下，增设“应交消费税”明细科目进行会计核算。该科目采用三栏式结构，贷方核算企业按照规定应该缴纳的消费税，借方反映企业实际缴纳的消费税或待抵扣的消费税，期末贷方余额反映企业尚未缴纳的消费税，借方余额反映企业多缴的消费税。

(一)纳税人生产销售应税消费品的账务处理

1. 正常销售自产应税消费品

企业生产销售应税消费品在销售时应按照应交消费税额，借记“营业税金及附加”科目，贷记“应交税费——应交消费税”科目，实际缴纳时借记“应交税费——应交消费税”科目；贷记“银行存款”科目。同时作与销售收入、增值税有关的会计处理。

【例 3-17】佳吉化妆品厂本月销售化妆品，不含增值税的销售额为 360 000 元，增值税适用税率 17%，消费税适用税率 30%，款项已收到存入银行。该企业的账务处理为：

(1)应交增值税税额＝360 000×17%＝61 200(元)，确认收入时

借：银行存款　　421 200

　贷：主营业务收入　　360 000

　　　应交税费——应交增值税　　61 200

　　　应交消费税税额＝360 000×30%＝108 000(元)

借：营业税金及附加　　108 000

　贷：应交税费——应交消费税　　108 000

(2)实际缴纳消费税时

借：应交税费——应交消费税　　108 000

　贷：银行存款　　108 000

发生退货时及退税时作相反的会计分录。

2. 视同销售行为

企业以生产的应税消费品换取生产资料、消费资料或抵偿债务、支付代购手续等，视同销售进行会计处理。

【例 3-18】和平工厂以其生产的汽车 2 辆抵偿债务，该汽车的最高销售额为 10 万元/辆，增值税适用税率 17%，消费税适用税率 5%。该企业的财务处理为：

(1)应交增值税税额＝200 000×17%＝34 000(元)，确认收入时

借：应付账款　　234 000

　贷：主营业务收入　　200 000

　　　应交税费——应交增值税　　34 000

(2)计算应交消费税时，应交消费税税额＝200 000×5％＝10 000(元)

借：营业税金及附加　　　　　　　　10 000

　贷：应交税费——应交消费税　　　　　　10 000

(3)实际缴纳消费税时

借：应交税费——应交消费税　　　　10 000

　贷：银行存款　　　　　　　　　　　　10 000

(二)自产自用应税消费品的会计处理

企业自产自用的应税消费品，用于连续生产应税消费品的不纳税；用于其他方面的在移送时缴纳消费税。按照账面成本或销售价格根据其用途计入相关账户，借记"生产成本"、"营业费用"、"在建工程"、"固定资产"、"营业外支出"等账户，贷记"应交税费——应交消费税"账户。

【例 3-19】某摩托车厂将自产的 3 辆摩托车捐赠给摩托拉力赛，该规格摩托车销售价格为 2 万元/辆，生产成本为 1.2 万元/辆，增值税适用税率 17％，消费税适用税率 10％。该企业会计处理为：

(1)应交消费税税额＝60 000×10％＝6 000(元)

借：营业外支出　　　　　　　　　　76 200

　贷：库存商品　　　　　　　　　　　　60 000

　　　应交税费——应交消费税　　　　　　6 000

　　　　　　——应交增值税　　　　　　10 200

(2)实际缴纳消费税时

借：应交税费——应交消费税　　　　6 000

　贷：银行存款　　　　　　　　　　　　6 000

【例 3-20】某酒厂将自产的啤酒 2 吨用于广告宣传，同类啤酒销售价格为 2 000 元/吨(不含增值税)，生产成本为 1 600 元/吨。该企业会计处理为：

(1)应交消费税额＝2×220＝440(元)

借：营业费用　　　　　　　　　　　4 320

　贷：库存商品　　　　　　　　　　　　3 200

　　　应交税费——应交消费税　　　　　　440

　　　　　　——应交增值税　　　　　　　680

(2)实际缴纳消费税时

借：应交税费——应交消费税　　　　440

　贷：银行存款　　　　　　　　　　　　440

(三)应税消费品的包装物应缴消费税的会计处理

1. 纳税人的应税消费品连同包装销售

纳税人的应税消费品连同包装销售的，无论包装是否单独计价，也无论在会计上如何核算，均应并入应税消费品的销售额中征收消费税。

【例 3-21】某酒厂本月销售粮食白酒销售额为 100 000 元(不含增值税)，随同白酒出售的包装物不单独计价，增值税适用税率 17%，消费税适用税率 20%。

(1)确认收入时

借：银行存款　117 000

　贷：主营业务收入　100 000

　　　应交税费——应交增值税　17 000

(2)计算应交消费税时，应交消费税额＝100 000×20%＝20 000(元)

借：营业税金及附加　20 000

　贷：应交税费——应交消费税　20 000

(3)实际缴纳消费税时

借：应交税费——应交消费税　20 000

　贷：银行存款　20 000

如例 3-22 是包装物单独计价的，则其收入计入"其他业务收入"，消费税计入"营业税金及附加"。

2. 收取的包装物押金

一般商品，收取包装物押金时，不纳消费税和增值税，收取的押金借记"银行存款"，贷记"其他应付款"；逾期时，缴纳消费税和增值税，借记"其他应付款"，贷记"其他业务收入""应交税费——应交增值税(销项税额)"，应缴纳的消费税，借记"营业税金及附加"，贷记"应交税费——应交消费税"。

【例 3-22】2010 年某企业销售应税消费品收取押金 1 170 元，逾期一年未收回包装物，消费税适用税率 10%。该企业会计处理为：

(1)收取押金时

借：银行存款　1 170

　贷：其他应付款　1 170

(2)逾期时

借：其他应付款　1 170

　贷：其他业务收入　1 000

　　　应交税费——应交增值税(销项税额)　170

借：营业税金及附加　　　　　　　　　　　　100

　贷：应交税费——应交消费税　　　　　　　　100

啤酒、黄酒以外的其他酒类产品，则在收取装物押金时取计征增值税和消费税。

【例 3-23】某企业 2010 年 2 月销售白酒不含税价 10 000 元，另收取包装物押金 1 000 元，消费税适用税率 20%，从量计征的消费税 500 元。该企业的账务处理如下：

借：银行存款　　　　　　　　　　　　12 700

　贷：主营业务收入　　　　　　　　　　10 000

　　　应交税费——应交增值税(销项税额)　1 700

　　　其他应付款　　　　　　　　　　　　1 000

借：其他应付款　　　　　　　　　　　145.30　(1 000÷1.17×17%)

　贷：应交税费——应交增值税(销项税额)　　145.30

借：营业税金及附加　　　　　　　　　2 500　(10 000×20%+500)

　　其他应付款　　　　　　　　　　　170.94　(1 000÷1.17×20%)

　贷：应交税费——应交消费税　　　　　　2 670.94

(四)委托加工应税消费品的会计处理

委托加工应税消费品在委托方提货时，由受托方代扣代缴税款。受托方按照应扣税额借记“银行存款”、“应收账款”等科目。委托加工应税消费品收回后，直接用于销售的，按照规定不再缴纳消费税，委托方应将受托方代收代缴的消费税随同应支付的加工费合并计入委托加工应税消费品的成本，借记“委托加工物资”、“生产成本”、“自制半成品”等科目，贷记“应付账款”、“银行存款”等科目；委托加工应税消费品收回后，用于连续生产的，按照规定准予抵扣消费税，委托方应将受托方代收代缴的消费税，借记“应交税费——应交消费税”科目，贷记“应付账款”、“银行存款”等科目。

【例 3-24】均立卷烟厂委托日新工厂加工烟丝，均立卷烟厂提供的烟叶的成本为 50 000 元，日新工厂收取加工费 11 000 元，以上价格均不含增值税，均由卷烟厂收回烟丝后一半用于连续生产，一半直接销售。增值税适用税率 17%，消费税适用税率 30%。该企业账务处理为：

(1)发出材料时

借：委托加工物资　　　　　　　　　　　50 000

　贷：原材料　　　　　　　　　　　　　　50 000

(2)支付加工费时

借：委托加工物资　　11 000

　　应交税费——应交增值税　　1 870

　贷：银行存款　　12 870

支付代收代缴消费税额＝(50 000＋11 000)÷(1－30％)×30％＝26 142.86(元)

借：委托加工物资　　13 071.43

　　应交税费——应交消费税　　13 071.43

　贷：银行存款　　26 142.86

(五)进口应税消费品的会计处理

进口应税消费品其缴纳的消费税应计入该进口应税消费品的成本，借记“固定资产”、“商品采购”、“物资采购”等科目，贷记“银行存款”等科目。

【例 3-25】戈飞公司进口一批化妆品，关税完税价格为人民币 30 万元，关税适用税率 40％，消费税适用税率 30％。该业务账务处理为：

应交关税税额＝300 000×40％＝120 000(元)

消费税组成计税价格＝(300 000＋120 000) ÷(1－30％)＝600 000(元)

应缴消费税税额＝600 000×30％＝180 000(元)

应交增值税税额＝600 000×17％＝102 000(元)

借：库存商品　　600 000

　　应交税费——应交增值税　　102 000

　贷：银行存款　　702 000

强化训练题

一、单项选择题

1. 以下应税消费品中，适用单一定额税率的有(　　)。

　A. 粮食白酒　　B. 酒精　　C. 黄酒　　D. 啤酒

2. 下列货物中应征消费税的有(　　)。

　A. 商店销售自制啤酒　　B. 商店销售外购啤酒

　C. 商店销售化妆品　　D. 商店销售卷烟

3. 下列应视同销售缴纳消费税的情况有(　　)。

　A. 将外购已税消费品继续加工成应税消费品

B. 将委托加工收回已税消费品继续加工应税消费品

C. 将自制应税消费品继续加工成应税消费品

D. 自制应税消费品用于向外单位投资

4. 下列实行消费税复合计税的项目有(　　)。

A. 烟丝　　B. 卷烟　　C. 雪茄烟　　D. 烟叶

5. 纳税人进口应税消费品，应于(　　)缴纳税款。

A. 海关填发税款缴纳书之日起 15 日内

B. 海关填发税款缴纳书次日起 7 日内

C. 海关填发税款缴纳书次月 15 日内

D. 海关填发税款缴纳书次月 10 日内

6. 金银首饰、钻石及钻石饰品的消费税在(　　)环节征收。

A. 生产　　B. 委托加工　　C. 进口　　D. 零售

7. 消费税的纳税人用于投资入股的应税消费品，应当以纳税人同类应税消费品的(　　)作为计锐依据计算征收消费税。

A. 最低销售价格　　B. 销售价格的简单算术平均数

C. 销售价格的加权算术平均数　　D. 最高销售价格

8. 企业应将不同税率的出口应税消费品分别申报，凡划不清适用税率的一律(　　)。

A. 从高适用税率计算应退税额　　B. 从低适用税率计算应退税额

C. 不得退免税　　D. 由征收机关核定税率

9. 甲企业通过丙企业介绍，将一批应税消费品委托给乙企业加工，在这项应税行为中，消费税的纳税人应是(　　)。

A. 甲企业　　B. 乙企业　　C. 甲企业和乙企业　　D. 丙企业

10. 下列各项中，属于消费税征税范围的消费品有(　　)。

A. 高档手机　　B. 自行车轮胎　　C. 高尔夫球具　　D. 竹制筷子

二、多项选择题

1. 采用定额税率从量定额征收消费税的项目有(　　)。

A. 黄酒　　B. 葡萄酒　　C. 柴油　　D. 烟丝

2. 下列不同用途的应税消费品应纳消费税的有(　　)。

A. 自产应税消费品用于投资

B. 自产应税消费品用于集体福利

C. 委托加工收回应税消费品继续生产应税消费品后销售的

D. 委托加工收回应税消费品直接销售的

3. 根据消费税法律制度规定，下列项目中，可以不缴纳消费税的是(　　)。

A. 委托加工的应税消费品，委托方取回后直接销售的

B. 委托加工的应税消费品，用于连续生产应税消费品的

C. 委托加工的应税消费品，用于连续生产非应税消费品的

D. 委托加工的应税消费品，用于职工福利的

4. 下列各项中，不应征收消费税的是(　　)。

A. 某商店(一般纳税人)销售的啤酒

B. 某公司委托甲加工企业生产的高级竹筷

C. 某酒厂生产并销售给批发商的白酒

D. 某盐场将购进的液体盐继续加工成固体盐

5. 对销售酒类以外的消费品收取的包装物押金，表述正确的有(　　)。

A. 包装物作价随同产品销售，另收取押金的，则押金应并入应税消费品和销售额

B. 对因逾期未收回的包装物不再退还的押金，应并入应税消费品的销售额

C. 已收取 1 年以上的押金，应并入应税消费品的销售额

D. 逾期未退回的包装物押金，视同销售销售额，换算为不含税额后并入销售额

6. 下列货物，属于应税消费品的有(　　)。

A. 烟　　B. 酒　　C. 高档服装　　D. 汽车轮胎

7. 纳税人用于(　　)的应税消费品，应当以纳税人同类应税消费品的最高销售价格作为计税依据计算征收消费税。

A. 换取生产资料　　B. 换取消费资料　　C. 投资入股　　D. 抵偿债务

8. 下列在移送环节应缴纳消费税的有(　　)。

A. 酒厂将自产白酒移送勾兑低度酒

B. 汽车厂将自产汽车赠送给拉力赛

C. 制药厂将自制酒精移送生产药膏

D. 烟厂将自制卷烟发给职工

9. 下列各项中，可以抵扣已缴纳的消费税的有(　　)。

A. 委托加工已税珠宝玉石用于生产贵重首饰

B. 外购的已税化妆品用于生产化妆品

C. 外购的已税汽车轮胎用于生产小汽车

D. 外购的已税烟丝用于生产烟丝

10. 纳税人受托加工应税消费品，受托方没有同类消费品销售价格的，按照组成计税价格计算纳税，其组成计税价格的计算公式为(　　)。
　A. 组成计税价格=(成本+利润)÷(1-消费税税率)
　B. 组成计税价格=(材料成本+加工费)÷(1-消费税税率)
　C. 组成计税价格=成本×(1+成本利润率)÷(1-消费税税率)
　D. 组成计税价格=材料成本+加工费+消费税

三、判断题

1. 消费税委托加工组价公式中的材料成本指受托方代垫辅料的成本。(　　)
2. 进口应税消费品，由进口人或代理人向机构所在地海关申报纳税。(　　)
3. 消费税和增值税都按退税率计算出口退税。(　　)
4. 纳税人自产自用的应税消费品用于连续生产应税消费品的不纳税；用于生产非应税消费品的，于移送使用时纳税。(　　)
5. 鞭炮厂销售鞭炮应征消费税不征增值税。(　　)
6. 零售环节征收消费税的金银首饰不能扣除外购、委托加工收回的珠宝玉石已纳的消费税。(　　)
7. 用于换取生产资料的卷烟，应按照同类商品的平均售价作为计税依据，计算征收消费税。(　　)
8. 生产销售小轿车、委托加工小轿车、进口小轿车都应缴纳消费税。(　　)
9. 某化妆品厂外销一批化妆品，因该厂直接外销出口，可申请出口退增值税和消费税。(　　)
10. 受托加工应税消费品的个体经营者不承担代收代缴消费税的义务。(　　)

四、计算题

1. 某化妆品生产企业为增值税一般纳税人，10月上旬从国外进口一批散装化妆品，关税完税价格150万元。本月内企业将进口的散装化妆品的80%生产加工为成套化妆品7 800件，对外批发销售6 000件，取得不含税销售额290万元；向消费者零售800件，取得含税销售额51.48万元(化妆品的进口关税适用税率40%、消费税适用税率30%)。

要求：计算该化妆品生产企业在进口环节应缴纳的消费税、增值税税额。

2. 某卷烟厂委托大明加工厂加工一批烟丝，委托方在委托合同上注明材料成本为12 800元，由受托方支付的辅助材料价值为3 200元。烟厂在提货时支付加工费86 000元，并支付了由大明加工厂代扣的消费税，卷烟厂将收回加工好的烟丝70%用于生产10个标准箱甲类卷烟并用于销售，销售时开具的增值税发票上注明价款为75 000元，增值税款12 750元；30%加工好的烟丝收回后直接用于销售。

要求：计算该卷烟厂应支付的消费税税额。

3. 某汽车轮胎厂本月初内胎账面余额36万元，本月购进内胎78万元。月末库存内胎22万元，本月使用外购内胎生产汽车轮胎，销售取得不含增值税销售额589万元。

要求：计算该汽车轮胎厂本月应缴消费税税额。

4. 甲公司是增值税一般纳税人，生产销售化妆品，2008年6月发生下列业务：①外购化工材料A，专用发票注明价款10 000元，税款1 700元；②外购化工材料B，专用发票注明价款20 000元，税款3 400元；③将A、B材料验收后，由运输公司运送到乙化妆品制造厂(一般纳税人)，委托其加工成香水精，支付运输公司运费300元，取得运费发票；④乙公司为加工该产品从小规模企业购入辅料，取得税务代开的增值税发票，价款5 000元，税款200元，乙公司收取甲公司加工费和代垫辅料费8 000元(不含增值税)，开具增值税专用发票；⑤甲化妆品厂将香水精收回后将70%投入生产，进一步加工成香水，并分装出厂取得含增值税销售额100 000元，支付销售运费800元。假定上述取得发票都符合税法抵扣条件要求，香水精消费税税率为30%。

要求：根据上面的表述，请按顺序计算：①甲公司提货时应缴纳的消费税；②甲公司销售香水应缴纳的增值税；③甲公司销售香水应缴纳的消费税；④乙公司该业务应缴纳的增值税。

5. 某轿车生产企业为增值税一般纳税人，2010年12月的生产经营情况如下：

(1)12月1日将A型小轿车130辆赊销给境内某代理商，约定12月15日付款，15日企业开具增值税专用发票，注明金额2 340万元、增值税税额397.8万元，代理商30日将货款和延期付款的违约金8万元支付给企业。

(2)12月销售A型小轿车10辆给本企业有突出贡献的业务人员，以成本价核算取得销售金额80万元。

(3)12月企业新设计生产B型小轿车2辆赠送给某赛车手，每辆成本价12万元，市场上无B型小轿车销售价格。

其他相关资料：生产销售的小轿车适用消费税税率12%；B型小轿车成本利润率8%；

要求：计算该轿车生产企业12月应缴纳的消费税(不含进口环节)。

五、综合业务题

1. 资料：乐居地板厂系增值税一般纳税人，主要生产销售各种实木漆饰地板(以下简称漆板)，也接受委托加工实木漆饰地板(漆板消费税税率为5%)。

2008年2月期末：增值税进项留抵税额8 000元；各种增值税抵扣凭证均合法有效并在规定的时间办理了认证手续。

2008年3月有关购销经济业务如下：

(1)3月2日发出漆板一批，成本价格为100 000元，委托代销商代销。

(2)3月7日向林场购进其自产原木一批，取得林场开具的普通发票注明：价款250 000元；款项通过银行转账付讫。

(3)3月8日发出原木一批，委托协作厂加工实木白坯地板，实际成本100 000元。

(4)3月9日接受某装潢公司委托定制一批特种漆板，装潢公司发来加工用木材一批，成本为50 000元，已全部交到生产车间进行加工；以银行存款收取装潢公司加工定金3 000元。

(5)3月11日向木材公司购进木材一批，取得增值税专用发票注明：价款200 000元，税额34 000元，开具商业承兑汇票一份；取得木材运输部门通过税务机关代开的运输专用发票注明：运费8 000元，装卸费1 000元，款项用支票付清。

(6)3月12日协作厂实木白坯地板全部加工完毕，提货时，协作厂收取加工费开具增值税专用发票注明：价款14 000元，税额2 380元，另代扣消费税6 000元，款项均已经支付，白坯实木地板收到后拟再生产漆板。

(7)3月13日因管理不善造成部分库存材料发生非正常损失，经盘点损失情况为：外购原木30 000元，外购木材20 000元。

(8)3月15日新办公楼在建工程领用漆板一批，成本价格为70 000元(同类产品销售价格为90 000元)。

(9)3月16日收到上月委托代销商的代销货物汇款60 000元，并收到这部分商品的代销清单。

(10)3月18日上月销售的一批漆板因质量有问题，经与购货方协调，购货方以8折购进，凭购货方主管税务机关出具的《开具红字专用发票通知单》，开具红字增值税专用发票注明：价款20 000元，税额3 400元，同时款项也退还给购货方。

(11)3月22日零售给居民个人漆板一批，价税合计11 700元，应居民要求上门进行铺装，另收铺装费2 000元，款项均收到并缴存银行。

(12)3月25日装潢公司定制的特种漆板加工完毕，全部发给装潢公司，按照协议约定收取加工费，开具增值税专用发票注明：价款 7 000 元，税额 1 190 元，余款 5 190 元装潢公司尚未支付。

(13)3 月 28 日厂门市部报来零售漆板收入合计 351 000 元(按照出厂价计算为 292 500 元)，其中 234 000 元开具普通发票，其余部分未开具发票，所有款项已解存开户银行。

(14)3 月 31 日代销商发来本月代销漆板清单(剩余部分)。当月代销收入价税合计 409 500 元，应付代销手续费 15 000 元，扣除 3 月 16 日已汇款项，收到代销商汇款 334 500 元。

(15)经核实 3 月白坯实木板期初无余额，期末余额为 12 000 元，发出额系生产漆板领用，其他业务无涉税事项。

要求：①根据以上业务，作出相应的会计分录；②计算当月该厂应缴纳的增值税、消费税和应代扣代缴的消费税税额。

2. 资料：A 卷烟厂系增值税一般纳税人，主要生产卷烟，其不含增值税的调拨价格为 68 元/标准条，税务机关为其核定的纳税期限为 1 个月。该厂 2010 年 1 月 1 日未缴的消费税为 4 360 000 元，2010 年 1 月 10 日缴纳到税务机关。该企业的卷烟属于乙类卷烟，比例税率为 36%，定额税率为 0.003 元/支，即 150 元/标准箱。

2010 年 1 月有关业务资料如下：

(1)月初库存外购烟丝的买价为 300 万元。1 月 8 日购入烟丝，不含增值税价款为 500 万元，取得了增值税专用发票。发票账单和烟丝同时到达企业，该批烟丝已经验收入库。将外购的这批烟丝入库后全部领用用于生产卷烟，月末烟丝存货为 200 万元。

(2)1 月 9 日委托 B 烟丝厂加工烟丝一批，原材料成本为 100 000 元，支付不含增值税的加工费为 40 000 元。B 烟丝厂无同类消费品的销售价格。1 月 25 日烟丝加工完成验收入库，加工费用等已经支付，取得 B 烟丝厂开具的增值税专用发票 1 张。收回烟丝后未入库直接用于生产卷烟。

(3)1 月 10 日，将本厂生产的 200 条卷烟用作礼品赠送给客户，其生产成本为 5 600 元。

(4)1 月 22 日以直接收款方式销售卷烟 1 000 标准箱(5 000 万支)，取得不含增值税销售额 1 700 万元，该批卷烟的销售成本为 700 万元。

要求：计算 A 卷烟厂 2010 年 1 月应纳的消费税税额，进行相应的账务处理，并填写《消费税纳税申报表》。

第四章　营业税法及账务处理

第一节　营业税概述

一、营业税的概念及计税方法

营业税是以在我国境内提供应税劳务、转让无形资产或销售不动产所取得的营业额为课税对象而征收的一种商品劳务税。

营业税一般以营业收入额全额为计税依据，税额不受成本、费用高低影响。营业税实行比例税率，按照不同行业、不同经营业务设立税目、税率的方法，实行同一行业同税率，不同行业不同税率，税款随营业收入额的实现而实现，因此，计征简便，有利于节省征纳费用。

二、营业税与增值税的区别

(1)征税范围完全相反，互相排斥。一项经营行为，征收了增值税，就不征收营业税。

(2)增值税是价外税，营业税是价内税。营业税在所得税前可以扣除，增值税在所得税前不得扣除。

(3)两者的计税方法不一样。增值税中，一般纳税人采用的是购进扣税法，而营业税一般以营业收入额全额为计税依据，只有个别情况，营业税计税依据中有扣除的情形。

第二节 营业税的基本要素

一、营业税的纳税义务人和扣缴义务人

(一)纳税义务人一般性规定

在中国境内提供应税劳务、转让无形资产或者销售不动产的单位和个人，为营业税的纳税义务人。

“在中华人民共和国境内”是指税收行政管辖权的区域，具体情况为：①所提供的劳务发生在境内；②在境内载运旅客或货物出境；③在境内组织旅客出境旅游；④转让的无形资产在境内使用；⑤所销售的不动产在境内；⑥在境内提供保险劳务，一是指境内保险机构为境内标的物提供的保险，不包括境内保险机构为出口货物提供的保险；二是指境外保险机构以在境内的物品为标的物所提供的保险。

加工和修理修配劳务属于增值税的征税范围，因此不属于营业税的应税劳务。

单位或个体经营者聘用的员工为本单位或雇主提供的劳务，不属于营业税的应税劳务。

(二)特殊规定

(1)单位以承包、承租、挂靠方式经营的，承包人以发包人、出租人、被挂靠人名义对外经营并由发包人承担相关法律责任的，以发包人为纳税人；否则以承租人或承包人为纳税义务人。

(2)中央铁路运营业务的纳税人为铁道部；合资铁路运营业务的纳税人为合资铁路公司；地方铁路运营业务的纳税人为地方铁路管理机构；基建临管线运营业务的纳税人为基建临管线管理机构。

(3)建筑安装业务实行分包或转包的，分包或转包者为纳税人。

(三)扣缴义务人

为加强税收的源泉控制，简化征收手续，税法规定了代扣代缴义务人。营业税的扣缴义务人主要包括以下几种。

(1)委托金融机构发放贷款，其应纳税款由受托发放贷款的金融机构代扣代缴。

(2)建筑安装业务实行分包或转包的，其应纳税款由总承包人代扣代缴。

(3)境外单位或个人在境内发生应税行为而在境内未设有经营机构的，其应纳税款由代理人代扣代缴，没有代理人，以受让者或购买者为代扣代缴义务人。

(4)单位或者个人进行演出由他人售票的，其应纳税款由售票者代扣代缴。演出经纪人为个人的，其办理演出业务应纳税款由售票者代扣代缴。

(5)个人转让专利权、非专利技术、商标权、著作权、商誉等无形资产的，其应纳税款由受让者代扣代缴。

二、营业税的税目与税率

(一)税目

营业税的征税范围包括在境内提供应税劳务、转让无形资产和销售不动产。现行营业税具体划分为以下九个税目。

1. 交通运输业

交通运输业是指使用运输工具或人力、畜力将货物或旅客送达目的地，使其空间位置得以转移的业务活动，包括陆路运输、水路运输、航空运输、管道运输、装卸搬运五大类。

凡与运营业务有关的各项劳务活动，均属交通运输业的征税范围，包括：打捞、理货、港务局提供的引航、系解缆、搬家、停泊、移泊等劳务及引水员交通费、过闸费、货物港务费等。

2. 建筑业

建筑业是指建筑安装工程作业，包括建筑、安装、修缮、装饰及其他工程作业以及管道煤气初装业务。其他工程作业包括代办电信工程、水利工程、道路修建、钻井、拆除建筑物、平整土地、搭脚手架、爆破等工程作业。

自建自用建筑物，其自建行为不是建筑业的征税范围。出租或投资入股的自建建筑物也不是建筑业的征税范围。

3. 金融保险业

金融保险业是指经营贷款、金融商品转让、融资租赁、金融经纪、保险等业务。

存款或购入金融商品行为以及金银买卖业务，不征收营业税。非金融机构和个人的金融商品转让，不征收营业税。中国人民银行对金融机构的贷款业务、金融机构往来业务以及金融机构的出纳长款收入，不征收营业税。

4. 邮电通信业

邮电通信业是指专门办理信息传递的业务，包括邮政和电信。

5. 文化体育业

文化体育业是指经营文化、体育活动的业务，包括文化业和体育业。文化业包括播映、表演及各种展览、培训、文学、艺术、科技讲座、报告会，图书、杂志、报纸及其他资料的借阅业务等。体育业是指举办各种体育比赛和为体育比赛或体育活动提供场所的业务。

以租赁方式为体育比赛提供场所的业务，不属于体育业，属于“服务业——租赁业”税目。

公园、动(植)物园及其他各种浏览场所所销售门票的业务也属于本税目。

6. 娱乐业

娱乐业是指为娱乐活动提供场所和服务的业务，具体包括经营歌厅、舞厅、卡拉OK歌舞厅、音乐茶座、台球、高尔夫球、保龄球场、网吧、游艺场等娱乐场所，以及娱乐场所为顾客进行娱乐活动提供服务的业务，包括娱乐场所为顾客提供饮食服务及其他各种服务。

7. 服务业

服务业是指利用设备、工具、场所、信息或技能为社会提供服务的业务，包括代理业、旅店业、饮食业、旅游业、广告业、仓储业、租赁业及其他服务业。

(1)代理业

代理业是指代委托人办理受托事项的业务，如代购代销货物、代办进出口、介绍服务及其他代理服务。

(2)旅店业

旅店业是指提供住宿服务的业务。

(3)饮食业

饮食业是指通过同时提供饮食和饮食场所的方式为顾客提供饮食消费服务的业务。饮食场所为顾客在就餐的同时进行的自娱自乐的形式的歌舞活动所提供的服务不属于“饮食业”的征收范围，应按照“娱乐业”税目征税。

(4)旅游业

旅游业是指为旅游者安排食宿、交通工具和提供导游等旅游服务的业务。

(5)广告业

广告业是指利用图书、报纸、杂志、广播、电视、电影、路牌、橱窗、招贴、霓虹灯、幻灯、灯箱等形式为介绍商品、经营服务项目、文体节目或通告、声明等事项进行宣传和提供相关服务的业务。

广告代理业务按照“服务业——广告业”税目征收营业税。

(6)仓储业

仓储业是指利用仓库、货场或其他场所代顾客贮放、保管货物的业务。

(7)租赁业

租赁业是指在约定的时间内将场地、房屋、物品、设备或设施等转让给他人使用的业务。

融资租赁业属于金融保险业，按照“金融保险业——金融业”税目征税。

(9)其他业务

其他业务是指上述业务以外的服务业，如打字、计算、设计、制图、测绘、咨询、测试、试验、化验、录音、录像、复印、美术、照相、裱画、晒图、打包、勘探、沐浴、理发等。

航空勘探、钻井(打进)勘探、爆破勘探，不按照本税目征税，属于“建筑业”征收的范围。

福利彩票代销单位销售福利彩票取得的手续费收入也应按照规定征收营业税。

8. 转让无形资产

转让无形资产是指转让无形资产使用权和所有权的行为，包括转让土地使用权、专利权、非专利技术、商标权、著作权、商誉。

以无形资产投资入股，参与被投资方的利润分配、共同承担投资风险的行为，不征收营业税。在投资后转让其股权的也不征收营业税。

9. 销售不动产

销售不动产是指有偿转让不动产所有权的行为，包括销售建筑物或构筑物、销售土地及附着物。

以不动产投资入股，参与被投资方的利润分配、共同承担投资风险的行为，不征收营业税。在投资后转让其股权的也不征收营业税。

转让企业产权是整体转让企业资产、债权、债务及劳动力的行为，不征收营业税。

(二)征税范围的特殊规定

1. 混合销售行为

一项销售行为既涉及应税劳务又涉及货物的，为混合销售行为。除从事货物生产、批发和零售的企业、单位及个体经营者的混合销售行为外，其他单位和个人的混合销售行为视为提供应税劳务，征收营业税，其营业额为应税劳务营业额与货物销售额的合计。

纳税人的销售行为是否属于混合销售行为，由国家税务局所属征收机关确定。

2. 兼营销售行为

纳税人兼营应税劳务与货物或非应税劳务的，应分别核算应税劳务的营业额与货物或非应税劳务的销售额，否则，一并征收增值税，不征收营业税。

纳税人兼营不同税目的应税劳务、转让无形资产和销售不动产，应分别核算不同税目的营业额；未分别核算的，从高适用税率。

纳税人兼营免税、减税项目的，应分别核算免税、减税项目的营业额；未分别核算的，不得免税、减税。

3. 视同发生应税行为

单位或者个人将不动产或土地使用权无偿赠送其他单位或个人视同转让，应缴纳营业税；单位或个人自己新建建筑物后销售，其发生的自建行为应按照建筑业缴纳营业税，转让行为应按照销售不动产再缴纳一道营业税。

4. 特殊业务的征税规定

邮政部门、集邮公司销售集邮商品，征收营业税；集邮商品的生产、调拨以及邮政部门以外的其他单位和个人销售集邮商品，征收增值税。

邮政部门发行报刊，征收营业税。

电信单位自己销售电信物品，并为客户提供有关的电信劳务服务的，征收营业税。

随汽车销售提供的汽车按揭服务和代办服务业务征收增值税，纳税人单独提供按揭、代办服务，不销售汽车的，应征收营业税。

(三)税率

营业税的税目按照行业、类别的不同分别设置并采用差别比例税率，各税目及相应的税率参见表 4-1。

表 4-1　营业税税目、税率表　%

税目	征收范围	税率
1. 交通运输业	陆路运输、水路运输、航空运输、管道运输、装卸搬运	3
2. 建筑业	建筑、安装、修缮、装饰及其他工程作业	3
3. 金融保险业	贷款、金融商品转让、融资租赁、保险	5
4. 邮电通信	邮政、电信	3
5. 文化体育业	文化、体育	3
6. 娱乐业	歌厅、舞厅、卡拉OK歌舞厅、音乐茶座、游艺、高尔夫球 保龄球、台球	20 5
7. 服务业	代理业、旅店业、饮食业、旅游业、仓储业、租赁业、广告业及其他服务业	5
8. 转让无形资产	转让土地使用权、专利权、非专利技术、商标权、著作权、商誉	5
9. 销售不动产	销售建筑物或构筑物、销售土地及附着物	5

第三节　营业税应纳税额的计算

一、计税依据的确定

(一)计税依据的一般规定

营业税的计税依据是营业额。营业额是纳税人提供应税劳务、转让无形资产或者销售不动产时向对方收取的全部价款和价外费用。“价外费用”包括向对方收取的手续费、基金、集资费、代收款项、代垫款项及其他各种性质的价外收费。但不包括同时符合以下条件代为收取的政府性基金或行政事业性收费：①由国务院或财政部批准设立的政府性基金，由国务院或省级人民政府及其财政、价格主管部门批准设立的行政事业性收费；②收取时开具省级以上财政部门印制的财政票据；③所收款项全额上缴财政。

(二)计税依据的具体规定

按照经营项目的不同，纳税人提供应税劳务的营业额具体规定如下。

1. 交通运输业

(1)运输企业的营业额包括客运收入、货运收入、装卸收入、其他运输收入及运输票价中包含的保险费、建设基金等。

(2)运输企业自我国境内运输旅客或货物出境，在境外其载运的旅客或货物改由其他企业承运的，以全程运费减除付给转运企业的运费后的余额为营业额。

(3)联营运输业务，以参与联运业务各方实际取得的营业收入为营业额。

2. 建筑业

(1)纳税人将建筑工程分包给其他单位的，以其取得的全部价款和价外费用扣除其支付给其他单位的分包款后的余额为营业额。

(2)纳税人提供建筑业劳务(不含装饰劳务)的，其营业额应当包括工程所用原材料、设备及其他物资和动力价款在内，但不包括建设方提供的设备的价款。

(3)纳税人从事安装工程作业，所安装设备价值作为安装工程产值的，其营业额应包括设备价款。

(4)纳税人自建自用房屋的行为不纳税；纳税人(包括个人自建自用住房)自建的房屋对外销售，其自建行为首先应按照建筑业缴纳营业税，再按照销售不动产缴纳营业税。自建行为的营业额根据同类工程价款确定；没有同类工程价款的，按照下列公式核定营业额：

营业额＝工程成本×(1＋成本利润率)÷(1－营业税税率)

上列公式中的成本利润率，由省、自治区、直辖市税务局确定。

(5)纳税人采用清包形式提供装饰劳务的，其营业额为向客户实际收取的人工费、管理费和辅助材料费等收入(不含客户自行采购的材料价款和设备价款)。清包形式提供装饰劳务，是指工程所需的主要原材料和设备由客户自行采购，纳税人只向客户收取人工费、管理费及辅助材料等费用的装饰劳务。

(6)纳税人的包工包料工程，以料、工、费全额为营业额。

3. 金融保险业

(1)一般贷款以利息收入全额(含各种加息、罚息等)为营业额。

(2)外汇、股票、债券、期货等金融商品买卖业务，以卖出价减去买入价的余额为营业额，但买入价应减除持有期间取得的红利收入。同一大类不同品种金融商品买卖出现的正负差，在同一个纳税期内可以相抵，相抵后仍出现负差的，可结转下一个纳税期相抵，但年末时仍出现负差的，不得转入下一个会计年度。

(3)经中国人民银行等批准从事融资租赁业务的，以向承租者收取的全部价款及价外费用(包括残值)减除出租方承担的出租货物的实际成本后的余额，以直线法折算出本期的营业额。具体计算方法：

本期营业额=(应收取的全部价款和价外费用－实际成本)×(本期天数÷总天数)

(4)金融经纪业务和其他金融业务以手续费等收入为营业额，从事受托收款业务的，以全部收入减除支付给委托方价款后的余额为营业额。

(5)保险业务，以纳税人提供属于保险业征税范围劳务向对方收取的全部收入为营业额。保险业实行分保险的，初保人也应按照全部保费收入为营业额缴纳营业税，分保人不再缴纳。

(6)我国境内的保险人将其承保的以境内标的物为保险标的的保险业务向境外再保险人办理分保的，以全部保费收入减除分保保费后的余额为营业额。

境外再保险人应就其分保收入承担营业税纳税义务，并由境内保险人扣缴境外再保险人应缴纳的营业税税款。

4. 邮电通信业

(1)邮政业务的营业额为纳税人从事传递函件或包件、邮汇、报刊发行、邮务物品销售、邮政储蓄及其他邮政业务的收入额。

(2)电信业的营业额为纳税人从事电报、电话、电传、电话机安装、电信物品销售及其他电信业务的收入额。

5. 文化体育业

个人或单位进行演出的，以全部票价收入或包场收入减除付给提供演出场所单位、演出公司或经纪人的费用余额为营业额。提供演出场所的单位的场租收入按照租赁业征收营业税；演出公司或经纪人的收入按照代理业征收营业税。

6. 娱乐业

以收入全额为营业额，包括门票、台位、点歌、烟酒、饮料及其他各项费用。

7. 服务业

(1)纳税人提供代理业、旅店业、饮食业、旅游业、仓储业、租赁业、广告业、其他服务业的应税劳务以向对方收取的全部价款和价外费用为营业额。

(2)旅游企业组团到境外旅游，在境外由其他企业接团的，以全程旅费减除付给接团企业的旅费后的余额为营业额。

(3)境内从事旅游业务以全部收费减除为旅游者支付的食宿、交通、门票及其他代付费用后的余额为营业额。

(4)广告代理业的营业额以收入全额减除付给广告发布者的广告发布费后余额为营业额(不能扣除广告制作费)。

8. 销售不动产或土地使用权

(1)单位和个人销售或转让其购置的不动产或受让的土地使用权，以全部收入减除不动产或土地使用权的购置或受让原价后的余额为营业额。

(2)单位和个人销售或转让抵债所得的不动产或土地使用权，以全部收入减除抵债时该项不动产或土地使用权作价后的余额为营业额。

(三)组成计税价格

对于纳税人提供应税劳务、转让无形资产或销售不动产价格明显偏低又没有正当理由的，主管税务机关可以按照下列顺序核定其营业额：

(1)按照纳税人当月提供的同类应税劳务或销售的同类不动产的平均价格核定。

(2)按照纳税人最近时期提供的同类应税劳务或销售的同类不动产的平均价格核定。

(3)按照下列公式计算计税价格，核定营业额。

计税价格＝营业成本或工程成本×(1＋成本利润率)÷(1－营业税率)

公式中的“成本利润率”由省、自治区、直辖市人民政府所属税务机关确定。

(四)营业额的其他规定

(1)纳税人的营业额计算缴纳营业税后因发生退款减除营业额的，应当退还已缴纳营业税税款或者从纳税人以后的应缴纳营业税税额中减除。

(2)纳税人发生应税行为，如果将价款与折扣额在同一张发票上注明的，以折扣后的价款为营业额；如果将折扣额另开发票的，不论其在财务上如何处理，均不得从营业额中扣除。

(3)单位和个人因财务会计核算办法改变，将已缴纳过营业税的预收性质的价款逐期转为营业收入时，允许从营业额中减除。

(4)营业税纳税人购置税控收款机，经主管税务机关审核批准后，可凭购进税控收款机取得的增值税专用发票，按照发票上注明的增值税税额，抵免当期应纳税税额，或者按照购进税控收款机取得的普通发票上注明的价款，依下列公式计算抵免税额：

可抵免税额＝价款÷(1＋17％)×17％

当期应纳税额不足抵免的，未抵免部分可以在下期继续抵免。

(5)代购货物的征税问题：

①代购货物是指受托方按照委托方的要求，从事商品的购买，并按照发票购进价格与委托方结算(原票转交)，受托方另外按照购进额收取一定的手续费，则此手续费属于营业税征收范围。

如某机械厂委托甲公司代购钢材，事先预付了50万元的周转金，甲公司代购钢材后按照实际购进价格向机械厂结算，并将销售方开具给委托方的增值税专用发票原票转交，共计价税合计金额46万元，另扣5％的手续费2.3万元，并单独开具发票，由收取的2.3万元的手续费即为营业税营业额。

②如果受托方将增值税专用发票不转交委托方，先购进货物，增值税专用发票自留，并按照原购进发票的原价，另外用受托方的增值税专用发票开给委托方，同时再按照原协议收取手续费，所收取的手续费则属于销售货物时所收取的价外费用，应当并入货物的销售额征收增值税。

(6)代销货物的征税。代销货物是指受托方按照委托方的要求销售委托方的货物，并收取手续费的经营活动。对于受托方提供代销货物业务的劳务所取得的手续费，属于营业税的征税范围。

(7)对商业企业向供货方收取的与商品销售量、销售额无必然联系，且商业企业向供货方提供一定劳务的收入，如进场费、广告促销费、上架费、展示费、管理费等，不属于平销返利，不冲减当期增值税进项税额，应按照营业税的适用税目税率(5％)征收营业税。商业企业向供货方收取的以上各种收入，一律不得开具增值税专用发票。

二、应纳税额的计算

纳税人提供劳务、转让无形资产或销售不动产，按照营业额和规定的税率计算其应纳税额，计算公式为：

营业税应纳税额＝营业额×税率

在实际征收中，计算方法有三种：

(1)按照营业收入全额计算：应纳税额＝营业收入全额×适用税率

(2)按照营业收入差额计算：应纳税额＝(营业收入－允许扣除金额)×适用税率

(3)按照组成计税价格计算：应纳税额＝组成计税价格×适用税率

【例 4-1】某宾馆 7 月发生下列收入：①餐饮收入 60 000 元，另加收服务费 9 000元；②歌厅门票收入 20 000 元，酒水饮料收入 20 000 元；③客房住宿收入 50 000 元；④小卖部销售商品收入 20 800 元。计算该宾馆应交营业税税额。

【解析】①餐饮收入应纳营业税税额＝(60 000＋9 000)×5%＝3 450(元)

②歌厅收入应纳营业税税额＝(20 000＋20 000)×20%＝8 000(元)

③客房收入应纳营业税税额＝50 000×5%＝2 500(元)

④小卖部销售收入单独核算应作为小规模纳税人缴纳增值税

【例 4-2】某歌舞团与演出公司签订协议，由演出公司承办一场大型演出，地点选择在市区某体育馆，三方商定：①支付体育馆场租 8 万元，由体育馆负责售票；②歌舞团支付演出公司经纪费 10 万元；③门票收入共 50 万元，歌舞团支付广告费 8 万元。计算三方应纳营业税税额。

【解析】①歌舞团应按照文化体育业缴纳营业税，由负责售票的体育馆代扣代缴税款，广告费不能作为计算营业额的减项减除。

歌舞团应交营业税税额＝(50－8－10)×3%＝0.96(万元)

②演出公司应交营业税不由售票者扣缴(若演出经纪人为个人，其应纳税款由售票者扣缴)按照代理服务业纳税；演出公司应纳营业税税额＝10×5%＝0.5(万元)。

③体育馆按照租赁业缴纳税款，应交营业税税额＝8×5%＝0.4(万元)。

第四节　营业税税收优惠与征收管理

一、营业税的税收优惠

(一)营业税的起征点

对经营应税项目的个人，营业税规定了起征点。营业额没有达到起征点的，不征税；达到起征点或超过起征点，全部营业额全额计算纳税。起征点规定如下：

(1)按期纳税的起征点为月营业额 1 000～5 000 元。

(2)按次纳税的起征点为每次(日)营业额100元。

(二)免征营业税项目

(1)托儿所、幼儿园、养老院、残疾人福利机构提供的育养服务、婚姻介绍、殡葬服务。

(2)残疾人员个人提供的劳务。

(3)学校和其他教育机构提供的教育劳务，学生勤工俭学提供的劳务。

(4)农业机耕、排灌、病虫害防治、植保、农牧保险及相关技术培训业务，家禽、牲畜、水生动物的配种和疾病防治。

(5)纪念馆、博物馆、文化馆、美术馆、展览馆、书艺馆、图书馆、文物保护单位举办文化活动的门票收入，宗教场所举办文化、宗教活动的门票收入。

(6)保险公司开展的1年期以上返还性普通人寿险、养老金保险、健康险业务的保费收入。

(7)单位和个人取得的技术转让，技术开发和与之相关的技术咨询、技术服务业务收入。

(8)个人转让著作权。

(9)将土地使用权转让给农业生产者，用于农业生产。

(10)高校后勤实体为教学、师生提供服务的收入。

(11)个人按照市场价格出租的居民住房，暂按照3%的税率征收营业税。

(12)中国人民银行对金融机构的贷款业务，不征收营业税。中国人民银行对企业贷款或委托金融机构贷款的业务应当征收营业税。

(13)金融机构往来业务暂不征收营业税。

(14)个人将购买不足2年的非普通住房对外销售的，全额征收营业税；个人将购买超过2年(含2年)的非普通住房或者不足2年的普通住房对外销售的，按照其销售收入减去购买房屋的价款后的差额征收营业税；个人将购买超过2年(含2年)的普通住房对外销售的，免征营业税。

(15)个人向他人无偿赠与不动产，包括继承、遗产处分及其他无偿赠与不动产的，可以免征营业税。

(16)对从事个体经营的军队转业干部、城镇退役士兵和随军家属，自领取税务登记证之日起，3年内免征营业税。

二、征收管理

(一)纳税义务发生时间

营业税的纳税义务发生时间一般规定为纳税人收讫营业收入款项或取得营业收入款项凭据的当天，具体规定如下。

(1)转让土地使用权或者销售不动产，采用预收款方式的，其纳税义务发生时间为收到预收款的当天。

纳税人提供建筑业或租赁业劳务，采取预收款方式的，其纳税义务发生时间为收到预收款的当天。

(2)单位或个人新建建筑物后销售，其自建行为的纳税义务发生时间，为其销售自建建筑物并收到营业额或者取得索取营业额凭据的当天。

(3)单位将不动产或土地使用权无偿赠与他人，其纳税义务发生时间为不动产所有权、土地使用权移送的当天。

(4)扣缴税款义务发生时间为扣缴义务人代纳税人收讫营业收入款项或取得索取营业收入款项凭据的当天。

(5)金融商品转让业务，纳税义务发生时间为金融商品所有权转移之日。

(6)单位和个人提供应税劳务、转让专利权、商标权、著作权和商誉时，向对方收取的预收性质的价款，其营业税纳税义务发生时间以按照财务会计制度的规定，该项预收性质的价款被确认为收入的时间为准。

(二)纳税期限

营业税的纳税期限分别是5日、10日、15日或者1个月。纳税人的具体纳税期限，由主管税务机关根据纳税人的应纳税额的大小分别确定；不能按照固定期限纳税的，可以按次纳税。以1个月为一期纳税的，自期满之日起15日内申报纳税；以5日、10日、15日为一期纳税的，自期满之日起5日内预交款项，于次月1日起15日内申报纳税并结清上月应纳税款。扣缴义务人的解缴税款期限，比照上述规定执行。

金融业(不包括典当业)的纳税期限是1个季度，自纳税期限满之日起15日内申报纳税，保险业的纳税期限为1个月。

(三)纳税地点

营业税的纳税地点有很强的属地性，强调业务发生地、不动产所在地。根据纳税人的不同情况和便于税收征管的原则确定，具体规定如下。

(1)纳税人提供应税劳务，应当向应税劳务发生地的主管税务机关申报纳税；纳税人从事运输业务、电信业务、网络服务的，应当向其机构所在地的主管税务机关申报纳税。

(2)纳税人转让土地使用权，应当向土地所在地的主管税务机关申报纳税；纳税人转让其他无形资产的，应当向其机构所在地的主管税务机关申报纳税。

(3)单位和个人出租土地使用权、不动产的营业税纳税地点为土地、不动产所在地；单位和个人出租物品、设备等动产的营业税纳税地点为出租单位机构所在地或个人居住地。

(4)纳税人销售不动产，应当向不动产所在地的主管税务机关申报纳税。

(5)纳税人提供应税劳务发生在外县(市)的，应当向应税劳务发生地的主管税务机关申报纳税而未申报纳税的，由其机构所在地或居住地主管税务机关补征税款。

(6)纳税人承包的工程跨省、自治区、直辖市的，向其机构所在地主管税务机关申报纳税。

(7)各航空公司所属分公司，应向分公司所在地主管税务机关申报纳税。

(8)纳税人提供建筑业应税劳务，其纳税地点为建筑业应税劳务的发生地；纳税人从事跨省工程的，应向其机构所在地主管地方税务机关申报纳税；扣缴义务人代扣代缴的建筑业营业税税款的解缴地点为该工程建筑业应税劳务发生地，但代扣代缴跨省工程的，其建筑业营业税的解缴地为被扣缴纳税人的机构所在地。

第五节 营业税纳税申报及涉税业务账务处理

一、纳税申报

纳税人应按照《中华人民共和国营业税暂行条例》的有关规定及时办理纳税申报，并如实填写《营业税纳税申报表》(参见表4-2)。

表 4-2　营业税纳税申报表

填表日期：　2010 年 4 月 6 日

纳税人识别号：235168893567204　　　　　　　　金额单位：元(列至角分)

纳税人名称					税款所属时间		2010 年 3 月 1 日至 2010 年 3 月 31 日				
税目	经营项目	营业额					税率				
		全部收入	减免税收入	减除项目	减免税收入	应税营业额		应纳税额	减免税额	已纳税额	应补(退)税额
1	2	3	4	5	6	7＝3－4－5－6		9＝7×8	10＝6×8	11	12
服务业	饮餐业	250 000				250 000	5%	12 500			12 500
服务业	旅店业	200 000				200 000	5%	10 000			10 000
娱乐业	娱乐业	180 000				180 000	20%	36 000			36 000
合计		63 000				63 000		58 500			58 500

如纳税人填报，由纳税人填写以下各栏		如委托代理人填报，由代理人填写以下各栏			备注
会计主管 (签章)	纳税人 (公章)	代理人名称		代理人 (公章)	备注
		地址			
		经办人			
		电话			
以下由税务机关填写					
收到申报日期		接受人			

【例 4-3】西江大酒店纳税人识别号为 235168893567204，纳税期限为 1 个月，2010 年 3 月营业情况如下：①餐厅收入 25 万元；②客房收入 20 万元；③歌厅门票收入 10 万元，酒水饮料收入 8 万元。计算西江大酒店本月应纳营业税税额并填制纳税申报表。

《营业税纳税申报表》参见表 4-2。

【解析】①餐饮收入应纳营业税税额＝25×5%＝1.25(万元)

②客房收入应纳营业税税额＝20×5%＝1(万元)

③歌厅门票收入 10 万元，酒水饮料收入 8 万元均按照娱乐业 20% 的税率征收营业税，应纳营业税税额＝(10＋8)×20%＝3.6(万元)。

二、营业税涉税业务账务处理

企业营业税涉税账户有“应交税费——应缴营业税”、“营业税金及附加”、“固定资产清理”等。

取得应税收入时，借记“银行存款”、“应收账款”等账户，贷记“主营业务收入”、“其他业务收入”等账户；计提营业税金时，借记“营业税金及附加”账户，贷记“应交税费——应缴营业税”账户；缴纳营业税时，借记“应交税费——应缴营业税”账户，贷记“银行存款”等账户。

(一)提供应税劳务的账务处理

主营业务为提供营业税应税劳务的企业，按期于期末计算应纳的营业税常用的账务处理方法是，借记“营业税金及附加”账户，贷记“应交税费——应缴营业税”账户。

【例 4-4】海鹰娱乐公司 4 月门票收入 38 000 元，点歌收入 64 000 元，台位收入 40 000 元，酒水收入 85 000 元，营业税率 20%。海鹰娱乐公司应纳营业税税额及有关会计处理如下：

海鹰娱乐公司应纳营业税税额＝(64 000＋38 000＋40 000＋85 000)×20%＝45 400(元)

(1)计算应纳营业税税额时

借：营业税金及附加　　　　　　　　45 400

　贷：应交税费——应缴营业税　　　　　　45 400

(2)实际纳税时

借：应交税费——应缴营业税　　　　45 400

　贷：银行存款　　　　　　　　　　　　　45 400

【例 4-5】庆峰建筑公司 3 月工程承包收入 700 000 元，其中应支付给其他工程队分包工程款 120 000 元，建筑业营业税税率 3%。庆峰建筑公司应纳营业税税额及有关会计处理如下：

(1)收到工程款时

借：银行存款　　　　　　　　　　700 000

　贷：主营业务收入　　　　　　　　　　580 000

　　　应付账款　　　　　　　　　　　　120 000

庆峰建筑公司应纳营业税税额＝(700 000－120 000)×3%＝17 400(元)

借：营业税金及附加　　17 400

　贷：应交税费——应缴营业税　　17 400

(2)向工程队支付分包款时

代扣代缴营业税税额＝120 000×3%＝3 600(元)

借：应付账款　　120 000

　贷：银行存款　　116 400

　　　应交税费——应缴营业税　　3 600

(3)实际纳税时

借：应交税费——应缴营业税　　21 000

　贷：银行存款　　21 000

(二)转让无形资产的账务处理

1. 转让无形资产的使用权

按照规定应纳的营业税借记"营业税金及附加"账户，贷记"应交税费——应缴营业税"账户。

【例 4-6】菲亚得公司将一项专利权的使用权以 78 000 元转让给其他的公司使用，营业税率 5%。菲亚得公司应纳营业税税额及有关会计处理如下：

(1)菲亚得公司应纳营业税＝78 000×5%＝3 900(元)

借：银行存款　　78 000

　贷：其他业务收入　　78 000

借：营业税金及附加　　3 900

　贷：应交税费——应缴营业税　　3 900

(2)实际纳税时

借：应交税费——应缴营业税　　3 900

　贷：银行存款　　3 900

2. 转让无形资产所有权

按照规定应纳的营业税作为相应的"营业外收入"的减少或"营业外支出"的增加，贷记"应交税费——应缴营业税"账户。

【例 4-7】菲亚得公司将账面价值为 60 000 元的一项专利权的所有权以88 000元转让给其他的公司，营业税率 5%。菲亚得公司应纳营业税税额及有关会计处理如下：

(1)菲亚得公司应纳营业税税额＝88 000×5%＝4 400(元)

借：银行存款　　88 000
　贷：无形资产　　60 000
　　　应交税费——应缴营业税　　4 400
　　　营业外收入　　23 600

(2)实际纳税时

借：应交税费——应缴营业税　　4 400
　贷：银行存款　　4 400

(三)销售不动产应纳营业税的会计处理

1. 房地产开发企业

销售房屋等不动产是房地产开发企业的主营业务，因此对于房地产开发企业，其销售房屋等不动产应纳的营业税，借记“营业税金及附加”，贷记“应交税费——应缴营业税”。

【例 4-8】宏泰房地产开发公司销售一栋商品房，连同转让房屋所占土地使用权，房屋售价 500 000 元，地价 800 000 元，营业税率 5%。宏泰房地产开发公司应纳营业税税额及有关会计处理如下：

(1)宏泰房地产开发公司应纳营业税税额＝(500 000＋800 000)×5%＝65 000(元)

借：营业税金及附加　　65 000
　贷：应交税费——应缴营业税　　65 000

(2)实际纳税时

借：应交税费——应缴营业税　　65 000
　贷：银行存款　　65 000

2. 非房地产开发企业

非房地产开发企业销售不动产往往是进行固定资产处置，应纳的营业税借记“固定资产清理”科目，贷记“应交税费——应缴营业税”。

【例 4-9】潭鸿公司(非房地产开发企业)出售旧厂房一栋，旧厂房原价 3 000 万元，已提折旧 1 200 万元，取得销售价款 1 500 万元，已存入银行；以银行存款支付清理费用 7 万元，已清理完毕，营业税率 5%。潭鸿公司应纳营业税涉及有关会计处理如下：

(1)潭鸿公司应纳营业税＝1 500×5%＝75(万元)

借：固定资产清理　　18 000 000
　　累计折旧　　12 000 000
　贷：固定资产　　30 000 000

借：固定资产清理　　820 000

　贷：银行存款　　70 000

　　应交税费——应缴营业税　　750 000

借：银行存款　　15 000 000

　贷：固定资产清理　　15 000 000

借：营业外支出　　3 820 000

　贷：固定资产清理　　3 820 000

(2)实际纳税时

借：应交税费——应缴营业税　　750 000

　贷：银行存款　　750 000

(四)代扣代缴营业税的账务处理

代扣代缴义务人按照规定履行扣缴义务时，先将应扣缴的营业税从其应付款项中扣除，再将代扣的税款如数向税务机关缴纳。在计算代扣代缴营业税额时，借记“应付账款”账户，贷记“应交税金——应缴营业税”账户。

【例 4-10】某体育馆 8 月举办歌星演唱会，李某负责联系演员，取得手续费 20 000 元，适用税率 5%；参加演出的演员取得演出费 90 000 元，适用税率 3%，由体育馆代扣代缴营业税。该体育馆应纳营业税税额及有关会计处理如下：

(1)体育馆代扣代缴营业税税额＝20 000×5%＋90 000×3%＝3 700(元)

借：应付账款——王某　　1 000

　　　　——演员　　2 700

　贷：应交税费——应缴营业税　　3 700

(2)实际纳税时

借：应交税费——应缴营业税　　3 700

　贷：银行存款　　3 700

强化训练题

一、单项选择题

1. 下列经营者中，属于营业税纳税人的是(　　)。

A. 从事修配业的个人

B. 销售货物并负责运输所售货物的单位

C. 从事小食品零售业务的个体户

D. 从事货物保管业务的单位

2. 下列行为中不应交纳营业税的有(　　)。

A. 境外机构转让的无形资产在境内使用

B. 在境内组织旅客出境旅游

C. 销售境内的不动产

D. 境内保险机构为出口货物提供的保险

3. 某银行2009年第二季度取得贷款利息收入600万元，与其他银行之间的往来业务取得收入60万元，吸收存款1 000万元，取得理财手续费收入80万元，取得出纳长款收入4万元，则该银行第二季度应纳营业税额为(　　)万元。

A. 22.34　　B. 34　　C. 37　　D. 84

4. 下列业务中，应按照规定征收营业税的有(　　)。

A. 服装加工业务　　B. 车船修理业务

C. 房屋修缮业务　　D. 职工为本单位提供的劳务

5. 纳税人提供应税劳务、转让无形资产或销售不动产价格明显偏低而无正当理由的，主管税务机关可以按照顺序核定组成计税价格，公式为(　　)。

A. 营业成本或工程成本×(1＋成本利润率)÷(1＋营业税税率)

B. 营业成本或工程成本×(1＋成本利润率)÷(1－营业税税率)

C. 营业成本或工程成本÷(1－营业税税率)

D. 营业成本或工程成本÷(1＋营业税税率)

6. 某广告代理公司2009年8月向客户收取广告费500万元，其中支付给电视台广告发布费80万元，发生广告制作费35万元，发生广告设计费28万元。该广告公司8月份应纳营业税税额(　　)万元。

A. 17.85　　B. 19.25　　C. 21　　D. 25

7. 单位将不动产无偿赠送他人，其纳税义务发生时间为(　　)。

A. 将不动产交付对方的当天　　B. 不动产所有权转移的当天

C. 签订不动产赠与合同的当天　　D. 承受不动产缴纳契税的当天

8. 下列各行业中(　　)不按3%的税率缴纳营业税。

A. 交通运输业　　B. 建筑业　　C. 文化体育业　　D. 娱乐业

9. 某旅游公司组织100人到北京旅游，每人收取旅游费5 000元，由公司支付每人长城景点费100元，租车费100元，故宫门票费60元，其他住宿、餐饮费用1 000元，则旅游公司应纳营业税为(　　)元。

A. 18 700　　B. 25 000　　C. 23 700　　D. 20 000

10. 2009年9月，某运输企业取得客运收入100万元、补票收入4万元、补收旅客携带品超重运费收入2万元；取得货运收入80万元、装卸费3万元、建设基金8万元；本月发生营运成本56万元。2009年9月该企业应纳营业税(　　)万元。

A. 4.97　　B. 5.52　　C. 5.75　　D. 5.91

11. 某运输公司3月份取得运营收入400万元，另取得联运收入200万元，其中支付给其他的承运单位承运费100万元，已知交通运输业适用营业税税率为3%。该公司当月应缴纳的营业税税额为(　　)万元。

A. 3　　B. 12　　C. 15　　D. 18

12. 根据营业税法律制度的规定，下列各项业务中按照"服务业"税目征税的是(　　)。

A. 武术比赛　　B. 文学讲座　　C. 体育比赛　　D. 广告播映

13. 下列应由纳税人向其机构所在地主管税务机关申报缴纳营业税的是(　　)。

A. 销售不动产　　B. 建筑业应税劳务

C. 经营运输业务　　D. 转让土地使用权

14. 某卡拉OK歌舞厅，本月门票收入50万元，台位费收入20万元，相关烟、酒、饮料收入18万元，零点小食品5万元，点歌收入5万，该歌舞厅本月应纳营业税为(　　)。

A. 14.55万元　　B. 15.15万元　　C. 18.6万元　　D. 19.6万元

15. 下列各项中，不属于营业税征税范围的是(　　)。

A. 将土地使用权转让给农业生产者　　B. 保险公司取得的储金收入

C. 银行销售金银的业务　　D. 个人转让著作权

二、多项选择题

1. 营业税纳税人取得的下列各项收入中，能作为营业税计税依据的有(　　)。

A. 物业服务公司代收电费取得手续费收入

B. 金融机构实际收到的罚息收入

C. 保险企业取得的追偿款收入

D. 拍卖行受托拍卖文物取得的手续费收入

2. 下列为营业税税率的有(　　)。

A. 3%　　B. 5%　　C. 10%　　D. 20%

3. 下列按3%的税率征收营业税的项目有(　　)。

A. 装卸搬运　　B. 邮政储蓄

C. 建筑物装饰　　D. 个人出租住房

4. 下列按5%税率征收营业税的项目有(　　)。

A. 建筑工程承包收入　　B. 游艺厅游艺项目收入

C. 银行办理支票业务收费　　D. 税务咨询收入

5. 下列混合销售行为中应征营业税的有(　　)。

A. 运输公司卖货并负责运输收入　　B. 商场买货并负责安装调试收入

C. 火车上销售食品饮料　　D. 宾馆提供的点心等小吃

6. 根据营业税法律制度的规定，下列各项中应缴纳营业税的是(　　)。

A. 银行销售金银

B. 邮政部门销售集邮商品

C. 房地产公司销售商品房

D. 经中央人民银行批准的融资租赁公司出租设备

7. 营业税的纳税期限是(　　)。

A. 保险业为1个月　　B. 金融业为1个月

C. 保险业为1个季度　　D. 金融业为1个季度

8. 根据营业税法律制度的规定，下列关于营业税纳税义务发生时间的表述中，正确的是(　　)。

A. 纳税人销售不动产采取预收款方式的，其纳税义务发生时间为收到预收款的当天

B. 纳税人提供建筑业劳务采取预收款的，其纳税义务发生时间为收到预收款的当天

C. 纳税人将不动产无偿赠送其他单位，纳税义务发生时间为不动产所有权转移当天

D. 纳税人自己新建建筑物后销售的，其纳税义务发生时间为建筑物使用权转移当天

9. 根据营业税法律制度的规定，下列各项中，不属于营业税征收范围的是(　　)。

A. 银行销售金银业务

B. 境内企业转让境外房地产

C. 组织旅客跨境旅游

D. 境外企业将无形资产转让给境内企业使用

10. 下列各项收入中，可以免征、不征营业税的是(　　)。

A. 个人转让著作权

B. 金融机构的出纳长款收入

C. 将土地使用权转让给农业生产者使用

D. 咨询公司的技术咨询收入

11. 下列对扣缴义务人的表述中，正确的有(　　)。

A. 境外单位在境内提供运输业务而在境内设有经营机构，以代理人为扣缴义务人

B. 委托金融机构发放贷款，以委托发放贷款的金融机构为扣缴义务人

C. 建筑业实行分包工程的，以总承包人为扣缴义务人

D. 单位和个人进行演出由他人售票的，以售票者为扣缴义务人

12. 下列经营活动应按照“文化体育业”征收营业税的有(　　)。

A. 电台播音　　B. 电视台播映广告

C. 时装表演　　D. 举办艺术讲座

13. 下列行为中，应纳营业税的是(　　)。

A. 在中国境内销售中国境外的不动产

B. 在中国境内销售中国境内的不动产

C. 在中国境外销售中国境外的不动产

D. 在中国境外销售中国境内的不动产

14. 下列行为中，应缴纳营业税的是(　　)。

A. 桥梁大修　　B. 厂家销售空调并安装

C. 自建自用建筑物　　D. 自建自售建筑物

三、判断题

1. 某纳税人销售不动产，1月份收取预收款，5月份收取其余价款，所以5月份为纳税义务发生时间，应在5月份计算缴纳营业税。(　　)

2. 单位派出本单位员工赴境外，为境外企业提供劳务服务应缴纳营业税。(　　)

3. 某企业转让一间旧车间，所以不征收营业税。(　　)

4. 在我国境内提供各种劳务的收入，均应缴纳营业税。(　　)

5. 从事运输业务的纳税人，发生销售货物并负责运输所售货物的混合销售行为，应缴纳营业税。(　　)

6. 对个人按照市场价格出租的居民住房，暂减按3%的税率征收营业税。(　　)

四、计算题

1. 某公司是一家从事运输业务并兼营建筑安装业务的企业，2011年2月发生下列经济业务：

(1)本月提供运输劳务取得的收入共计600万元。

(2)承建工程取得收入共计200万元，其中工程所用原材料100万元，施工费用40万元，设备及其他物资30万元，动力付款30万元；安装工程作业取得产值80万元，其中安装费20万元，安装设备价款60万元。

(3)自行建造办公大楼一栋已竣工并投入使用，总价值800万元，其中自用部分价值500万元，对外销售部分200万元。新办公大楼建造成本650万元，其中，对外销售部分办公大楼的建造成本，经评估为150万元，成本利润率为10%。

(4)转让一项专利权，账面价值为40万元，售价50万元。

要求：计算该公司应缴纳的营业税税额。

2. 某建筑公司2011年3月承包一项建筑工程，工程总承包额为8 500万元。该建筑公司将工程中的装饰工程分包给某装饰公司，分包价款为1 500万元；又将工程中设备安装工程分包给另一设备安装公司，分包价款为1 000万元；另外销售建筑材料100万元。工程完工后，收到建设单位的临时设施费6万元，劳动保护费8万元，材料差价款80万元(其中：支付给某装饰公司10万元，支付给设备安装公司20万元)，抢工费12万元，全优工程奖20万元(其中：支付给某装饰公司3万元，支付给设备安装公司5万元)，提前竣工奖15万元(其中：支付给某装饰公司2万元，支付给设备安装公司4万元)。

要求：计算该建筑公司承包此项工程应缴纳的营业税税额和代扣代缴的营业税税额。

3. 某旅游公司2011年3月开展旅游业务，共取得旅游收入300万元，其中替旅游者支付给其他单位的住宿费20万元、餐费15万元、交通费50万元、旅游景点门票费30万元、支付给其他接团旅游企业的旅游费60万元。

要求：计算该旅游公司2011年3月应缴纳的营业税税额。

4. 某工商银行2011年3月取得一般贷款利息收入500万元，其中：加息20万元、罚息15万元；有价证券卖出收入60万元，其买入价45万元；外汇卖出收入25万元，其买入价20万元；期货卖出收入80万元，其买入价65万元。

要求：计算该工商银行2011年3月应缴纳的营业税税额。

5. 某保险公司2011年3月取得初保业务收入120万元，支付给分保人保费收入40万元；取得保险追偿款40万元；支付无赔偿奖励8万元；开展储金业务，期初储金余额为400万元，期末储金余额为600万元，假设当期人民银行公布的1年期存款利率为4.5%。

要求：计算该保险公司2011年3月应缴纳的营业税税额。

6. 某娱乐服务公司2011年3月开展娱乐业务活动取得门票费收入10万元，

台位费收入 5 万元，点歌费收入 6 万元，烟酒、饮料销售收入 2 万元，茶水收入 0.5 万元，鲜花销售收入 0.3 万元，小吃销售收入 1.5 万元，保龄球、台球收入 2 万元，网吧收入 3 万元。

要求：计算该娱乐服务公司 2011 年 3 月应缴纳的营业税税额(核定的娱乐业税率为 15%)。

7. 某广告公司 2011 年 3 月取得广告收入 60 万元，材料费用 15 万元，工人制作费用 8 万元，水电及管理费用 5 万元，支付给某电视台的广告发布费用 12 万元，支付给某杂志社的广告发布费用 6 万元。

要求：计算该广告公司 2011 年 3 月应缴纳的营业税税额。

8. 某建筑公司 5 月发生下列业务：

(1)自建写字楼 2 栋，建筑安装成本 3 000 万元，成本利润率 20%，该公司将其中一栋自用，另一栋对外销售，取得收入 2 400 万元。

(2)销售现房取得收入 3 000 万元，预售房屋取得预售款 2 000 万元。

(3)非独立核算车队取得运输收入 200 万元，联运收入 300 万元，支付给其他单位运输费 150 万元，销售货物并负责运输取得收入 100 万元。

要求：计算该建筑公司应缴营业税税额并编制相关会计分录。

第五章　城市维护建设税与教育费附加账务处理

第一节　城市维护建设税及账务处理

城市维护建设税（以下简称城建税）是国家对缴纳增值税、消费税、营业税（以下简称“三税”）的单位和个人就其实际缴纳的“三税”税额为计税依据而征收的一种税。

一、城建税的基本要素

1. 纳税义务人

城建税的纳税义务人是缴纳“三税”的单位和个人，这些单位或个人只要缴纳了增值税、消费税、营业税中的任何一种税都必须同时缴纳城建税。

2. 税率

城建税实行地区差别比例税率。按照纳税人所在地的不同，税率分别规定为7％、5％、1％三个档次，具体适用范围是：

(1)纳税人所在地为市区的，税率为7％。

(2)纳税人所在地为县城、建制镇的，税率为5％。

(3)纳税人所在地不在市区、县城、建制镇的，税率为1％。

以下情况可以按照纳税人缴纳“三税”所在地的规定税率就地缴纳城市维护建设税：一是由受托方代收代缴、代扣代缴“三税”的单位和个人，其代收代缴、代扣代缴的城建税按照受托方所在地适用税率执行；二是流动经营等无固定纳税地点的单位和个人，在经营地缴纳“三税”的，其城建税按照经营地适用税率执行。

二、城建税应纳税额的计算

1. 计税依据

城建税的计税依据是纳税人实际缴纳的增值税、消费税、营业税税额，不包括加收的滞纳金和罚款，但纳税人在被查补“三税”和被处以罚款时，应同时对其偷漏的城建税进行补税、征收滞纳金和罚款。

对出口产品退还增值税、消费税的，不退还已缴纳的城建税。企业出口采用增值税免抵退办法的，当期免抵的增值税税额应纳入城建税和教育费附加的计征范围，分别按照规定的税(费)率征收城建税和教育费附加。

2. 应纳税额的计算

城建税应纳税额按照以下公式计算：

$$\text{城建税应纳税额}=\left(\begin{matrix}\text{实际缴纳的}\\\text{增值税额}\end{matrix}+\begin{matrix}\text{实际缴纳的}\\\text{消费税额}\end{matrix}+\begin{matrix}\text{实际缴纳的}\\\text{营业税额}\end{matrix}\right)\times\text{适用税率}$$

【例 5-1】某企业设在市区，2010 年 10 月缴纳增值税 100 万元、消费税 15 万元，补缴上月应纳消费税 5 万元。另外，因违反税法规定被加收滞纳金和被处以罚款合计 10 万元。计算该企业本月应纳城建税税额。

【解析】应纳城建税税额＝(100＋15＋5) ×7%＝8.4(万元)

三、城建税的税收优惠与征收管理

1. 税收优惠

城建税以“三税”为计税依据，并与“三税”同时征收。这样对纳税人减免“三税”时相应的也减免了城建税。因此，城建税原则上不单独规定减免税。但是，针对一些特殊情况还是作出了一些特殊税收优惠规定：

(1)海关对进口产品代征增值税、消费税的，不征收城建税。

(2)对出口产品退还增值税、消费税的，不退还已缴纳的城建税。

(3)对因减免税而需要进行“三税”退库的，城建税也可以同时退库。

(4)对“三税”实行先征后返、先征后退、即征即退办法的，除另有规定外，对随“三税”附征的城建税和教育费附加，一律不予退(返)还。

2. 纳税环节

城建税的纳税环节实际就是纳税人缴纳“三税”的环节。纳税人只要发生“三税”的纳税义务，就要在同样的环节，分别计算缴纳城建税。

3. 纳税地点

城建税以纳税人实际缴纳的增值税、消费税、营业税税额为计税依据，分别与“三税”同时缴纳。所以，纳税人缴纳“三税”的地点就是该纳税人缴纳城建税的地点。但是代扣代缴、代收代缴“三税”的单位和个人同时也是城建税的代扣代缴、代收代缴义务人，其城建税的纳税地点在代收代扣地。

由于增值税、消费税由国家税务局征收，而城建税由地方税务局征收，因此，城建税的缴税入库时间与“三税”不一定完全一致。

4. 纳税期限

由于城建税是由纳税人在缴纳“三税”时同时缴纳的，所以其纳税期限分别与“三税”的纳税期限一致。

四、城建税纳税申报及账务处理

1. 纳税申报

城建税由地方税务机关征收，纳税人应按期申报纳税，并如实填写《城市维护建设税纳税申报表》。

【例 5-2】地处某县城的利华有限责任公司纳税人识别号为 458255762247229，2010 年 6 月实际缴纳增值税 40 万元、消费税 34 万元、营业税 5 万元，计算该企业本月应纳城建税税额并填制《城建税纳税申报表》(参见表 5-1)。

【解析】应纳城建税税额＝(40＋34＋5) ×5%＝3.95(万元)。

表 5-1 城市维护建设税纳税申报表

填表日期：2010 年 8 月 5 日

纳税人识别号：458255762247229　　单位：元

单位名称	利华有限责任公司		税款所属时期	2010 年 7 月 1 日至 2010 年 7 月 31 日	
计税依据	计税金额	税率	应纳税额	已纳税额	应补(退)税额
1	2	3	4＝2×3	5	6
增值税	400 000.00	5%	20 000.00	0.00	20 000.00
消费税	340 000.00	5%	17 000.00	0.00	17 000.00
营业税	50 000.00	5%	2 500.00	0.00	2 500.00
合计	790 000.00		39 500.00	0.00	39 500.00
如纳税人填报，由纳税人填写以下各栏			如委托代理人填写，由代理人填写以下各栏		
会计主管：(签章)	纳税人(公章)		代理人名称		代理人(签章)
			代理人地址		
			经办人	电话	

2. 账务处理

企业缴纳的城建税，计算时借记“营业税金及附加”科目，贷记“应交税费——应交城市维护建设税”科目；在实际缴纳城建税时，借记“应交税费——应交城市维护建设税”科目，贷记“银行存款”科目。

【例 5-2】中利华有限责任公司在计算与缴纳城建税时的账务处理如下：

(1)计算应缴纳的城建税时

借：营业税金及附加　　　　　　　　　　39 500

　贷：应交税费——应交城市维护建设税　　　　39 500

(2)企业实际缴纳城建税时

借：应交税费——应交城市维护建设税　　39 500

　贷：银行存款　　　　　　　　　　　　　　　39 500

第二节　教育费附加及账务处理

教育费附加是对缴纳“三税”的单位和个人就其实际缴纳的“三税”税额为计算依据征收的一种附加费。

一、教育费附加的基本规定

1. 教育费附加的征收范围及计税依据

教育费附加对缴纳“三税”的单位和个人征收，并以其实际缴纳的“三税”税额为计税依据，分别与“三税”同时缴纳。

2. 教育费附加的计征比率

现行教育费附加征收比率为 3%。

3. 教育费附加的减免规定

(1)对海关进口的产品征收的增值税、消费税，不征收教育费附加。

(2)对由于减免增值税、消费税和营业税而发生退税的，可同时退还已征收的教育费附加，但对出口产品退还增值税、消费税的，不退还已征的教育费附加。

4. 教育费附加的计算

应纳教育费附加按照以下公式计算：

应纳教育费附加＝实缴增值税、消费税、营业税之和×征收比率

【例 5-3】某城市一企业为增值税一般纳税人，其下设的各部门会计核算实行

分账处理，本月销售部门实现销售收入（不含税）1 000 万元，当期可抵扣的进项税额为 100 万元；娱乐部门实现收入 200 万元（税率 20%）；运输部门实现收入 43.4 万元（税率 3%），其中 23.4 万元为销售部门销售商品价外收取的运输费用。计算该企业应纳城建税税额和教育费附加。

【解析】该企业应纳增值税税额＝[1 000＋23.4/(1＋17%)]×17%－100＝73.4（万元）

应纳营业税税额＝200×20%＋(43.4－23.4)×3%＝40.6（万元）

应纳城建税税额＝(73.4＋40.6)×7%＝7.98（万元）

应纳教育费附加＝(73.4＋40.6)×3%＝3.42（万元）

5. 征收管理

教育费附加的缴纳地点和缴纳期限等征收管理规定与城市维护建设税相同。

二、教育费附加的申报与账务处理

1. 教育费附加的申报

教育费附加与城建税的性质相同，纳税人应在申报城建税的同时申报教育费附加，并如实填写《教育费附加的申报表》。

【例 5-2】中利华有限责任公司应纳教育费附加＝(40＋34＋5)×3%＝2.37（万元）。《教育费附加申报表》参见表 5-2。

表 5-2 教育费附加申报表

填表日期：2010 年 8 月 5 日

纳税人识别号：458255762247229

单位：元

<table>
<tr><td>单位名称</td><td>利华有限责任公司</td><td colspan="2">税款所属时期</td><td colspan="2">2010 年 7 月 1 日至 2010 年 7 月 31 日</td></tr>
<tr><td>计税依据</td><td>计税金额</td><td>税率</td><td>应纳税额</td><td>已纳税额</td><td>应补(退)税额</td></tr>
<tr><td>1</td><td>2</td><td>3</td><td>4＝2×3</td><td>5</td><td>6</td></tr>
<tr><td>增值税</td><td>400 000.00</td><td>3%</td><td>12 000.00</td><td>0.00</td><td>12 000.00</td></tr>
<tr><td>消费税</td><td>340 000.00</td><td>3%</td><td>10 200.00</td><td>0.00</td><td>10 200.00</td></tr>
<tr><td>营业税</td><td>50 000.00</td><td>3%</td><td>1 500.00</td><td>0.00</td><td>1 500.00</td></tr>
<tr><td></td><td></td><td></td><td></td><td></td><td></td></tr>
<tr><td>合计</td><td>790 000.00</td><td></td><td>23 700.00</td><td>0.00</td><td>23 700.00</td></tr>
<tr><td colspan="3">如纳税人填报，由纳税人填写以下各栏</td><td colspan="3">如委托代理人填写，由代理人填写以下各栏</td></tr>
<tr><td rowspan="3">会计主管：(签章)</td><td rowspan="3" colspan="2">纳税人(公章)</td><td>代理人名称</td><td></td><td rowspan="2">代理人(签章)</td></tr>
<tr><td>代理人地址</td><td></td></tr>
<tr><td>经办人</td><td>电话</td><td></td></tr>
<tr><td colspan="6">以下由税务机关填写</td></tr>
<tr><td>由到申报表日期</td><td colspan="2"></td><td>接收人</td><td colspan="2"></td></tr>
</table>

2. 教育费附加的账务处理

企业缴纳的教育费附加，计算时借记“营业税金及附加”科目，贷记“应交税费——应交教育费附加”科目；在实际缴纳时，借记“应交税费——应交教育费附加”科目，贷记“银行存款”科目。

【例 5-2】中利华有限责任公司在计算与缴纳教育费附加时账务处理如下：

(1)计算应缴纳教育费附加时

借：营业税金及附加　　23 700

　贷：应交税费——应交教育费附加　　23 700

(2)企业实际缴纳教育费附加时

借：应交税费——应交教育费附加　　23 700

　贷：银行存款　　23 700

强化训练题

一、单项选择题

1. 某城市内资企业本月实缴的增值税为 15 万元，营业税为 1 万元，后经税务机关检查，其所缴营业税属免税项目予以退税，其当月应纳城建税为(　　)万元。

A. 0.75　　B. 0.8　　C. 1.05　　D. 1.12

2. 某县城一运输公司 2010 年取得货物运输收入 180 万元、装卸劳务收入 20 万元，该公司 2010 年缴纳的城建税为(　　)万元。

A. 0.18　　B. 0.29　　C. 0.25　　D. 0.30

3. 某企业位于县城，2010 年 1 月拖欠营业税 50 万元，经查出后补交了拖欠的营业税，同时加罚滞纳金和罚款合计 10 万，该企业应纳城建税(　　)万元。

A. 0.4　　B. 2.5　　C. 2.1　　D. 2.9

二、多项选择题

1. 下列项目中，不能作为城建税和教育费附加计税依据的是(　　)。

A. 纳税人缴纳的增值税滞纳金

B. 纳税人拖欠的营业税

C. 纳税人少缴消费税被行政处罚的罚款

D. 纳税人补缴的营业税

2. 下列关于城建税的说法正确的是(　　)。

A. 以销售货物的全部价款和价外费用为计税依据

B. 城建税属价内税

C. 进口货物不征城建税

D. 出口货物不退城建税

3. 城建税是国家对于缴纳(　　　)的单位和个人就其实际缴纳的税额为计税依据而征收的一种税。

A. 增值税　　B. 关税　　C. 消费税　　D. 营业税

4. 下列各项中，符合城建税规定的有(　　)。

A. 只要缴纳“三税”，就要缴纳城建税

B. 因减免“三税”而退库的，相应的城建税可以同时退还

C. 对出口产品退还增值税、消费税，不退还城建税

D. 海关对进口货物征收增值税、消费税，不征收城建税

5. 城建税和教育附加税率有(　　)。

A. 7%、3%　　B. 5%、3%　　C. 3%、3%　　D. 1%、3%

三、判断题

1. 某县一企业委托市内一家日化厂加工化妆品，则日化厂代收消费税的同时应按照5%的税率代收城建税。(　　)

2. 某供货企业向市外贸公司销售出口产品，应该以增值税的销项税额抵扣进项税额后的余额计算缴纳城建税。(　　)

3. 对纳税人未按照规定期限缴纳教育费附加的，应按照其滞纳天数，按日加收0.5‰的滞纳金。(　　)

第六章　关税法与账务处理

第一节　关税的基本要素

关税是海关依法对进出我国关境的货物、物品征收的一种税。所谓"境"，是指关境，又称"海关境域"或"关税领域"，是《中华人民共和国海关法》全面实施的领域。香港地区和澳门地区保持自由港地位，为我国单独的关税地区，即单独关境区，不完全适用我国海关法律、法规或实施单独海关管理制度。

一、征税对象及纳税义务人

(一)征税对象

关税的征税对象是准许进出境的货物和物品。货物是指贸易性商品。物品是指入境旅客随身携带的行李物品、个人邮递物品、各种运输工具上的服务人员携带进口的自用物品、馈赠物品以及其他方式进境的个人物品。

(二)纳税义务人

进口货物的收货人、出口货物的发货人、进出境物品的所有人是关税的纳税义务人。一般情况下，对于携带进境的物品，推定其携带人为所有人；对分离运输的行李，推定相应的进出境旅客为所有人；对以邮递方式进境的物品，推定其收件人为所有人；以邮递或其他运输方式出境的物品，推定其寄件人或托运人为所有人。

二、关税的税目与税率

(一)关税的税目

关税的税目和税率由《中华人民共和国海关进出口税则》(以下简称《海关进出口税则》)规定。《海关进出口税则》是根据世界海关组织发布的《商品名称及编码协调制度》而制定。《海关进出口税则》中的商品分类目录由类、章、项目、一级子目和二级子目五个等级、八位数码组成。按照税则归类总规则及其归类方法，每一种商品都能找到一个适合的对应税目。

(二)关税的税率

关税税率为差别比例税率，分为进口关税税率、出口关税税率和特别关税三种。

1. 进口关税税率

(1)税率设置

我国进口税则设有最惠国税率、协定税率、特惠税率、普通税率共四栏税率。适用最惠国税率、协定税率、特惠税率的国家或者地区名单，由国务院关税税则委员会决定。

(2)税率的适用

不同税率的运用是以进口货物的原产地为标准的，对产自不同国家或地区的进口货物适用不同的关税税率。我国原产地规定基本上采用了“全部产地生产标准”和“实质性加工标准”两种国际上通用的原产地标准。

①全部产地生产标准

全部产地生产标准是指进口货物“完全在一个国家内生产或制造”，生产或制造国即为该货物的原产国。

②实质性加工标准

实质性加工标准是适用于确定有两个或两个以上国家参与生产的产品的原产国的标准，其基本含义是：经过几个国家加工、制造的进口货物，以最后一个对货物进行经济上可以视为实质性加工的国家作为有关货物的原产国。“实质性加工”是指产品加工后，在进出口税则中四位数税号一级的税则归类已经有了改变，或者加工增值部分所占新产品总值的比例已超过30%及以上的。

(3)税率计征办法

我国除对部分产品实行从量税、复合税和滑准税以外，对大多数进口商品基本上都实行从价税，即以进口货物的完税价格作为计税的依据，以应征税额占货物完税价格的百分比作为税率。

2. 出口关税税率

我国出口税则为一栏税率，即出口税率。我国真正征收出口关税的商品只有20种，税率也较低。

3. 特别关税

特别关税是为了应对个别国家对我国出口货物的歧视，对进口原产于我国的货物征收歧视性关税或者给予其他歧视性待遇，海关可以对原产于该国或者地区的进口货物征收特别关税。特别关税包括报复性关税、反倾销税与反补贴税、保障性关税三种。

(1)报复性关税

报复性关税是指对违反与我国签订或者共同参加的贸易协定及相关协定，对我国在贸易方面采取禁止、限制、加征关税或者其他影响正常贸易的国家或地区所采取的一种进口附加税。

(2)反倾销税与反补贴税

反倾销税与反补贴税是指进口国海关对外国的倾销货物，在征收关税的同时附加征收的一种特别关税，其目的是在于抵消他国的补贴。

(3)保障性关税

保障性关税是指当某类货物进口量剧增，给我国相关产业带来巨大威胁或损害时，按照 WTO 有关规则采取的一般保障措施，主要是采取提高关税的形式。

征收特别关税的货物、适用国别、税率、期限和征收办法，由国务院关税税则委员会决定，海关总署负责实施。

(三)税率的运用

(1)进出口货物，应当适用海关接受该货物申报进口或者出口之日实施的税率征税。

(2)进口货物到达前，经海关核准先行申报的，应当适用装载该货物的运输工具申报进境之日实施的税率征税。

(3)有下列情形之一，需缴纳税款的，应当适用海关接受申报办理纳税手续之日实施的税率征税：①保税货物经批准不复运出境的；②减免税货物经批准转让或者移作他用的；③暂准进境货物经批准不复运出境，以及暂准出境货物经批准不复运进境的；④租赁进口货物，分期缴纳税款的。

(4)进出口货物补征和退还进出口货物关税，适用于该进出口货物原申报进口或者出口之日实施的税率。但下列情况除外：①按照特定减免税办法批准予以减免税的进口货物，后因情况改变经海关批准转让或出售或移作他用需予补税的，应当适用于海关接受申报办理纳税手续之日实施的税率征税；②加工贸易进口料、件等属于保税性质的进口货物，如经批准转为内销，应按照向海关申报转为内销之日实施的税率征税；如未经批准擅自转为内销的，则按照海关查获日期所施行的税率征税；③暂时进口货物转为正式进口需补税时，应按照申报正式进口之日实施的税率征税；④分期支付租金的租赁进口货物，分期付税时，应按照纳税人再次填写报关单申报纳税及有关手续之日实施的税率征税。

(5)因纳税义务人违反规定需要追征税款的，应当适用该行为发生之日实施的税率征税；行为发生之日不能确定的，适用海关发现该行为之日实施的税率征税。

第二节　关税完税价格确定

进出口货物的完税价格，由海关以该货物的成交价格为基础审查确定。成交价格不能确定时，完税价格由海关依法估定。

一、进口货物的完税价格

(一)以成交价格为基础的完税价格

进口货物的完税价格包括货物的货价、货物运抵我国境内输入地点起卸前的运输及其相关费用、保险费。

1. 应当计入完税价格的项目

(1)由买方负担的除购货佣金以外的佣金和经纪费。购货佣金是指买方为购买进口货物向自己的采购代理人支付的劳务费用。经纪费是指买方为购买进口货物向代表买卖双方权益的经纪人支付的劳务费用。

(2)由买方负担的与该货物视为一体的容器费用。

(3)由买方负担的包装材料和包装劳务费用。

(4)作为卖方向我国销售该货物的一项条件，应当由买方直接支付或者间接支付的特许权使用费。如受著作权保护的作品、专利、商标、专有技术和其他权利的使用许可而支付的费用。

(5)与该货物的生产和向我国境内销售有关的，由买方以免费或者以低于成本的方式提供并可以按适当比例分摊的料件、工具、模具、消耗材料及类似货物的价款，以及在境外开发、设计等相关服务的费用。

(6)卖方直接或间接从买方获得的该货物进口后转售、处置或者使用的收益。

进口货物的成交价格经海关审查未能确定的，海关应当依次以相同货物成交价格方法、类似货物成交价格方法、倒扣价格方法、计算价格方法及其他合理方法确定的价格为基础，估定完税价格。

2. 不能计入完税价格的项目

(1)厂房、机械、设备等货物进口后的基建、安装、装配、维修和技术服务的费用。

(2)货物运抵境内输入地点之后的运输费用。

(3)进口关税及其他国内税收。

(二)特殊进口货物完税价格的确定

(1)加工贸易进口料件及其制成品需征税或内销补税的，海关按照一般进口货物的完税价格规定，审定完税价格。

(2)从保税区或出口加工区销往区外、从保税仓库出库内销的进口货物(加工贸易进口料件及其制成品除外)，以海关审定的价格估定完税价格。

(3)运往境外修理的货物，出境时已向海关报明，并在海关规定期限内复运进境的，应当以海关审定的境外修理费和料件费估定完税价格。

(4)运往境外加工的货物，出境时已向海关报明，并在海关规定期限内复运进境的，应当以海关审定的境外加工费和料件费，以及该货物复运进境的运输及其相关费用、保险费估定完税价格。

(5)对于经海关批准的暂时进境的货物，应当按照一般进口货物估价办法的规定，估定完税价格。

(6)租赁方式进口的货物中，以租金方式对外支付的租赁货物，在租赁期间以海关审定的租金作为完税价格；留购的租赁货物，以海关审定的留购价格作为完税价格。

(7)境内留购的进口货样、展览品和广告陈列品，以海关审定的留购价格作为完税价格。

(8)减税或免税进口的货物需予补税时，应当以海关审定的该货物原进口时的价格，扣除折旧部分价值作为完税价格，其计算公式如下：

完税价格＝海关审定的该货物原进口时的价格×[(1－申请补税时实际已使

用的时间÷监管年限×12)]

(9)以易货贸易、寄售、捐赠、赠送等其他方式进口的货物，应当按照一般进口货物估价办法的规定，估定完税价格。

【例 6-1】4 月 25 日某汽车制造厂从美国进口一台检测设备，成交价格为 100 万元(其中包括购货佣金 8 万元、设备进口后的安装调试费用 12 万元)，该设备运抵我国海关前的运输费、保险费为 20 万元。该检测设备从海关运抵汽车制造厂的运费 10 万元，取得运输企业开具的普通发票。计算关税完税价格。

【解析】(1)购货佣金 8 万元、设备进口后的安装调试费用 12 万元，不能计入完税价格，应当从 100 万元的总成交价中扣除；

(2)该检测设备运抵我国海关前的运输费、保险费 20 万元应计入关税完税价格；

(3)从海关运抵该汽车制造厂的运费 50 万元，不能计入关税完税价格。

关税完税价格＝100－8－12＋20＝100(万元)

二、出口货物的完税价格

出口货物的完税价格，由海关以该货物向境外销售的成交价格为基础审查确定，并应包括货物运至我国境内输出地点装载前的运输及其相关费用、保险费，但其中包含的出口关税税额应当扣除。

出口货物的成交价格是指该货物出口销售到我国境外时买方向卖方实付或应付的价格。出口货物的成交价格中含有支付给境外的佣金的，如果单独列明，应当扣除。

第三节　关税应纳税额的计算

1. 从价税应纳关税税额的计算

从价税是以进(出)口货物的完税价格为计税依据的一种关税计征方法。我国目前进口商品基本上都实行从价税，只有少部分列明进口商品实行从量税、复合税和滑准税。从价税应纳关税税额的计算公式为：

关税税额＝应税进(出)口货物数量×单位完税价格×适用税率

【例 6-2】某进出口公司进口摩托车 1 000 辆，经海关审定的货价为 180 万美元。另外，运抵我国关境内输入地点起卸包装费 10 万美元，运输费 8 万美元，保险费2万美元。假设人民币汇价为1美元＝7.81元人民币；该批摩托车进口关税税率为23%。计算进口该批摩托车应纳关税税额及其他进口环节相关税金。

【解析】该批摩托车的完税价格＝180＋10＋8＋2＝200(万元)

应纳关税税额＝200×7.81×23%＝359.26(万元)

进口消费税税额＝(200×7.81＋359.26)/(1－10%)×10%＝213.47(万元)

进口增值税税额＝(200×7.81＋359.26)/(1－10%)×17%＝362.9(万元)

2. 从量税应纳关税税额的计算

从量税是以进(出)口货物的重量、长度、容量、面积等计量单位为计税依据的一种关税计征方法。我国目前对原油、部分鸡产品、啤酒和胶卷进口计征从量税。从量税应纳关税税额的计算公式为：

关税税额＝应税进(出)口货物数量×单位货物税额

3. 复合税应纳关税税额的计算

复合税是对进(出)口货物同时使用从价和从量计征方法。我国目前对录像机、放像机、数字照相机和摄录一体机实行复合税。复合税应纳关税税额的计算公式为：

关税税额＝进(出)口货物数量×单位货物税额＋进(出)口货物完税价格×税率

4. 滑准税应纳关税税额的计算

滑准税是指关税的税率随着进口货物价格的变动而反向变动的一种税率形式，即价格越高，税率越低，税率为比例税率，其实际上是一种特殊的比例税率，因此滑准税应纳关税税额的计算方法与从价税应纳关税税额的计算方法相同。

第四节 关税的减免及征收管理

一、关税减免

(一)法定减免税

法定减免税是税法中明确列出的减税或免税。符合税法规定可予减免税的进出口货物，纳税义务人无需提出申请，海关可按照规定直接予以减免税。主要减免关税项目如下：

(1)关税税额在人民币10元以下的一票货物，可免征关税。

(2)无商业价值的广告品和货样，可免征关税。

(3)外国政府、国际组织无偿赠送的物资可予免税。

(4)进出境运输工具装载的途中必需的燃料、物料和饮食用品可予免税。

(5)经海关核准暂时进境或者暂时出境，并在6个月内复运出境或者复运进境的货样、展览品、施工机械、工程车辆、工程船舶、供安装设备时使用的仪器和工具、电视或者电影摄制器械、盛装货物的容器以及剧团服装道具，在货物收发货人向海关缴纳相当于税款的保证金或者提供担保后，可予暂时免税。

(6)为境外厂商加工、装配成品和为制造外销产品而进口的原材料、辅料、零件、部件、配套件和包装物料，海关按照实际加工出口的成品数量免征进口关税；或者对进口料、件先征进口关税，再按照实际加工出口的成品数量予以退税。

(7)因故退还的中国出口货物，经海关审查属实，可予免征进口关税，但已征收的出口关税不予退还。

(8)因故退还的境外进口货物，经海关审查属实，可予免征出口关税已征收的进口关税不予退还。

(二)特定减免税

特定减免税也称政策性减免税。我国目前对下列项目实行减免关税。

(1)科教用品。对科学研究机构和学校，不以盈利为目的，在合理数量范围内进口国内不能生产的科学研究和教学用品，直接用于科学研究或者教学的，免征进口关税和进口环节增值税、消费税。

(2)残疾人专用品。

(3)扶贫、慈善性捐赠物资。

(4)加工贸易产品，具体包括加工装配、补偿贸易和进料加工。

二、关税征收管理

进口货物自运输工具申报进境之日起14日内，出口货物在货物运抵海关监管区后装货的24小时以前，应由进出口货物的纳税义务人向货物进(出)境地海关申报，海关根据税则归类和完税价格计算应缴纳的关税和进口环节代征税，并填发税款缴款书。纳税义务人应当自海关填发税款缴款书之日起15日内向指定银行缴纳税款。

纳税人因不可抗力或在国家税收政策调整的情况下，不能按期纳税的，经海关总署批准，可以延期缴纳税款，但最长不得超过6个月。

【例6-3】某中外合资化妆品生产企业为增值税一般纳税人，2010年5月从国外进口一批散装化妆品，支付给国外的货价120万元、运抵我国海关前的运杂费和保险费30万元，已验收入库；进口机器设备1套，支付给国外的货价35万元、运抵我国海关前的运杂费和保险费5万元，已验收入库(化妆品的进口关税税率为40%，机器设备的进口关税税率为20%)。计算进口散装化妆品、机器设备各应纳关税税额。

【解析】(1)进口散装化妆品应纳关税税额=(120+30)×40%=60(万元)

(2)进口机器设备应纳关税税额=(35+5)×20%=8(万元)

第五节　关税的账务处理

一、工业企业关税的会计处理

1. 进口关税的核算

工业企业通过外贸企业代理或直接从国外进口原材料、产品或设备，应支付的进口关税、国外运费、保险费和国内费用一并直接计入进口原材料产品或设备成本，借记"材料采购"、"固定资产"，贷记"银行存款"、"应付账款"等科目。

【例6-4】某工业企业从A国进口甲材料一批，经海关审定的货价折合人民币为800 000元，另外，运抵我国关境内输入地点起卸前的运输费4万元，起卸后的国内运输费0.5万元，保险费1万元，包装材料费1万元，经纪费2万元，假设进口关税税率为20%，材料已验收入库。代征增值税税率17%。款项以银行存款支付。该企业的账务处理如下：

(1)计算进口甲材料的关税税额、采购成本、增值税时

进口甲材料的关税税额=(800 000+40 000+10 000+10 000+20 000)×20%=176 000(元)

甲材料采购成本=800 000+40 000+10 000+10 000+20 000+5 000×(1-7%)+176 000=1 060 650(元)

海关代征的增值税税额=(880 000+176 000)×17%=179 520(元)

国内运输费应支付的进项税额=5 000×7%=350(元)

借：材料采购——甲材料　　1 060 650

应交税费——应交增值税(进项税额)　　179 870

　贷：银行存款　　1 240 520

(2)材料验收入库时

借：原材料——甲材料　　1 060 650

　贷：材料采购——甲材料　　1 060 650

2. 出口关税的核算

工业企业出口产品应缴纳的出口关税，支付时可直接借记“营业税金及附加”科目，贷记“银行存款”、“应付账款”等科目。

【例 6-5】某工厂向 W 国出口一批货物，经海关审定的货价折合人民币为 1 200 000元，假设该批货物出口关税税率为 20%，关税以转账支票付讫。该工厂的账务处理如下：

出口关税税额＝1 200 000÷(1＋20%)×20%＝200 000(元)

借：营业税金及附加　　200 000

　贷：银行存款　　200 000

二、外贸企业关税的会计处理

1. 自营进口业务关税的会计核算

外贸企业自营进口业务所计算缴纳的关税，借记“材料采购”科目，贷记“银行存款”、“应付账款”等科目。

【例 6-6】某外贸公司从法国自营进口乙材料一批，海关审定的完税价格折合人民币为 560 000 元，进口关税税率为 25%，代征增值税税率 17%，价税款以银行转账支票付讫税款。该外贸公司的账务处理如下：

计算结转进口乙材料的关税、增值税、采购成本时：

进口乙材料的关税税额＝560 000×25%＝140 000(元)

乙材料采购成本＝560 000＋140 000＝700 000(元)

海关代征增值税＝700 000×17%＝119 000(元)

借：材料采购——乙材料　　700 000

　　应交税费——应交增值税(进项税额)　　119 000

　贷：银行存款　　819 000

2. 自营出口业务

外贸企业自营出口业务所计算缴纳的关税，借记“营业税金及附加”科目，贷记“银行存款”、“应付账款”等科目。

【例 6-7】某外贸公司向美国自营出口商品一批，经海关审定的完税价格折合人民币为 1 800 000 元，出口关税税率为 20%，根据海关开出的完税凭证，以银行转账支票付讫税款。该外贸公司支付关税时的账务处理如下：

借：营业税金及附加　　360 000

　贷：银行存款　　360 000

3. 代理进(出)口业务关税的核算

外贸企业代理进(出)口业务，一般以收取手续费形式为委托方提供代理服务。代理进(出)口业务而计算应缴纳的关税均由委托单位负担，受托单位即使向海关缴纳了关税，也只是代垫或代付，日后仍要从委托方收回。在代理进(出)口业务中所计算出应缴纳的关税时，借记“应收账款”等科目，贷记“应交税费——应交进(出)口关税”科目；实际缴纳时，借记“应交税费——应交进(出)口关税”科目，贷记“银行存款”科目。

强化训练题

一、单项选择题

1. 下列项目中，不计入进口完税价格的有(　　)。

A. 货物价款

B. 由买方负担的包装材料和包装劳务费

C. 进口关税

D. 买方为进口货物向代表买卖双方利益的经纪人支付的劳务费用

2. 某企业 2007 年以 150 万元的价格进口了 1 台机器设备；2010 年 1 月因出现故障运往国外修理(出境时已向海关报明)，2010 年 5 月，按照海关规定的期限复运进境。经海关审定的境外修理费和料件费为 40 万元，进口关税税率为 6%，该设备复运进境时，应缴纳的进口关税为(　　)万元。

A. 3　　B. 2.4　　C. 9　　D. 12

3. 出口货物完税价格为(　　)。

A. 离岸价格÷(1－税率)

B. (离岸价格＋运输费＋保险费)÷(1＋出口税率)

C. 离岸价格

D. 离岸价格÷(1＋出口税率)

4. 进口货物的完税价格是指货物的(　　)。

A. 成交价格　　B. 到岸价格

C. 成交价格为基础的完税价格　　D. 到岸价格为基础的成交价格

5. 下列项目中，属于进口完税价格组成部分的有(　　)。

A. 进口人向境外采购代理人支付的佣金

B. 进口人向卖方支付的佣金

C. 进口设施的安装调试费用

D. 进口关税

二、多项选择题

1. 我国《海关进出口税则》规定的关税进口税率包括(　　)。

A. 最惠国税率　　B. 普通税率　　C. 特惠税率　　D. 协定税率

2. 根据关税法律制度的规定，下列各项中属于关税纳税人的有(　　)。

A. 进口货物的收货人　　B. 出口货物的发货人

C. 携带物品进境的入境人员　　D. 进境邮递物品的代理人

3. 以下属于关税的减免项目的有(　　)。

A. 关税税额在人民币 500 元以下的一票货物

B. 无商业价值的广告品和货样

C. 外国政府、国际组织无偿赠送的物资

D. 在海关放行前损失的货物

4. 进口货物的完税价格还包括以下费用(　　)。

A. 由买方负担的购货佣金以外的佣金和经纪费

B. 由买方负担的在审查确定完税价格时与该货物视为一体的容器的费用

C. 由买方负担的包装材料费用和包装劳务费用

D. 进口货物运抵境内输入地点起卸后的运输及其相关费用、保险费

三、判断题

1. 运往境外加工的货物，出境时向海关报明，并在海关规定期限内复运进境的，应当以加工后的货物进境时的到岸价格作为完税价格。(　　)

2. 转让出售减免进口关税的货物不必再补交关税。(　　)

3. 进口货物的收货人，出口货物的发货人，进境物品的所有人，为关税的纳税义务人。(　　)

4. 关税的征税对象为中华人民共和国准许进出口的货物，进境物品。(　　)

5. 因故退还的境外进口货物，经海关审查属实，可予免征出口关税，但已征收的进口关税不予退还。（　）

四、综合业务题

1. 宏图公司委托盛开进出口贸易公司代理进口设备一批，宏图公司预付3 500 000元。该批设备实际支付离岸价为320 000美元，海外运输费、包装费、保险费共计15 000美元(支付日、报送日市场汇价均为1∶6.54)，进口关税税率为20%，增值税税率为17%。

要求：计算盛开进出口贸易公司进口关税税额并进行有关会计处理(代理手续费为全部商品进价的10%)。

2. 红星公司从美国进口货物一批，货物以离岸价格成交，成交价折合人民币为1 410万元(包括单独计价并经海关审查属实的向境外采购代理人支付的买方佣金为10万元，但不包括因使用该货物而向境外支付的软件费50万元、给卖方支付的佣金15万元)，另支付货物运抵我国上海港的运费、保险费等35万元。该货物运用的关税税率为20%，增值税税率为17%，消费税率为10%。上述款项均以银行存款支付。

要求：分别计算该公司应纳关税、消费税和增值税税额，并作应纳关税的会计处理。

第七章　财产、行为税法及账务处理

第一节　房产税法及账务处理

一、房产税税收要素

房产税是以房产为征税对象，按照房产的计税价值或房产的租金收入，向房产所有人征收的一种财产税。

1. 纳税义务人

房产税以在征税范围内的房屋产权所有人为纳税义务人，具体包括：①房屋产权属于国家的，由经营管理单位缴纳，属于集体和个人所有的，由集体单位和个人缴纳；②产权出典的，由承典人缴纳；③产权所有人、承典人不在房屋所在地的，或者产权未确定及租典纠纷未解决的，由房产代管人或使用人纳税；④纳税单位和个人无租使用房产管理部门、免税单位及纳税单位的房产，应由使用人依照房产余值代为缴纳房产税。

2. 征税对象

房产税的征税对象是房产，与房屋不可分割的各种附属设备或一般不单独计算价值的配套设施也应作为房屋一并征税。

3. 征税范围

房产税的征税范围为城市、县城、建制镇和工矿区，不包括农村。

4. 税率

房产税采用的是比例税率。由于房产税的计税依据分为从价计征和从租计征两种形式，所以房产税的税率也有两种：一种是1.2%，适用于从价计征；一种是12%，适用于从租计征。另外，对个人出租住房用于居住取得的租金收入，减按4%的税率征收房产税。

二、应纳税额的计算

房产税以房产的计税价值或房产租金收入为计税依据。房产税的计税依据可分为从价计征和从租计征两种方式。

1. 从价计征

(1)计税依据

纳税人自有自用房产采用从价计征方式。从价计征是指按照房产计税价值计算征税。房产计税价值为房产原值一次减除10%~30%后的余值。

房产原值是指纳税人按照会计制度规定，在"固定资产"账中记载的房屋造价(或原价)。纳税人对原有房屋进行改建、扩建的，要相应的增加房屋原值，但易损件、经常更换的零配件，更新后不再计入原值中。

企业采用融资租赁方式取得的房屋，视同自有，以房产余值计算征收。

对于以房产投资联营，投资者参与投资利润分红，共担风险的，由被投资企业按照房产余值作为计税依据计征房产税。

(2)房产税年应纳税额＝应税房产原值×(1－扣除比例)×1.2%

【例7-1】企业的经营用房原值为1 000万元，按照当地规定允许减除30%后的余值计税，适用税率为1.2%。计算该企业应纳房产税税额。

【解析】应纳房产税税额＝1 000×(1－30%)×1.2%＝8.4(万元)

2. 从租计征

(1)计税依据

纳税人出租房产采用从租计征方式。从租计征是指按照房产租金为依据计算征税。房产租金收入是房屋产权所有人出租房产使用权所取得的报酬，包括货币收入和实物收入。

对以房产投资，收取固定收入，不承担联营风险的，应由出租方按照租金收入计缴房产税。

(2)房产税应纳税额＝租金收入×12%

【例7-2】某国有企业在其所在城市市区有房屋3幢，其中2幢用于本企业生产经营，2幢房产账面原值共为400万元，另外一幢房屋租给某私营企业，年租金收入20万元(当地政府规定允许按房产原值一次扣除30%)。计算该国有企业当年应纳房产税税额。

【解析】①用于生产经营的房产应纳房产税税额＝400×(1－30%)×1.2%＝3.36(万元)

②出租房产按照租金收入从租计算应纳房产税税额＝20×12%＝2.4(万元)

三、税收优惠和征收管理

(一)税收优惠

(1)国家机关、人民团体、军队自用的房产免征房产税。但是上述单位的出租房产以及非自身业务使用的生产、经营用房，不属于免税范围。

(2)由国家财政部门拨付事业经费的单位，其自身业务范围内使用的房产免税。

(3)宗教寺庙、公园、名胜古迹自用的房产免征房产税。

(4)个人所有非营业用的房产免征房产税。

(5)经财政部批准的其他免税房产。如因大修理连续停用半年以上的房产，高校后勤实体，老年服务机构，疾病控制机构和妇幼保健机构等卫生机构自用房产，地下人防设施以及在基建工地为基建服务的各种工棚等临时性房屋，向居民供热并向居民收取采暖费的供热企业暂免征收房产税。

(二)征收管理

1. 纳税义务发生时间

(1)纳税人将原有房产用于生产经营的，从生产经营之月起，缴纳房产税。

(2)纳税人自行新建房屋用于生产经营，从建成的次月起，缴纳房产税。

(3)纳税人委托施工单位建设的房屋，从办理验收手续的次月起，缴纳房产税。

(4)纳税人出租、出借房产，自交付出租、出借房产的次月起，缴纳房产税。

(5)纳税人购置存量房，自办理房屋权属转移、变更登记手续，房地产权属登记机关签发房屋权属证书的次月起，缴纳房产税。

(6)房地产开发企业自用、出租、出借本企业建造的商品房，自房屋使用或交付的次月起，缴纳房产税。

2. 纳税期限

房产税实行按年计算、分期缴纳的征收办法，具体纳税期限由各省、自治区、直辖市人民政府确定，一般按季度或半年征收一次。

3. 纳税地点

房产税在房产所在地缴纳。房产不在同一地方的纳税人，应按照房产的坐落地点分别向所在地的税务机关纳税。

四、纳税申报及会计账务处理

(一)房产税的纳税申报

企业应当在规定的时间将现有房屋的坐落地点、结构、面积、原值、出租收入等相关情况，据实向房产所在地税务机关办理纳税申报，并如实填制《房产税纳税申报表》。

【例 7-3】利华有限责任公司纳税识别号为 458255762247229，企业 2009 年年初生产用房原值 80 万元，均为砖混结构，面积为 1 000 平方米。2010 年 1 月 1 日，该企业将价值 10 万元的房产出租，每月取得租金收入 0.1 万元，已知当地政府规定的比例为 30%，每半年申报纳税一次。计算该企业 2010 年 1 月 1 日至 12 月 31 日应纳房产税税额并填制《房产税纳税申报表》。

【解析】(1) 出租房产从租计征应缴纳的房产税税额＝0.1×6×12%＝0.072(万元)

(2)自用从价计征应交的房产税税额＝(80－10)×(1－30%)×1.2%÷12×6＝0.294(万元)

《房产税纳税申报表》的填报参见表 7-1。

(二)房产税的账务处理

因为企业缴纳房产税的情况有生产经营自用房产和出租房产两种，因此相应的会计处理也有不同的核算。

1. 生产经营自用房产应纳房产税的会计核算

生产经营自用房产应纳房产税，若税款金额不大时，可将所缴纳的税款全部一次性计入“管理费用”科目；若税款金额较大时，可按照权责发生制原则，先将税款计入“待摊费用”科目，再按照其受益期进行摊销。两种核算方法下的对应科目都是“应交税金——应交房产税”。

【例 7-4】某国有企业坐落在某市郊区，其生产经营用房，会计账簿记载房产原值 4 000 万元，包括冷暖通风等设备 150 万元。该企业在郊区以外的农村还建有一个仓库，房产原值 300 万元。当地规定允许减除房产原值的 30%，该企业应缴房产税按年计算，分月缴纳。

(1)计算当年应缴房产税税额＝4 000×(1－30%)×1.2%＝33.6(万元)

(2)会计处理

①交房产税时

借：待摊费用　　　　　　　　　　　　　336 000

　贷：应交税金——应交房产税　　　　　　　　336 000

表 7-1 房产税纳税申报表

填表日期:2011 年 1 月 3 日

纳税人识别号:458255762247229　　　　金额单位:元

纳税人名称		税款所属时期:2010 年 1 月 1 日至 2010 年 12 月 31 日	2010 年 1 月 1 日至 2010 年 12 月 31 日
房产坐落地点		建筑面积 1 000 平方米	房屋结构 砖混结构

上期申报房产原值	本期增减	本期房产原值	其中			扣除率	以房产余值计征房产税			以租金收入计征房产税			全年应纳税额	缴纳次数	本期		应补(退)税额
			从价计税房产的原值	从租计税房产的原值	免税房产原值		房产余值	税率	应纳税额	租金收入	税率	应纳税额			应纳税额	已纳税额	
1	2	3	4	5	6	7											
800 000		800 000	700 000			30%	490 000	1.2%	5 880				5 880	2	2 940		2 940
				100 000						12 000	12%	1 440	1 440	2	720		720
合计		800 000	700 000	100 000											3 660		3 660

如由纳税人填报,由纳税人填写以下各栏		如委托代理人填写,由代理人填写以下各栏			备注
会计主管:(签章)	纳税人(公章)	代理人名称		代理人(签章)	
		代理人地址			
		经办人	电话		
以下由税务机关填写					
由到申报表日期		接收人			

②按月摊销房产税时

每月摊销额＝336 000/12＝28 000(元)

借：管理费用——房产税　　28 000

　贷：待摊费用　　28 000

③缴纳房产税时

借：应交税金——应交房产税　　28 000

　贷：银行存款　　28 000

2. 出租房产应纳房产税的会计核算

企业出租房产取得的租金收入，在会计上应列作“其他业务收入”，根据收入与费用相匹配的原则，对应的房产税额应作为租金收入的费用，列入“其他业务支出”科目。

【例 7-5】橡胶厂有闲置房屋2间，2011年1月1日将其中一间门面房出租给某饭馆，租金按其当年营业收入的10%收取，该饭馆当年营业收入100 000元。还有一间出租给当地某商贩作为库房，月租金收入为1 000元。该橡胶厂当年应纳房产税税额及账务处理如下：

(1)计税租金收入＝100 000×10%＋1 000×12＝22 000(元)

(2)年应纳房产税税额＝22 000×1.2%＝264(元)

①计提房产税时

借：其他业务支出　　264

　贷：应交税金——应交房产税　　264

②缴纳房产税时

借：应交税金——应交房产税　　264

　贷：银行存款　　264

第二节　契税法及账务处理

一、契税基本要素

契税是以境内所有权发生转移变动的不动产为征税对象，向产权承受人征收的一种财产税。

1. 征税对象

契税的征税对象是境内转移土地、房屋权属，具体包括以下内容。

(1)国有土地使用权出让

国有土地使用权出让是指土地使用者向国家交付土地使用权出让费用，国家将国有土地使用权在一定年限内让与土地使用者的行为。

(2)土地使用权的转让

土地使用权的转让是指土地使用者以出售、赠与、交换或其他方式将土地使用权转移给其他单位和个人的行为，不包括农村集体土地承包经营权的转移。

(3)房屋买卖

房屋买卖是以货币为媒介，出卖者向购买者过渡房产所有权的交易行为。

(4)房屋赠与

房屋赠与是指房屋产权所有人将房屋无偿转让给他人所有。

(5)房屋交换

房屋交换是指房屋所有者之间互相交换房屋的行为。

(6)视同土地使用权转让、房屋买卖或者房屋赠与，征收契税的行为有

①以土地、房屋权属作价投资、入股；

②以土地、房屋权属抵债；

③以获奖方式承受土地、房屋权属；

④以预购方式或者预付集资建房款方式承受土地、房屋权属的；

⑤企业破产清算期间，非债权人承受破产企业土地、房屋权属的。

以自有房产作股投入本人独资经营的企业，免征契税。

2. 纳税义务人

契税的纳税义务人是境内转移土地、房屋权属，承受的单位和个人。

3. 税率

我国契税实行3%～5%的幅度税率，具体税率由各省、自治区、直辖市人民政府确定。

二、应纳税额计算

1. 契税的计税依据

契税的计税依据是不动产的价格，具体规定如下：

(1)国有土地使用权出让、土地使用权出售、房屋买卖，以成交价格为计税依据。

(2)土地使用权赠与、房屋赠与，由征收机关参照土地使用权出售、房屋买

卖的市场价格核定。

(3)土地使用权交换、房屋交换，为所交换的土地使用权、房屋的价格差额，即当交换价格相等时，则免征契税，交换价格不等，由多付货币、实物、无形资产或其他经济利益的一方缴纳契税。

(4)以划拨方式取得土地使用权，经批准转让房地产时，由房地产转让者按照补交的土地使用权出让费用或土地收益补交契税。

2. 应纳税额的计算

应纳税额＝计税依据×税率

【例 7-6】居民甲名下有 2 套住房，将其中 1 套住房出售给居民乙，成交价格为 40 万元，将另一套住房与居民丙交换成两处一室住房，并支付给丙换房差价款 3 万元。计算甲、乙、丙相关行为应缴纳的契税税额(假设当地税率为 5%)。

【解析】(1)甲应缴纳契税税额＝3×5%＝0.15(万元)

(2)乙交纳契税税额＝40×5%＝2(万元)

(3)丙不用缴纳契税。

三、税收优惠与征收管理

1. 税收优惠

(1)国家机关、事业单位、社会团体、军事单位承受土地、房屋用于办公、教学、医疗、科研和军事设施的，免征契税。

(2)城镇职工按照规定，第一次购买公有住房，免征契税。

(3)因不可抗力灭失住房而重新购买住房的，酌情减免。

(4)土地、房屋被县级人民政府征用、占用后，重新承受土地、房屋的，由省级人民确定是否减免。

(5)承受荒山、荒沟、荒滩土地使用权，并用于农、林、牧、渔业生产的，免征契税。

(6)外国使领馆及外交人员承受土地、房屋权属。

(7)两个或两个以上的企业合并改建为一个企业，对其合并后的企业承受原合并各方的土地、房屋权属，免征契税。

(8)企业依法分设为两个或两个以上投资主体相同的企业，对派生方、新设方承受原企业土地、房屋权属，不征收契税。

(9)国有、集体企业出售，被出售企业法人予以注销，并且买受人妥善安置原企业 30%以上职工的，对其承受所购企业的土地、房屋权属，减半征收契税；

全部安置原企业职工的，免征契税。

(10)企业依法实施关闭、破产后，债权人承受关闭、破产企业土地、房屋权属以抵偿债务的，免征契税；对非债权人承受关闭、破产企业土地、房屋权属，凡妥善安置原企业30%以上职工的，减半征收契税；全部安置原企业职工的，免征契税。

(11)法定继承人继承土地、房屋权属，免税。

(12)对拆迁居民因拆迁重新购置住房的，对购房成交价格中相当于拆迁补偿款的部分免征契税，对超过部分征收契税。

2. 征收管理

(1)纳税义务发生时间

纳税义务发生时间是纳税人签订土地、房屋权属转移合同的当天，或者纳税人取得其他具有土地、房屋权属转移合同性质凭证的当天。

(2)纳税期限

纳税人应当自纳税义务发生之日起10日内，向土地、房屋所在地的契税征收机关办理纳税申报，并在征收机关核定的期限内缴纳税款。

(3)纳税地点

在土地、房屋所在地的征收机关缴纳。

四、契税会计账务处理

契税是一次性缴纳的税种，会计上不通过“应交税金”科目核算，企业和事业单位取得土地使用权、房屋按照规定交纳的契税，应计入所取得土地使用权和房屋的成本，借记“固定资产”、“无形资产”等科目，贷记“银行存款”科目。

【例7-7】某中外合资企业2010年1月从当地政府手中取得某块土地使用权，支付土地使用权出让费1 200 000元，省政府规定契税的税率为3%。该企业应纳契税税额及账务处理如下：

应纳契税税额＝1 200 000×3%＝36 000(元)

借：无形资产——土地使用权　　36 000

　贷：银行存款　　36 000

【例7-8】某公司收到某投资者以土地使用权作价6 000万投入企业作为资本。按规定，以土地使用权作价投资，应视同地使用权转让，按照规定缴纳契税。假如当地政府规定契税税率为5%，该公司纳契税税额及账务处理如下：

应纳契税税额＝6 000 000×5%＝300 000(元)

借：无形资产——土地使用权　　300 000

　贷：银行存款　　300 000

【例 7-9】甲企业将其拥有的库房10间与乙企业拥有的一座厂房相交换，双方协议规定由甲企业补付现金 1 000 000 元，契税税率为 4%。甲企业应纳契税税额及账务处理如下：

应纳税额＝1 000 000×4%＝40 000(元)

借：固定资产——厂房　　40 000

　贷：银行存款　　40 000

第三节　车船税法及账务处理

一、车船税的基本要素

车船税是以车船为征税对象，向拥有车船的单位和个人依法征收的一种税。

1. 征税对象

车船税的征税对象为中国境内依法在车船管理部门登记的车船。具体包括：①载客汽车(包括电车)；②载货汽车(包括半挂牵引车、挂车)；③三轮汽车、低速货车；④摩托车；⑤船舶(包括拖船和非机动驳船)；⑥专项作业车、轮式专用机械车。

2. 纳税义务人与扣缴义务人

车船税的纳税人是在中国境内的车辆、船舶的所有人或管理人。

(1)车船的所有人或者管理人未缴纳车船税的，“使用人”应当代为缴纳车船税。

(2)从事机动车交通事故责任强制保险业务的保险机构为机动车车船税的扣缴义务人。

3. 税率

车船税实行有幅度的定额税率，即对各类车船分别规定一个最低限度到最高限度的年税额，同时授权省、自治区、直辖市人民政府在规定的税额幅度内，根据当地的实际情况，对同一计税标准的车船，具体确定适用税额。

二、应纳税额计算

1. 计税依据

车船税以应税车船的计量标准为计税依据，从量计征。具体的计税依据分为辆、自重吨位和净吨位三种：

(1)载客汽车(包括电车)、摩托车，以“辆”为计税依据。

(2)载货汽车(包括半挂牵引车、挂车)、三轮货车以“自重吨位”为计税依据。

(3)船舶，以“净吨位”为计税依据。

2. 应纳税额的计算方法

(1)载客汽车和摩托车的应纳税额＝车辆数×适用年税额

(2)载货汽车和三轮货车的应纳税额＝自重吨位数×适用年税额

(3)船舶的应纳税额＝净吨位数×适用年税额

【例 7-10】某交通运输企业拥有汽车(自重吨位数 50 吨)30 辆、客车 20 辆。计算该企业一年应纳车船税税额(该企业所在省规定载货汽车年税额每吨 60 元，客车年税额每辆 220 元)。

【解析】应纳车船税税额＝50×30×60＋ 20×220＝94 400(元)

三、税收优惠与征收管理

1. 税收优惠

免税车船主要有：①非机动车船(不包括非机动驳船)；②拖拉机；③捕捞、养殖渔船；④警用、军队、武警专用的车船。

2. 征收管理

(1)车船税的纳税义务发生时间，为车船管理部门核发的车船登记证书或者行驶证书所记载日期的当月。

(2)车船税按年申报缴纳。具体申报纳税期限由省、自治区、直辖市人民政府确定。

(3)车船税的纳税地点，由省、自治区、直辖市人民政府根据当地实际情况确定。跨省、自治区、直辖市使用的车船，纳税地点为车船登记地的地方税务机关。

四、车船税的账务处理

企业缴纳的车船税，列入“管理费用”科目，并需通过“应交税金”科目核算。

【例 7-10】某交通运输公司账务处理如下：

(1)计提车船税时

借：管理费用　　94 400

　贷：应交税金——应交车船税　　94 400

(2)上缴时

借：应交税金——应交车船税　　94 400

　贷：银行存款　　94 400

第四节　车辆购置税法及账务处理

一、车辆购置税的基本要素

车辆购置税是对在中华人民共和国境内取得并自用应税车辆的单位和个人征收的一种行为税。

1. 纳税义务人

在中华人民共和国境内购置应税车辆的单位和个人，为车辆购置税的纳税人。这里所称的“购置”包括购买、进口、自产、受赠、获奖或者以其他方式取得并自用应税车辆的行为。

2. 征收范围

车辆购置税的征税范围包括汽车、摩托车、电车、挂车、农用运输车。

3. 税率

车辆购置税实行比例税率，税率为10%。

二、应纳税额计算

车辆购置税实行从价定率的办法计算应纳税额，计算公式为：

应纳税额＝计税价格×税率

车辆购置税的计税价格根据不同的情况按照下列规定确定。

1. 纳税人购买自用的应税车辆的计税价格

纳税人购买自用的应税车辆的计税价格，为纳税人购买应税车辆而支付给销售者的全部价款和价外费用。价外费用是指销售方价外向购买方收取的手续费、基金、违约金、包装费、运输费、保管费、代收款项、代垫款项和其他各种性质的价外收费，但不包括增值税税款。

2. 纳税人进口自用的应税车辆的计税价格

纳税人进口自用的应税车辆的计税价格的计算公式为：

计税价格＝关税完税价格＋关税＋消费税

3. 最低计税价格

国家税务总局参照应税车辆市场平均交易价格，规定不同类型应税车辆的最低计税价格。纳税人购买自用或者进口自用应税车辆，申报的计税价格低于同类型应税车辆的最低计税价格，又无正当理由的，按照最低计税价格征收车辆购置税。

4. 纳税人自产、受赠、获奖或以其他方式取得并自用的应税车辆的计税价格

纳税人自产、受赠、获奖或以其他方式取得并自用的应税车辆的计税价格由主管税务机关按照最低计税价格核定。

【例 7-11】东城邮局 4 月 12 日开出转账支票 1 张，从某汽车市场购入小汽车 1 辆，价款 175 500 元(含增值税)。计算东城邮局应纳车辆购置税税额。

【解析】应纳车辆购置税税额＝175 500÷(1＋17％)×10％＝15 000(元)

【例 7-12】某企业从美国进口某种汽车 2 辆，到岸价格为 2.5 万美元，海关征收 30％的进口关税，消费税税率为 8％，企业按照规定缴纳进口关税 61 500 元，消费税 23 173.91 元。企业进行车辆购置税纳税申报当日人民银行公布的基准汇价为 1 美元＝8.20 元人民币。计算该企业此次进口行为应纳车辆购置税税额。

【解析】计税价格＝关税完税价格＋关税＋消费税

计税价格＝25 000×8.2＋61 500＋23 173.91＝289 673.91(元)

应纳车辆购置税税额＝289 673.92×10％＝28 967.39(元)

三、税收优惠与征收管理

1. 税收优惠

(1)外国驻华使馆、领事馆和国际组织驻华机构及其外交人员自用的车辆免税。

(2)中国人民解放军和中国人民武装警察部队列入军队武器装备订货计划的车辆免税。

(3)设有固定装置的非运输车辆免税。

(4)防汛部门和森林消防等部门购置的由指定厂家生产的指定型号的用于指挥、检查、调度、防汛(警)、联络的专用车辆免税。

2. 征收管理

(1)车辆购置税由国家税务总局征收。纳税人购置应税车辆，应当向车辆登

记注册地的主管税务机关申报纳税。

购置不需要办理车辆登记注册手续的应税车辆，应当向纳税人所在地的主管税务机关申报纳税。

(2)纳税人购买自用应税车辆的，应当自购买之日起60日内申报纳税；进口自用应税车辆的，应当自进口之日起60日内申报纳税；自产、受赠、获奖或者以其他方式取得并自用应税车辆的，应当自取得之日起60日内申报纳税；原免税、减税车辆因转让、改变用途等原因不再属于免税、减税范围的，应当在办理车辆过户手续前或者办理变更车辆登记注册手续前缴纳车辆购置税。

(3)纳税人应当在向公安机关车辆管理机构办理车辆登记注册前，缴纳车辆购置税。

车辆购置税实行一次征收制度。购置已征车辆购置税的车辆，不再征收车辆购置税。

四、车辆购置税的账务处理

企业缴纳的车辆购置税应当作为所购置车辆的成本，不通过“应交税金”账户进行核算，借记“固定资产”科目，贷记“银行存款”科目。

承【例7-11】在具体进行会计核算时，作以下会计分录：

借：固定资产——车辆　　15 000

　贷：银行存款　　15 000

第五节　印花税法及账务处理

印花税是对经济活动和经济交往中书立、使用、领受应税凭证的行为为征税对象征收的一种税。印花税因其采用在应税凭证上粘贴印花税票的方法缴纳税款而得名。印花税是一种具有行为税性质的凭证税，凡发生书立、使用、领受应税凭证的行为就必须按照有关规定缴纳印花税。

一、印花税基本要素

(一)纳税义务人

印花税的纳税义务人是在中国境内书立、使用、领受印花税法所列举的凭证的单位和个人。

1. 立合同人

立合同人即订立合同的当事人。

2. 立据人

立据人即订立产权转移书据的当事人。

3. 立账簿人

立账簿人是指设立并使用营业账簿的单位和个人。

4. 领受人

领受人是指领取或接受并持有该项凭证的单位和个人。例如，某人因其发明创造，经申请依法取得国家专利机关颁发的专利证书，该人即为纳税人。

5. 使用人

在国外书立、领受，但在国内使用的应税凭证，其纳税人是使用人。

6. 各类电子应税凭证的签订人

对应税凭证，凡由两方或两方以上当事人共同书立的，其当事人各方都是印花税的纳税人，应各就其所持凭证的计税金额履行纳税义务。

(二)征税范围

税目是征税对象的具体化。印花税共规定了13个税目，可分为以下四类。

1. 经济合同或具有合同性质的单据

(1)购销合同

购销合同包括供应、预购、采购、购销结合及协作、调剂、补偿、贸易等合同。此外，还包括出版单位与发行单位之间订立的图书、报纸、期刊和音像制品的应税凭证，如订购单、订数单等。

(2)加工承揽合同

加工承揽合同包括加工、定做、修缮、修理、印刷、广告、测绘、测试等合同。

(3)建设工程勘察设计合同

建设工程勘察设计合同包括勘察、设计合同。

(4)建设安装工程承包合同

建设安装工程承包合同包括建筑、安装工程承包合同、分包合同、转包合同。

(5)财产租赁合同

财产租赁合同包括租赁房屋、船舶、飞机、机动车辆、机械、器具、设备等合同，还包括企业、个人出租门店、柜台等签订的合同。

(6)货物运输合同

贷物运说输合同包括民用航空、铁路运输、海上运输、公路运输和联运合同，以及作为合同使用的单据。

(7)仓储保管合同

仓储保管合同包括作为合同使用的仓单、栈单等。

(8)借款合同

借款合同包括银行及其他金融组织与借款人(不包括银行同业拆借)所签订的合同，以及只填开借据并作为合同使用、取得银行借款的借据。银行及其他金融机构经营的融资租赁业务也属于借款合同。

(9)财产保险合同

账产保险合同包括财产、责任、保证、信用保险合同及作为合同使用的单据。

(10)技术合同

技术合同包括技术开发、转让、咨询、服务等合同，以及作为合同使用的单据。技术转让合同包括专利申请转让和非专利技术转让合同。专利权转让、专利实施许可所书立的合同属于产权转移书据，不属于技术合同。技术合同不包括法律、会计、审计等方面的咨询所立合同。

2. 产权转移书据

产权转移书据包括财产所有权和著作权、商标专用权、专利权、专有技术使用权等转移书据。其中，财产所有权转移书据是指经政府管理机关登记注册的不动产、动产的所有权转移所书立的书据，包括股票因购买、继承、赠与所书立的产权转移书据和土地使用权出让合同、土地使用权转让合同及商品房销售合同。

3. 营业账簿

营业账簿是指单位或个人记载生产经营活动的财务会计核算账簿，按照其反映内容的不同，可分为记载资金的账簿和其他账簿。但企业仅用于内部备查的各种等级簿，如空白重要凭证等级簿、现金收付登记簿等属于非营业账簿，均不征收印花税。

4. 权利、许可证照

权利、许可证照包括政府部门发给的房屋产权证、工商营业执照、商标注册证、专利证、土地使用证等。

(三)税率

印花税的税率有两种形式，即比例税率和定额税率。

1. 比例税率

在印花税的13个税目中，各类合同以及具有合同性质的凭证、产权转移书据、营业账簿中记载资金的账簿，适用比列税率，具体规定如下：

(1)适用0.05‰税率的为“借款合同”。

(2)适用0.3‰税率的为“购销合同”、“建筑安装工程承包合同”、“技术合同”。

(3)适用0.5‰税率的是“加工承揽合同”、“建筑工程勘察设计合同”、“货物运输合同”、“产权转移书据”、“营业账簿”税目中记载资金的账簿。

(4)适用1‰税率的为“财产租赁合同”、“仓储保管合同”、“财产保险合同”。目前“股权转移书据”单边由卖方依1‰税率缴纳。

2. 定额税率

在印花税的13个税目中，“权利、许可证照”和“营业账簿”税目中的其他账簿，适用定额税率，均为按件贴花，税额为5元。

二、应纳税额计算

印花税的应纳税额是以其计税依据乘以适用税率计算的，其计算公式为：

应纳税额＝计税依据×适用税率(比例税率或定额税率)

(一)计税依据的确定

1. 购销合同

购销合同的计税依据为购销金额。商品购销活动中，采用以货换货方式进行商品交易签订的合同是反映既购又销双重经济行为的合同，对此，应按照合同所载的购、销合计金额计税贴花。合同未列明金额的，应按照合同所载购、销数量按照国家牌价或者市场价格计算应纳税额。

【例7-13】A公司与B公司签订购销合同，由A公司向B公司提供价值300 000元的钢材，B公司向A公司提供价值400 000元的水泥，货物价差由A公司付款补足。已知购销合同的印花税税率为0.3‰。计算A、B两公司分别应纳印花税税额。

【解析】A公司应纳印花税税额＝(300 000＋400 000)×0.3‰＝210(元)

B公司应纳印花税税额(400 000＋300 000)×0.3‰＝210(元)

2. 加工承揽合同

加工承揽合同的计税依据为加工或承揽收入。

(1)对于由委托方提供主要材料或原料，受托方只提供辅助材料的加工合同，无论加工费和辅助材料金额是否分别记载，均以辅助材料与加工费的合计数，依照加工承揽合同计税贴花。对委托方提供的主要材料或原料金额不计税贴花。

【例 7-14】甲公司与乙公司签订一份加工合同，甲公司提供价值 30 万元辅助材料并收取加工费 25 万元，乙公司提供价值 100 万元的原材料。计算甲公司应纳印花税税额。

【解析】甲公司应纳印花税税额＝(30＋25)×0.5‰×10 000＝275(元)

(2)对于由受托方提供原材料的加工、定做合同，凡在合同中分别记载加工费金额和原材料金额的，应分别按照“加工承揽合同”、“购销合同”计税，两项税额相加数，即为合同应贴印花；若合同中未分别记载，则应就全部金额依照加工承揽合同计税贴花。

【例 7-15】某电子企业 4 月与某工厂签订加工承揽合同，受托加工一批专用电子部件。合同规定，电子企业提供价值 85 万元的原辅料，另收加工费 20 万元。计算该电子企业应纳印花税税额。

【解析】应纳税额＝(85×0.3‰＋20×0.5‰)×10 000 ＝355(元)

3. 建设工程勘察设计合同

建设工程勘察设计合同的计税依据为所收取的费用。

4. 建筑安装工程承包合同

建筑安装工程承包合同的计税依据为承包金额。施工单位将自己承包的建设项目分包或转包给其他施工单位所签订的分包合同或者转包合同，应按照新的分包合同或者转包合同所载金额计算应纳税额。

【例 7-16】某建筑公司与甲企业签订一份建筑承包合同，合同金额 6 000 万元(含相关费用 50 万元)。施工期间，该建筑公司又将其中价值 800 万元的安装工程转包给乙企业，并签订转包合同。计算该建筑公司此项业务应纳印花税税额。

【解析】建筑公司应纳印花税税额＝(6 000＋800)×0.3‰＝2.04(万元)

5. 财产租赁合同

财产租赁合同的计税金额为租赁金额；经计算，税额不足 1 元的，按 1 元贴花。

6. 货物运输合同

货物运输合同的计税依据为取得的运输费金额(即运费收入)，不包括所运货物的金额、装卸费和保险费。对国内各种形式的货物联运，凡在起运地统一结算全程运费的，应以全程运费作为计税依据，由起运地运费结算双方缴纳印花税；凡分程结算运费的，应以分程的运费作为计税依据，分别由办理运费结算的双方缴纳印花税。

7. 仓储保管合同

仓储保管合同的计税金额为收取的仓储保管费用。

8. 借款合同

借款合同的计税金额为借款金额。

(1)凡是一项信贷业务既签订借款合同，又一次或分次填开借据的，只以借款合同所载金额为计税依据计税贴花；凡是只填开借据并作为合同使用的，应以借据所载金额为计税依据计税贴花。

(2)借贷双方签订的流动资金周转性借款合同，一般按年(期)签订，规定最高限额，借款人在规定的期限和最高限额内随借随还。对这类合同只以其规定的最高额为计税依据，在签订时贴花一次，在限额内随借随还不签订新合同的，不再另贴印花。

(3)对银行及其他金融组织的融资租赁业务签订的融资租赁合同，应按照合同所载租金总额，暂按借款合同计税。

【例 7-17】某汽车修配厂与机械进出口公司签订购买价值为 2 000 万元的测试设备合同，为购买此设备与工商银行签订借款 2 000 万元的借款合同。后因故购销合同作废，改签融资租赁合同，租赁费 1 000 万元。计算该汽车修配厂一共应纳印花税税额。

【解析】(1)购销合同应纳印花税税额＝2 000×0.3‰＝0.6(万元)

(2)借款合同应纳印花税税额＝2 000×0.05‰＝0.1(万元)

(3)融资租赁合同应纳印花税税额＝1 000×0.05‰＝0.05(万元)

9. 财产保险合同

财产保险合同的计税金额为支付(收取)的保险费，不包括所保财产的金额。

10. 技术合同

技术合同的计税依据为合同所载的价款、报酬或使用费。技术开发合同研究开发经费不作为计税依据

11. 产权转移书据

产权转移书据的计税依据为所载金额。

12. 营业账簿

营业账簿税目中记载资金的账簿的计税依据为“实收资本”与“资本公积”两项的合计金额。凡“资金账簿”在次年度的实收资本和资本公积未增加的，对其不再计算贴花。其他账簿的计税依据为应税凭证件数。

13. 权利、许可证照

权利、许可证照的计税依据为应税凭证件数。

14. 特殊规定

(1)同一凭证，载有两个以上经济事项而适用不同税目税率，如分别记载金额的，应分别计算应纳税额，相加后按照合计税额贴花；如未分别记载金额的，按照税率高的计税贴花。

(2)应纳税额不足1角的，免纳印花税；1角以上的，其税额尾数不满5分的不计，满5分的按1角计算。

(3)在签订时无法确定计税金额，如技术转让合同中的转让收入，是按照销售收入的一定比例收取或是按照实现利润分成的。对这类合同，可在签订时先照足额5元贴花，以后结算时再按照实际金额计税，补贴贴花。

(4)应税合同在签订时纳税义务已经产生，应计算应纳税额并贴花。所以，不论合同是否兑现或是否按期兑现，均应贴花。

(5)对已履行并贴花的合同，所载金额与合同履行后实际结算金额不一致的，只要双方未修改合同金额，一般不再办理完税手续。

【例7-18】宏运高新技术企业2010年8月开业，纳税人识别为786345661324003，注册资金220万元，当月发生经营活动如下：

①领受工商营业执照、房屋产权证、土地使用证各1份；

②建账时共设8个账簿，其中资金账簿中记载实收资本220万元；

③签订购销合同4份，共记载金额280万元；

④签订借款合同1份，记载金额50万元，当月支付借款利息4.8万元；

⑤与广告公司签订广告制作合同1份，记载加工费3万元，广告公司提供的原材料7万元；

⑥签订技术服务合同1份，记载金额60万元；

⑦签订租赁合同1份，记载支付租赁费50万元；

⑧签订转让专有技术使用权合同1份，记载金额150万元。

计算宏运高新技术企业当年应纳印花税税额。

【解析】①领受权利许可证照应纳印花税税额＝3×5＝15(元)

②设置账簿应纳印花税税额＝7×5＋2 200 000×0.5‰＝1 135(元)

③签订购销合同应纳印花税税额＝2 800 000×0.3‰＝840(元)

④签订借款合同应纳印花税税额＝500 000×0.05‰＝25(元)

⑤签订广告制作合同应纳印花税税额＝30 000×0.5‰＋70 000×0.3‰＝36(元)

(注：广告制作合同属于加工承揽合同，受托方提供原材料的，原材料金额与加工费在合同中分别列明的，原材料和辅料按照购销合同计税，加工费按照加

工承揽合同计税，两者合计为应纳税额。）

⑥签订技术服务合同应纳印花税税额＝600 000×0.3‰＝180（元）

⑦签订租赁合同应纳印花税税额＝500 000×1‰＝500（元）

⑧签订专有技术使用权转让合同的印花税税额＝1 500 000×0.5‰（按照产权转移书据纳税）＝750（元）

三、税收优惠与征收管理

(一)税收优惠

(1)已经缴纳印花税的凭证的副本或者抄本，免征印花税，但以副本或抄本视同正本使用的，则应另贴印花。

(2)财产所有人将财产赠给政府、抚养孤老伤残人员的社会福利单位、学校所立的书据，免征印花税。

(3)国家指定的收购部门与村民委员会、农民个人书立的农副产品收购合同，免征印花税。

(4)我国的各银行按照国家金融政策发放的无息、贴息贷款及由各商业银行按照规定由财政部门或中国人民银行给予贴息的贷款项目所签订的贷款合同，免征印花税。

(5)外国政府或者国际金融组织向我国政府及国家金融机构提供的优惠贷款所书立的合同，免征印花税。

(6)农林作物、牧业畜类保险合同，免征印花税。

(二)纳税办法

印花税的纳税办法，根据税额大小、贴花次数大小以及税收征收管理的需要分别采用以下三种纳税办法。

1. 自行贴花

此办法由纳税人自行计算应纳税额，自行向税务机关购买印花税票，自行在应税凭证上一次贴足印花，自行划红或盖章加注销。自行贴花是使用范围较广泛的纳税办法，一般适于应税凭证少或同一凭证纳税次数少的纳税人。

对已贴花的凭证，修改后所载金额增加的，其增加部分应当补贴已花税票。凡多贴印花税票者，不得申请退税或者抵用。

2. 汇贴或汇缴

对需频繁贴花的应税凭证，在税务机关批准的前提下，由纳税人在限期内（1

个月)汇贴或汇缴印花税；或者是对应纳印花税税额超过500元的一份凭证，经税务机关批准，纳税人可用填开完税证或缴款书的办法纳税，不再贴花。

一份凭证应纳税额超过500元的，应向当地税务机关申请填写缴款书或完税证，将其中一联粘贴在凭证或者由税务机关在凭证上加注完税标记代替贴花，这就是“汇贴”办法。

同一种类应纳税凭证，需频繁贴花的，纳税人可以根据实际情况自行决定是否采用按期汇总缴纳印花税的方式，汇总缴纳的期限为1个月。

3. 委托代征

税务机关委托国家有关部门在发放、鉴证、公证或仲裁等应税凭证时，代征印花税的办法。税务机关应发给代征单位代征委托书。税务机关委托工商行政管理机关代售印花税票，按照代售金额5%的比例支付代售手续费。

(三)纳税环节与纳税地点

印花税应当在书立或领受时贴花。合同在国外签订，不便在国外贴花的，应在将合同带入境时办理贴花手续。

印花税一般实行就地纳税。全国性订货会所签合同，由纳税人回其所在地办理贴花；地方主办，不涉及省际关系的订货会，由省级政府自行确定纳税地点。

四、印花税的纳税申报与账务处理

1. 印花税纳税申报

印花税的纳税人应按照规定，在书立、使用和领受时办理纳税申报，并如实填制《印花税纳税申报表》。

在例7-19中，宏运高新技术企业填制《印花税纳税申报表》参见表7-2。

表7-2 印花税纳税申报表

填表日期：2010年9月3日

纳税人识别号：786345661324003　　　　单位：元

单位名称	宏运高新技术企业	税款所属时期	2010年8月1日至2010年8月31日	
应税凭证名称	件数	计税金额	税率	已纳税额
购销合同	4	2 870 000.00	0.3‰	861.00
借款合同	1	500 000.00	0.05‰	25.00
加工承揽合同	1	30 000.00	0.5‰	15.00

续表 7-2

单位名称	宏运高新技术企业		税款所属时期	2010 年 8 月 1 日至 2010 年 8 月 31 日	
技术合同		1	600 000.00	0.3‰	180.00
租赁合同		1	500 000.00	1‰	500.00
产权转移书据		1	1 500 000.00	0.5‰	750.00
账簿	资金账簿	1	2 200 000.00	×0.5‰	1 100.00
	其他账簿	7		5 元	35.00
权利许可证照		3		5	15.00
合计		20	8 200 000.00		3 481.00
贴花情况					
上期结存		本期购进		本期贴花	本期结存
0.00		3 481.00		3 481.00	0.00

2. 印花税账务处理

由于印花税在大多情况下采用“三自”纳税办法，因此会计核算上无需通过“应交税金”科目。在通常情况下，购买印花税票贴花直接计入“管理费用”科目，当一次购买金额较大的印花税票和一次缴纳税款较大需分期摊销时，可先通过“待摊费用”科目，再按照受益期分期计入“管理费用”科目。

【例 7-19】某食品公司加工厂受托食品，与委托方签订加工合同应纳印花税税额 540 元，会计分录为：

借：管理费用　　540

　贷：银行存款　　540

【例 7-20】某企业与海上航运部门签订 2 份合同，应纳印花税税额为 2 500 元。由于金额较大，决定分 5 个月内摊销。该企业的账务处理为：

(1)支付印花税时

借：待摊费用　　2 500

　贷：银行存款　　2 500

(2)按月摊销时

借：管理费用　　500

　贷：待摊费用　　500

强化训练题

一、单项选择题

1. 某个人2010年拥有2处房产，其中一处自己居住，该房产原值30万元；另一处按照市场价格租赁给别人居住，取得年租金收入24 000元，该房产原值20万元。假设当地税务机关核定的该类房产的房产税原值扣减比例为10%，则该个人应该缴纳的房产税是(　　)。

A. 6 120元　　B. 2 880元　　C. 960元　　D. 0元

2. 对于融资租赁的房产，应按照(　　)计征房产税。

A. 租金收入　　B. 房产原值　　C. 房产余值　　D. 房产净值

3. 某省政府机关有办公用房1幢，房产价值5 000万元。2010年4月底将其中的1/4对外出租，当年取得租金收入100万元。已知该省统一规定计算房产余值时的减除幅度为20%，该政府机关当年应缴纳的房产税为(　　)万元。

A. 12　　B. 36　　C. 48　　D. 60

4. 下列情况中不缴纳房产税的是(　　)。

A. 工厂自用厂房

B. 城镇居民自用住房

C. 学校对外用于生产经营出租的房屋

D. 个人开办的商店用房

5. 下列各项中，符合房产税纳税义务人规定的是(　　)。

A. 产权属于集体的由经营管理单位缴纳

B. 房屋产权出典的由出典人缴纳

C. 产权纠纷未解决的由代管人或使用人缴纳

D. 产权属于国家所有的不缴纳

6. 某企业有原值为2 500万元的房产，2010年1月1日将其中的30%用于对外投资联营，投资期限10年，每年固定利润分红50万元，不承担投资风险。已知当地政府规定的扣除比例为20%，该企业2010年度应缴纳的房产税是(　　)万元。

A. 24　　B. 22.8　　C. 30　　D. 16.8

7. 契税采用(　　)税率。

A. 累进　　B. 比例　　C. 累退　　D. 定额

8. 纳税人应当自纳税义务发生之日起(　　)日内，向土地、房屋所在地的契税征收机关办理纳税申报。

A. 3　　B. 5　　C. 7　　D. 10

9. 出售土地使用权而发生的土地权属转移，按照(　　)计算应纳契税。

A. 协议价格　　B. 市场价格　　C. 成交价格　　D. 评估价格

10. 以划拨方式取得土地使用权，经批准转让房地产时，由房地产转让者以(　　)为计税依据补缴契税。

A. 买卖双方协商的价格　　B. 转让房地产的市场价格

C. 转让房地产的成交价格　　D. 补交的土地使用权出让费

11. 下列不缴纳车船税的有(　　)。

A. 部队拥有并使用的小汽车　　B. 农民拥有的私家轿车

C. 在外资企业工作的中方雇员的私人车　　D. 中外合资企业拥有的小轿车

12. 车船税的缴纳期限规定为(　　)。

A. 按年计算，分季缴纳　　B. 按年征收，分季缴纳

C. 按年计算，分期缴纳　　D. 按年征收，分期预缴

13. 纳税人新购置车辆使用的，其车船税的纳税义务发生时间为车船管理部门核发的车船登记证书或者行驶证书所记载日期的(　　)。

A. 当月　　B. 次月　　C. 当年　　D. 次年

14. 车辆购置税的纳税义务人不包括(　　)。

A. 购买者　　B. 获奖者　　C. 馈赠人　　D. 受赠人

15. 车辆购置税的纳税期限为(　　)。

A. 60 日　　B. 45 日　　C. 30 日　　D. 半年

16. 根据我国现行车辆购置税的性质和规定，下列说法中正确的是(　　)。

A. 车辆购置税属于间接税

B. 车辆购置税的税负具有转嫁性

C. 车辆购置税的征收环节单一

D. 车辆购置税只对国产车辆征税

17. 王某于 2010 年 9 月购买一辆轿车，支付全部价款合计为 10.2 万元，另支付代收牌照费 200 元，购买工具及零配件共 3 100 元，王某应缴纳的车辆购置税为(　　)元。

A. 9 000　　B. 8 674　　C. 9 425　　D. 9 248

18. 下列车辆不属于车辆购置税征收范围的是(　　)。

A. 防汛部门专用车　　B. 电车　　C. 农用运输车　　D. 挂车

19. 按照印花税法的规定，在下列论述中(　　)是错误的。

A. 对已经贴花的凭证，凡修改后所载金额增加的应对其增加额补贴印花

B. 按照比例税率计算纳税而应纳税额又不足1角的免纳印花税

C. 对财产租赁合同的应纳税额不足1元的，按1元贴花

D. 同一凭证由两方以上当事人签订并各执一份的，由某一当事人就凭证所载金额全额贴花

20. 在确定合同计税依据时应当注意，有时合同在签订时无法确定计税金额，对于此类合同，一般按照(　　)贴花，以后结算时，再予以补贴印花。

A. 定额10元　　B. 预期金额5元　　C. 定额15元　　D. 定额5元

二、多项选择题

1. 房产税的计税依据是(　　)。

A. 房产原值　　B. 房产租金　　C. 房产余值　　D. 房产售价

2. 下列房产中，经财政部批准，可以免征房产税的是(　　)。

A. 损坏不堪使用的房屋　　B. 居民个人出租的房产

C. 高校后勤实体自用的房产　　D. 居民自住房产

3. 以下房产需要征收房产税的是(　　)。

A. 城市的农副产品加工用房　　B. 建制镇的农副产品生产用房

C. 农村的农副业生产用房　　D. 农村的居住用房

4. 下列情况中应征房产税的有(　　)。

A. 高等院校教学用房　　B. 高等院校出租房屋

C. 区政府举办的对外营业的招待所　　D. 区政府办公用房

5. 以下行为中应缴纳契税的包括(　　)。

A. 以土地、房屋权属作价投资、入股

B. 以土地、房屋权属抵债

C. 以预付集资建房款方式承受房屋权属

D. 以获奖方式承受土地、房屋权属

6. 契税纳税义务的发生时间包括(　　)。

A. 实际取得房屋、土地的当天

B. 签订土地、房屋权属转移合同当天

C. 签订土地、房屋权属转移合同的当月

D. 取得具有转移合同性质凭据的当天

7. 甲厂与乙厂互换房屋(产权)，甲厂房屋价格为100万元，乙方房屋价格为120

万元。成交后，甲厂支付乙厂 20 万元的房屋差价款。该省规定契税税率为 5%。此项业务，下列项目中正确的有（　　）。

A. 甲厂是纳税人　　B. 乙厂是纳税人

C. 应纳契税 1 万元　　D. 应纳契税 6 万元

8. 下列项目中，不能减免契税的有（　　）。

A. 承受荒山土地使用权用于农业生产

B. 交换国有土地使用权

C. 外国领事馆、领事官员承受房屋权属

D. 房屋所有者将房屋出售

9. 下列行为属于车辆购置税应税行为的有（　　）。

A. 应税车辆的购买使用行为　　B. 应税车辆的销售行为

C. 自产自用应税车辆的行为　　D. 获奖取得并自用应税车辆的行为

10. 下列应税凭证中，可免纳印花税的有（　　）。

A. 无息、贴息贷款合同

B. 已缴纳印花税的凭证副本或抄本

C. 外国政府向我国政府提供的优惠贷款合同

D. 国家指定收购部门与村民委员会书立的农产品收购合同

11. 下列合同中，应作为印花税征税对象的包括（　　）。

A. 仓储合同或作为合同使用的入库单

B. 银行同业拆借所签订的借款合同

C. 企业出租门店柜台所签订的租赁合同

D. 会计师事务所签订的会计咨询合同

12. 印花税税率形式有（　　）。

A. 定额税率　　B. 超额累进税率　　C. 比例税率　　D. 全额累进税率

三、判断题

1. 个人所有的居住房屋，免征房产税。（　　）

2. 融资租赁房屋，计征房产税时应以房产余值计算征收，租赁期内房产税的纳税义务人，由当地税务机关根据实际情况确定。（　　）

3. 房产税是按照房产租金征收的一种税，适用 12% 的比例税率。（　　）

4. 房屋买卖发生了房产权属转移，房屋出售者应缴纳契税。（　　）

5. 土地使用权及房屋赠与未发生销售，没有取得收入，所以不缴纳契税。（　　）

6. 拥有应税车船的单位和个人都是车船税的纳税人。（ ）

7. 同一应税凭证载有两项经济事项，按照两项合计和最高适用税率计算贴花。（ ）

8. 对融资租赁合同，应以合同所载租赁总额，暂按借款合同贴花。（ ）

9. 记载资金的账簿，每年应以“实收资本”和“资本公积”两项账面余额合计金额计税贴花。（ ）

10. 加工承揽合同中，如有受托方提供原材料及辅助料金额的，可将两者剔除后计征印花税。（ ）

四、计算题

1. 居民张某自有一栋旧楼房，共22间，其中用于生活居住6间，用于经营餐馆6间(房屋原值为50 000元)，剩余10间出租给某公司，当年收取租金60 000元。该地区规定按房产原值一次扣除20%后的余值计税。

要求：计算王某当年应纳房产税税额。

2. 某企业2010年2月开业，领受房产证、工商营业执照、土地使用证各一件；与其他企业订立转移专有技术使用权书据，所载金额80万元；订立产品购销合同，所载金额150万元；订立借款合同，所载金额40万元；企业设立营业账簿20本，“实收资本”科目载有资金600万元；2010年12月该企业“实收资本”科目所载资金增加为800万元。

要求：计算该企业应纳印花税税额并进行正确的账务处理。

第八章　企业所得税法及账务处理

第一节　企业所得税法概述

一、企业所得税的概念

企业所得税是对我国境内的企业和其他取得收入的组织的生产经营所得和其他所得征收的所得税。企业所得税以纳税义务人(以下简称纳税人)的所得额为征税对象。所得额是指纳税人在一定期间内由于生产、经营等取得的可用货币计量的收入，扣除为取得这些收入所需各种耗费后的净额以及其他所得。

二、企业所得税的计税原理

(一)所得税的特点

(1)所得税一般是以纯所得为征税对象，因此不存在重复征税问题。

(2)所得税通常以经过计算得出的应纳税所得额为计税依据。

(3)所得税的纳税人和实际负担人通常是一致的，是属于直接税，可以直接调节纳税人的收入。

(二)企业所得税的计税原理

企业所得税的计税依据是应纳税所得额，它以利润为主要依据，但不是直接意义上的会计利润。应纳税所得额的计算涉及纳税人的成本、费用、税金及损失等各个方面，同时企业所得税在征收过程中，为了发挥所得税对经济的调控作用，国家会根据调控目的和需要在税制中采取各种税收激励或限制措施，因而导致所得税的计算较为复杂。

第二节　企业所得税的基本要素

一、企业所得税的纳税人

(一)纳税义务人

在中华人民共和国境内的企业和其他取得收入的组织(以下简称企业)为企业所得税的纳税义务人。但个人独资企业和合伙企业不缴纳企业所得税。

为了更好地保障我国税收管辖权的有效行使，我国按照地域管辖权和居民管辖权标准，将企业所得税的纳税义务人分为居民企业和非居民企业。

1. 居民企业

居民企业是指依照中国法律、法规在中国境内成立，或者依照外国(地区)法律成立但实际管理机构在中国境内的企业。如在我国注册成立的沃尔玛(中国)公司就是我国的居民企业。

企业包括国有企业、集体企业、私营企业、联营企业、股份制企业、外商投资企业、外国企业以及有生产、经营所得和其他所得的其他组织。

2. 非居民企业

非居民企业是指依照外国(地区)法律、法规成立且实际管理机构不在中国境内，但在中国境内设立机构、场所的，或者在中国境内未设立机构、场所，但有来源于中国境内所得的企业。

非居民企业委托营业代理人在中国境内从事生产经营活动的，包括委托单位或者个人经常代其签订合同，或者储存、交付货物等，该营业代理人视为非居民企业在中国境内设立的机构、场所。

企业所得税以法人组织为纳税人，企业设有多个不具有法人资格营业机构的，实行由法人汇总纳税。

(二)扣缴义务人

非居民企业在中国境内未设立机构、场所的，或者虽然设立机构、场所但取得的所得与其所设机构、场所没有实际联系的，其来源于中国境内的所得缴纳企业所得税，实行源泉扣缴，以支付人为扣缴义务人。税款由扣缴义务人在每次支付或者到期应支付时，从支付或者到期应支付的款项中扣缴。

对非居民企业在中国境内取得工程作业和劳务所得应缴纳的所得税，税务机关可以指定工程价款或者劳务费的支付人为扣缴义务人。

二、企业所得税的征税对象

企业所得税的征收对象包括我国境内的企业和组织取得的生产经营所得、其他所得和清算所得。

(一)居民企业的征税对象

居民企业应当就其来源于中国境内、境外的所得缴纳企业所得税。所得包括销售货物所得、提供劳务所得、转让财产所得、股息红利等权益性投资所得、利息所得、租金所得、特许权使用费所得、接受捐赠所得和其他所得。

(二)非居民企业的征税对象

非居民企业在中国境内设立机构、场所的，应当就其所设机构、场所取得的来源于中国境内的所得，以及发生在中国境外但与其所设机构、场所有实际联系的所得，缴纳企业所得税。

非居民企业在中国境内未设立机构、场所的，或者虽设立机构、场所但取得的所得与其所设机构、场所没有实际联系的，应当就其来源于中国境内的所得缴纳企业所得税，即预提所得税。

(三)所得来源地确定原则

(1)销售货物所得，按照交易活动发生地确定。

(2)提供劳务所得，按照劳务发生地确定。

(3)转让财产所得，不动产转让所得按照不动产所在地确定，动产转让所得按照转让动产的企业或者机构、场所所在地确定，权益性投资资产转让所得按照被投资企业所在地确定。

(4)股息、红利等权益性投资所得，按照分配所得的企业所在地确定。

(5)利息所得、租金所得、特许权使用费所得，按照负担、支付所得的企业或者机构、场所所在地确定，或者按照负担、支付所得的个人的住所地确定。

(6)其他所得，由国务院财政、税务主管部门确定。

三、企业所得税的税率

企业所得税的基本税率为25%。适用于居民企业和在中国境内设有机构、场所且所得与所设机构、场所有关联的非居民企业。

低税率(预提所得税税率)20%，但实际征税时减按10%税率征收。适用于非居民企业在我国境内未设立机构、场所，或者虽设立机构、场所但取得的所得与其所设机构、场所没有实际联系的，就其来源于中国境内的所得缴纳企业所得税。

第三节　应纳税所得额的计算

企业所得税的计税依据是企业的应纳税所得额。应纳税所得额是企业每一纳税年度的收入总额，减除不征税收入、免税收入、各项扣除以及允许弥补的以前年度亏损后的余额。确定企业应纳税所得额的关键是确定收入总额和准予扣除项目金额。应纳税所得额计算公式为：

应纳税所得额＝每一纳税年度的收入总额－不征税收入－免税收入－各项扣除－允许弥补的以前年度亏损

企业应纳税所得额的计算，以权责发生制为原则，属于当期的收入和费用，不论款项是否收付，均作为当期的收入和费用；不属于当期的收入和费用，即使款项已经在当期收付，均不作为当期的收入和费用。

一、收入总额

收入总额是指企业以货币形式和非货币形式从各种来源取得的收入。

(一)一般收入的确认

1. 销售货物收入

销售货物收入是指企业销售商品、产品、原材料、包装物、低值易耗品以及其他存货取得的收入。

2. 提供劳务收入

提供劳动收入是指企业从事建筑安装、修理修配、交通运输、仓储租赁、金融保险、邮电通信、咨询经纪、文化体育、科学研究、技术服务、教育培训、餐饮住宿、中介代理、卫生保健、社区服务、旅游、娱乐、加工以及其他劳务服务活动取得的收入。

3. 财产转让收入

财产转让收入是指企业转让固定资产、生物资产、无形资产、股权、债权等财产取得的收入。

4. 股息、红利等权益性投资收益

股息、红利等权益性投资收益是指企业因权益性投资从被投资方取得的收入。

股息、红利等权益性投资收益，除国务院财政、税务主管部门另有规定外，按照被投资方作出利润分配决定的日期确认收入的实现。

5. 利息收入

利息收入是指企业将资金提供他人使用但不构成权益性投资，或者因他人占用本企业资金取得的收入，包括存款利息、贷款利息、债券利息、欠款利息等收入。利息收入，按照合同约定的债务人应付利息的日期确认收入的实现。

6. 租金收入

租金收入是指企业提供固定资产、包装物或者其他有形资产的使用权取得的收入。租金收入，按照合同约定的承租人应付租金的日期确认收入的实现。

7. 特许权使用费收入

特许权使用费收入是指企业提供专利权、非专利技术、商标权、著作权以及其他特许权的使用权取得的收入。特许权使用费收入，按照合同约定的特许权使用人应付特许权使用费的日期确认收入的实现。

8. 接受捐赠收入

接受捐赠收入是指企业接受的来自其他企业、组织或者个人无偿给予的货币性资产、非货币性资产。接受捐赠收入，按照实际收到捐赠资产的日期确认收入的实现。

9. 其他收入

其他收入是指企业取得的除上述规定的收入外的其他收入，包括企业资产溢余收入、逾期未退包装物押金收入、确实无法偿付的应付款项、已作坏账损失处理后又收回的应收款项、债务重组收入、补贴收入、违约金收入、汇兑收益等。

企业取得收入包括货币形式和非货币形式。企业以非货币形式取得的收入，应当按照公允价值确定收入额。所称公允价值，是指按照市场价格确定的价值。

(二)特殊收入的确认

(1)以分期收款方式销售货物的，按照合同约定的收款日期确认收入的实现。

(2)企业受托加工制造大型机械设备、船舶、飞机，以及从事建筑、安装、装配工程业务或者提供其他劳务等，持续时间超过12个月的，按照纳税年度内完工进度或者完成的工作量确认收入的实现。

(3)采取产品分成方式取得收入的，按照企业分得产品的日期确认收入的实现，其收入额按照产品的公允价值确定。

(4)企业发生非货币性资产交换，以及将货物、财产、劳务用于捐赠、偿债、赞助、集资、广告、样品、职工福利或者利润分配等用途的，应当视同销售货物、转让财产或者提供劳务。

(三)处置资产收入的确认

(1)企业资产发生下列情形，除将资产转移至境外，由于资产所有权在形式和实质上均没有发生改变，应作为内部处置资产，不视同销售，因此不需确认收入。

①将资产用于生产、制造、加工另一产品；

②改变资产形状、结构或性能；

④改变资产用途(如自建商品房转为自用或经营)；

⑤将资产在总机构及其分支机构之间转移。

(2)企业将资产移送他人，因资产所有权已发生改变，不属于内部处置资产，应按照视同销售确定收入。对于视同销售收入的确定方法，如是企业自制的资产，应按企业同类资产同期对外销售价格确定销售收入；如是外购的资产，可按照购入时的价格确定销售收入，具体包括以下情形：

①将资产用于市场推广或销售；

②将资产用于交际应酬；

③将资产用于职工奖励或福利；

④将资产用于股息分配；

⑤将资产用于对外捐赠；

⑥其他改变资产所有权属的用途。

(四)相关收入实现的确认

除企业所得税法及实施条例前述收入的规定外，企业销售收入的确认必须遵循权责发生制原则和实质重于形式原则。

第一，企业销售商品同时满足下列条件的，应确认收入的实现：

(1)商品销售合同已经签订，企业已将商品所有权相关的主要风险和报酬转移给购货方。

(2)企业对已售出的商品既没有保留通常与所有权相联系的继续管理权，也没有实施有效控制。

(3)收入的金额能够可靠的计量。

(4)已发生或将发生的销售方的成本能够可靠地核算。

第二，符合上款收入确认条件，采取下列商品销售方式的，应按照以下规定确认收入实现时间：

(1)销售商品采用托收承付方式的，在办妥托收手续时确认收入。

(2)销售商品采取预收款方式的，在发出商品时确认收入。

(3)销售商品需要安装和检验的，在购买方接受商品以及安装和检验完毕时确认收入；如果安装程序比较简单，可在发出商品时确认收入。

(4)销售商品采用支付手续费方式委托代销的，在收到代销清单时确认收入。

第三，采用售后回购方式销售商品的，销售的商品按照售价确认收入，回购的商品作为购进商品处理。有证据表明不符合销售收入确认条件的，如以销售商品方式进行融资，收到的款项应确认为负债，回购价格大于原售价的，差额应在回购期间确认为利息费用。

第四，销售商品以旧换新的，销售商品应当按照销售商品收入确认条件确认收入，回收的商品作为购进商品处理。

第五，商业折扣，应当按照扣除商业折扣后的金额确定销售商品收入金额。现金折扣，应当按照扣除现金折扣前的金额确定销售商品收入金额，现金折扣在实际发生时作为财务费用扣除。销售折让和销售退回，企业已经确认销售收入的售出商品发生销售折让和销售退回，应当在发生当期冲减当期销售商品收入。

第六，企业在各个纳税期末，提供劳务交易的结果能够可靠估计的，应采用完工进度(完工百分比)法确认提供劳务收入。

下列提供劳务满足收入确认条件的，应按照规定确认收入：

(1)安装费

应根据安装完工进度确认收入。安装工作是商品销售附带条件的，安装费在确认商品销售实现时确认收入。

(2)宣传媒介的收费

应在相关的广告或商业行为出现于公众面前时确认收入。广告的制作费应根据制作广告的完工进度确认收入。

(3)软件费

为特定客户开发软件的收费，应根据开发的完工进度确认收入。

(4)服务费

包含在商品售价内可区分的服务费，在提供服务的期间分期确认收入。

(5)艺术表演、招待宴会和其他特殊活动的收费

在相关活动发生时确认收入。收费涉及几项活动的，预收的款项应合理分配给每项活动，分别确认收入。

(6)会员费

申请入会或加入会员，只允许取得会籍，所有其他服务或商品都要另行收费的，在取得该会员费时确认收入。申请入会或加入会员后，会员在会员期内不再付费就可得到各种服务或商品，或者以低于非会员的价格销售商品或提供服务的，该会员费应在整个受益期内分期确认收入。

(7)特许权费

属于提供设备和其他有形资产的特许权费，在交付资产或转移资产所有权时确认收入；属于提供初始及后续服务的特许权费，在提供服务时确认收入。

(8)劳务费

长期为客户提供重复的劳务收取的劳务费，在相关劳务活动发生时确认收入。

第七，企业以买一赠一等方式组合销售本企业商品的，不属于捐赠，应将总的销售金额按照各项商品的公允价值的比例来分摊确认各项的销售收入。按照买一赠一的成本结转主营业务成本，允许在所得税前扣除。

二、不征税收入

不征税收入是指从性质上不属于企业盈利性活动带来的经济利益、不负有纳税义务并不作为应纳税所得额组成部分的收入。收入总额中的下列收入为不征税收入：

(1)财政拨款。

(2)依法收取并纳入财政管理的行政事业性收费、政府性基金。

(3)国务院规定的其他不征税收入。

三、免税收入

免税收入是指属于企业的应税所得但按照税法规定免予征收企业所得税的收

入。免税收入包括以下几个方面。

(1)企业因购买国债取得的利息收入免征企业所得税。

(2)居民企业直接投资于其他居民企业取得的股息、红利等权益性投资收益。

(3)在中国境内设立机构、场所的非居民企业从居民企业取得与该机构、场所有实际联系的股息、红利等权益性投资收益;该股息、红利等权益性投资收益,不包括连续持有居民企业公开发行并上市流通的股票不足12个月取得的投资收益。

(4)符合规定条件的非盈利组织的收入。符合条件的非盈利组织是指同时符合下列条件的组织:①依法履行非营利组织登记手续;②从事公益性或者非盈利性活动;③取得的收入除用于与该组织有关的、合理的支出外,全部用于登记核定或者章程规定的公益性或者非营利性事业;④财产及其孳息不用于分配;⑤按照登记核定或者章程规定,该组织注销后的剩余财产用于公益性或者非盈利性目的,或者由登记管理机关转赠给予该组织性质、宗旨相同的组织,并向社会公告;⑥投入人对投入该组织的财产不保留或者享有任何财产权利;⑦工作人员工资福利开支控制在规定的比例内,不变相分配该组织的财产。

四、准予扣除的项目

(一)确认税前扣除项目应遵循的原则

企业实际发生的与取得收入有关的、合理的支出,包括成本、费用、税金、损失和其他支出,准予在计算应纳税所得额时扣除。纳税人申报的扣除项目应该真实、合法。真实是指纳税人能够提供证明有关支出确属已经实际发生的有效证明。合法是指纳税人申报的扣除项目符合国家税收法规的规定。税前扣除应遵循以下原则。

1. 权责发生制原则

企业费用应在发生的所属期扣除,而不是在实际支付时扣除。

2. 配比原则

企业发生的费用应当与收入配比扣除,一般情况下企业发生的费用不得提前扣除或滞后扣除。

3. 相关性原则

企业可扣除的费用必须与取得的应税收入直接相关,企业的不征税收入用于支出所形成的费用或者财产,不得扣除或者计算对应的折旧、摊销扣除。

4. 确定性原则

企业可扣除的费用金额必须是确定的。

5. 合理性原则

符合生产经营活动常规，应当计入当期损益或有关资产成本的必要和正常支出。

(二)准予扣除项目的基本范围

企业实际发生的与取得收入有关的、合理的支出，包括成本、费用、税金、损失和其他支出，准予在计算应纳税所得额时扣除。

1. 成本

成本是指企业在生产经营活动中发生的销售成本、销货成本、业务支出以及其他耗费。

纳税人采用的成本计算、成本分配及成本计价方法，一经确定，一般不得随意变更。如确需改变，应在下一纳税年度开始前报主管税务机关批准；否则，对应纳税所得额造成影响的，税务机关有权调整。

2. 费用

费用是指纳税人每一纳税年度发生的可扣除的销售费用、管理费用和财务费用，但不包括已计入成本的有关费用。

3. 税金

税金是指企业缴纳的除企业所得税和允许抵扣的增值税以外的各项税金及其附加。具体包括纳税人按照规定缴纳的消费税、营业税、资源税、关税、城市建设维护税、教育费附加等产品销售税金及附加，以及房产税、车船税、城镇土地使用税、印花税等。准予扣除的税金有两种扣除方式：一种是在发生当期扣除；另一种是在发生当期计入相关资产的成本，在以后各期分摊扣除。

企业缴纳的房产税、车船税、土地使用税、印花税等，已经计入管理费用中扣除的，不再作销售税金单独扣除。

4. 损失

损失是指企业在生产经营活动中发生的固定资产和存货的盘亏、毁损、报废损失，转让财产损失，呆账损失，坏账损失，自然灾害等不可抗力因素造成的损失以及其他损失。企业发生的损失应减除责任人赔偿和保险赔款后的余额。

企业已经作为损失处理的资产，在以后纳税年度又全部收回或者部分收回时，应当计入当期收入。

5. 其他支出

其他支出是指除成本、费用、税金、损失外，企业在生产经营活动中发生的与生产经营活动有关的、合理的支出。

(三)准予扣除项目及标准

1. 工资、薪金支出

企业发生的合理的工资、薪金支出，准予据实扣除。合理工资薪金是指企业按照股东大会、董事会、薪酬委员会或相关管理机构制定的工资薪金制度规定实际发放给员工的工资、薪金，包括基本工资、奖金、津贴、补贴、年终加薪、加班工资以及与任职或者受雇有关的其他支出。

属于国有性质的企业，其工资、薪金不得超过政府有关部门给予的限定数额；超过部分，不得计入企业工资、薪金总额，也不得在计算企业应纳税所得额时扣除。

2. 职工福利费、工会经费、职工教育经费

企业发生的职工福利费支出，不超过实际发放工资薪金总额14%的部分，准予扣除；企业拨缴的工会经费，不超过工资薪金总额2%的部分，准予扣除；企业发生的职工教育经费支出，一般不超过工资薪金总额2.5%的部分，准予扣除，超过部分，准予在以后纳税年度结转扣除。

3. 社会保险费

企业依照规定的范围和标准为职工缴纳的基本养老保险费、基本医疗保险费、失业保险费、工伤保险费、生育保险费等基本社会保险费和住房公积金，准予扣除。

企业为投资者或者职工支付的补充养老保险费、补充医疗保险费，在规定的范围和标准内，准予扣除。

除企业依照国家有关规定为特殊工种职工支付的人身安全保险费和国务院财政、税务主管部门规定可以扣除的其他商业保险费外，企业为投资者或者职工支付的商业保险费，不得扣除。

企业参加财产保险，按照规定缴纳的保险费，准予扣除。

4. 利息费用

企业在生产经营活动中发生的下列利息支出，准予扣除：

(1)非金融企业向金融企业借款的利息支出、金融企业的各项存款利息支出和同业拆借利息支出、企业经批准发行债券的利息支出。

(2)非金融企业向非金融企业借款的利息支出，不超过按照金融企业同期同

类贷款利率计算的数额的部分可据实扣除，超过部分不得扣除。

(3)企业向内部职工或其他人员借款的利息支出，按照不超过金融企业同期同类贷款利率计算的数额的部分，准予扣除。

5. 借款费用

企业在生产经营活动中发生的合理的不需要资本化的借款费用，准予扣除。

企业为购置、建造固定资产、无形资产和经过12个月以上的建造才能达到预定可销售状态的存货发生借款的，在有关资产购置、建造期间发生的合理的借款费用，应当作为资本性支出计入有关资产的成本，有关资产交付使用后发生的借款利息，可在发生当期扣除。

6. 公益性捐赠

公益性捐赠是指企业通过公益性社会团体或者县级以上人民政府及其部门，用于《中华人民共和国公益事业捐赠法》规定的公益事业的捐赠。

企业发生的公益性捐赠支出，在年度利润总额12%以内的部分，准予在计算应纳税所得额时扣除。年度利润总额是指企业依照国家统一会计制度的规定计算的年度会计利润。

可扣除的公益性捐赠必须取得作为受赠的公益性社会团体或者县级以上人民政府及其部门开具的公益性捐赠票据。货币性资产捐赠，应按照实际金额计算；非货币性资产捐赠，应按照其公允价值计算。

【例8-1】某企业纳税年度的会计利润总额为1 000万元，全年发生公益性捐赠150万元、非公益性捐赠10万元。则该企业应纳税所得额调整的计算如下：

【解析】(1)公益性捐赠扣除限额＝1 000×12%＝120(万元)

(2)调增应纳税所得额＝(150－120)＋10＝40(万元)

7. 广告费与业务宣传费

企业发生的符合条件的广告费和业务宣传费支出，除另有规定外，不超过当年销售(营业)收入15%的部分，准予扣除；超过部分，准予在以后纳税年度结转扣除。

企业申报扣除的广告费支出必须符合下列条件：广告是通过工商部门批准的专门机构制作的；已实际支付费用，并已取得相应发票；通过一定的媒体传播。

【例8-2】某服装厂2010年度产品销售收入500万元，其他业务收入100万元，营业外收入60万元。该年度支付广告费80万元，业务宣传费为50万元。计算该服装厂准予在税前扣除的费用。

【解析】(1)确认实际发生数＝80＋50＝130(万元)

(2)计算广告宣传费限额＝(500＋100)×15%＝90(万元)

(3)确认准予税前扣除数=90(万元)

(4)确认纳税调增数=130-90=40(万元)

自2008年1月1日年起至2010年12月31日，对部分行业广告费和业务宣传费税前扣除的特殊规定如下。

(1)对化妆品制造、医药制造和饮料制造(不含酒类制造)企业发生的广告费和业务宣传费支出，不超过当年销售(营业)收入30%的部分，准予扣除；超过部分，准予在以后纳税年度结转扣除。

(2)烟草企业的烟草广告费和业务宣传费支出，一律不得在计算应纳税所得额时扣除。

8. 业务招待费

企业发生的与生产经营活动有关的业务招待费支出，按照发生额的60%扣除，但最高不得超过当年销售(营业)收入的5‰。当年销售(营业)收入包括视同销售(营业)收入额。

9. 特定专项资金

企业依照法律、行政法规有关规定提取的用于环境保护、生态恢复等方面的专项资金，准予扣除。上述专项资金提取后改变用途的，不得扣除。

10. 租赁费

(1)以经营租赁方式租入固定资产发生的租赁费支出，按照租赁期限均匀扣除。

(2)以融资租赁方式租入固定资产发生的租赁费支出，按照规定构成融资租入固定资产价值的部分应当提取折旧费用，分期扣除。

11. 企业发生的合理的劳动保护支出

企业发生的合理的劳动保护支出，准予扣除。

12. 转让资产

企业转让各类固定资产发生的费用，允许扣除。企业按照规定计算的固定资产折旧费、无形资产和递延资产的摊销费，准予扣除。

13. 总机构分摊费用

非居民企业在中国境内设立的机构、场所，就其中国境外总机构发生的与该机构、场所生产经营有关的费用，能够提供总机构出具的费用汇集范围、定额、分配依据和方法等证明文件，并合理分摊的，准予扣除。

14. 资产损失

企业当期发生的固定资产和流动资产盘亏、毁损净损失，由其提供清查盘存资料经主管税务机关审核后，准予扣除；企业因存货盘亏、毁损、报废等原因不得从销项税金中抵扣的进项税金，应视同企业财产损失，准予与存货损失一起在所得税前按照规定扣除。

企业发生的资产损失，应在按照税收规定实际确认或者实际发生的当年申报扣除，不得提前或延后扣除。

如某烟厂(一般纳税人)由于霉烂变质损失从农民收购的烟叶一批，实际成本为87万元。则该企业准予税前扣除的财产损失＝87＋87÷(1－13%)×13%＝100(万元)。

15. 手续费及佣金支出

企业发生与生产经营有关的手续费及佣金支出，不超过以下规定计算限额以内的部分，准予扣除；超过部分，不得扣除。

(1)保险企业：财产保险企业按照当年全部保费收入扣除退保金等后的余额的15%计算限额；人身保险企业按照当年全部保费收入扣除退保金等后的余额的10%计算限额。

(2)其他企业：按照其与具有合法经营资格中介服务机构或个人(不含交易双方及其雇员、代理人和代表人等)所签订服务协议或合同确认的收入金额的5%计算限额。

16. 其他准予扣除项目

其他准予扣除项目包括会员费、合理的会议费、差旅费、违约金、诉讼费用等。

五、不准扣除的项目

(1)向投资者支付的股息、红利等权益性投资收益款项。

(2)企业所得税税款。

(3)税收滞纳金。

(4)罚金、罚款和被没收财物的损失。纳税人因违反税法规定，被处以的滞纳金、罚金，以及除前述违法经营罚款之外的各项罚款，不得扣除。但纳税人逾期归还银行贷款，银行按照规定加收的罚息，不属于行政性罚款，允许在税前扣除。

(5)企业发生的非公益性捐赠及超过年度利润总额12%以上部分的公益性捐赠支出。

(6)赞助支出，指企业发生的与生产经营活动无关的各种非广告性质支出。

(7)未经核定的准备金支出。所称“未经核定的准备金支出”是指不符合国务院财政、税务主管部门规定的各项资产减值准备、风险准备等准备金支出。

(8)企业之间支付的管理费、企业内营业机构之间支付的租金和特许权使用费，以及非银行企业内营业机构之间支付的利息，不得扣除。

(9)与取得收入无关的其他支出。如企业为其他独立纳税人提供的与本企业应纳税收入无关的贷款担保等，因被担保方还不清款而由该担保人承担的本息等，不得税前扣除

【例题 8-3】某企业所得税纳税人发生的下列支出中，在计算应纳税所得额时不得扣除的有(　　)。

A. 缴纳罚金 10 万元　　B. 直接赞助某学校 8 万元

C. 缴纳税收滞纳金 4 万元　　D. 支付法院诉讼费 1 万元

【解析】ABC。支付法院诉讼费是可以税前扣除的。

六、亏损弥补

1. 亏损弥补的基本规定

纳税人可在税前弥补的亏损是指企业依照《企业所得税法》和实施条例的规定，将每一纳税年度的收入总额减去不征税收入、免税收入和各项扣除后小于零的数额，其计算公式：

亏损＝收入总额－不征税收入－免税收入－各项扣除

企业纳税年度发生的亏损，准予向以后年度结转，用以后年度的所得弥补，但结转年限最长不得超过 5 年。企业在汇总计算缴纳企业所得税时，其境外营业机构的亏损不得抵减境内营业机构盈利。

2. 亏损弥补具体规定

(1)亏损弥补期应自亏损年度的下一个年度起连续 5 年不间断地计算。

(2)纳税人连续发生亏损，各年亏损的弥补期应分别计算，不得将各项亏损的连续弥补期相加。亏损的弥补，按照先亏先补的顺序进行。

【例 8-4】某企 2004—2010 年度的盈亏情况如下表所示。请分析该企业亏损弥补的正确方法。

年　度	2004	2005	2006	2007	2008	2009	2010
盈亏(万元)	－120	－50	10	30	30	40	120

【解析】该企业 2004 年度亏损 120 万元，按照税法规定可以申请用 2005—2009 年 5 年的盈利弥补。虽然该企业在 2005 年度也发生了亏损，但仍应作为计算 2004 年度亏损弥补的第一年。因此，2004 年度的亏损实际上是用 2006—2009 年度的盈利 110 万元来弥补。当 2009 年度终了后，2004 年度的亏损税前

弥补期限已经结束，剩余的10万元亏损不能再用以后年度的税前盈利弥补。2005年度的亏损额50万元，按照税法规定可以申请用2006—2010年5年的盈利弥补。由于2006—2009年度的盈利已用于弥补2004年度的亏损，因此，2005年度的亏损只能用2010年度的盈利弥补。2010年度该企业盈利120万元，其中可用50万元来弥补2005年度发生的亏损，剩余70万元应按照税法规定缴纳企业所得税。

七、资产的税务处理

企业的各项资产，包括固定资产、生产性生物资产、无形资产、长期待摊费用、投资资产、存货等，以历史成本为计税基础。

历史成本是指企业取得该项资产时实际发生的支出。

企业持有各项资产期间资产增值或者减值，除国务院财政、税务主管部门规定可以确认损益外，不得调整该资产的计税基础。

(一)固定资产的计价和折旧

1. 固定资产按照以下方法确定计税基础

(1)外购的固定资产，以购买价款和支付的相关税费以及直接归属于使该资产达到预定用途发生的其他支出为计税基础。

(2)自行建造的固定资产，以竣工结算前发生的支出为计税基础。

(3)融资租入的固定资产，以租赁合同约定的付款总额和承租人在签订租赁合同过程中发生的相关费用为计税基础，租赁合同未约定付款总额的，以该资产的公允价值和承租人在签订租赁合同过程中发生的相关费用为计税基础。

(4)盘盈的固定资产，以同类固定资产的重置完全价值为计税基础。

(5)通过捐赠、投资、非货币性资产交换、债务重组等方式取得的固定资产，以该资产的公允价值和支付的相关税费为计税基础。

(6)改建的固定资产，以改建过程中发生的改建支出增加计税基础。

2. 固定资产折旧的相关规定

(1)折旧方法

固定资产按照直线法计算的折旧，准予扣除。企业应当自固定资产投入使用月份的次月起计算折旧；停止使用的固定资产，应当自停止使用月份的次月起停止计算折旧。企业应当根据固定资产的性质和使用情况，合理确定固定资产的预计净残值。固定资产的预计净残值一经确定，不得变更。

(2)不得计算折旧扣除的固定资产

①房屋、建筑物以外未投入使用的固定资产；

②以经营租赁方式租入的固定资产；

③以融资租赁方式租出的固定资产；

④已足额提取折旧继续使用的固定资产；

⑤与经营活动无关的固定资产；

⑥单独估价作为固定资产入账的土地。

(3)折旧年限

除国务院财政、税务主管部门另有规定外，固定资产计算折旧的最低年限如下：①房屋、建筑物，为20年；②飞机、火车、轮船、机器、机械和其他生产设备，为10年；③与生产经营活动有关的器具、工具、家具等，为5年；④飞机、火车、轮船以外的运输工具，为4年；⑤电子设备，为3年。

(二)生产性生物资产的计价和折旧

生产性生物资产是指企业为生产农产品、提供劳务或者出租等而持有的生物资产，包括经济林、薪炭林、产畜和役畜等。

1. 生产性生物资产按照以下方法确定计税基础

(1)外购的生产性生物资产，以购买价款和支付的相关税费为计税基础。

(2)通过捐赠、投资、非货币性资产交换、债务重组等方式取得的生产性生物资产，以该资产的公允价值和支付的相关税费为计税基础。

2. 生产性生物资产折旧的处理规定

生产性生物资产按照直线法计算的折旧，准予扣除。

企业应当自生产性生物资产投入使用月份的次月起计算折旧；停止使用的生产性生物资产，应当自停止使用月份的次月起停止计算折旧。

企业应当根据生产性生物资产的性质和使用情况，合理确定生产性生物资产的预计净残值。生产性生物资产的预计净残值一经确定，不得变更。

生产性生物资产计算折旧的最低年限如下：①林木类生产性生物资产，为10年；②畜类生产性生物资产，为3年。

(三)无形资产的计价和摊销

无形资产是指企业为生产产品、提供劳务、出租或者经营管理而持有的、没有实物形态的非货币性长期资产，包括专利权、商标权、著作权、土地使用权、非专利技术、商誉等。

1. 无形资产的计税基础

(1)外购的无形资产，以购买价款和支付的相关税费以及直接归属于使该资产达到预定用途发生的其他支出为计税基础。

(2)自行开发的无形资产，以开发过程中该资产符合资本化条件后至达到预定用途前发生的支出为计税基础。

(3)通过捐赠、投资、非货币性资产交换、债务重组等方式取得的无形资产，以该资产的公允价值和支付的相关税费为计税基础。

2. 无形资产的摊销

无形资产按照直线法计算的摊销费用，准予扣除。无形资产的摊销年限不得低于10年。

作为投资或者受让的无形资产，有关法律规定或者合同约定了使用年限的，可以按照规定或者约定的使用年限分期摊销。但外购商誉的支出，在企业整体转让或者清算时，准予扣除。

【例8-5】某市区的一个企业在2010年转让一项两年前购买的无形资产的所有权。购买时是60万元，转让的收入是65万元。摊销期限是10年。计算该企业转让无形资产应当缴纳的企业所得税税额。

【解析】转让过程中应纳的营业税、城建税及教育费附加＝65×5%×(1＋7%＋3%)＝3.575(万元)

无形资产的账面成本＝60－(60÷10×2)＝48(万元)

应纳税所得额＝65－48－3.575＝13.425(万元)

应纳企业所得税＝13.425×25%＝3.36(万元)

(四)其他资产的税务处理

1. 长期待摊费用的处理规定

长期待摊费用是指企业发生的应在1个年度以上或几个年度进行摊销的费用。在计算应纳税所得额时，企业发生的下列支出作为长期待摊费用，按照规定摊销的，准予扣除。

(1)已足额提取折旧的固定资产的改建支出。固定资产的改建支出是指改变房屋或者建筑物结构、延长使用年限等发生的支出。已足额提取折旧的固定资产的改建支出，按照固定资产预计尚可使用年限分期摊销。

(2)租入固定资产的改建支出，按照合同约定的剩余租赁期限分期摊销。

(3)固定资产的大修理支出，按照固定资产尚可使用年限分期摊销。

《企业所得税法》所指固定资产的大修理支出是指同时符合以上两个条件的支

出：①修理支出达到取得固定资产时的计税基础50%以上；②修理后固定资产的使用年限延长2年以上。

(4)其他应当作为长期待摊费用的支出，自支出发生月份的次月起，分期摊销，摊销年限不得低于3年。

2. 投资资产的处理规定

投资资产是指企业对外进行权益性投资和债权性投资而形成的资产。

(1)企业投资资产成本按照以下规定确定

通过支付现金方式取得的投资资产，以购买价款为成本；通过支付现金以外的方式取得的投资资产，以该资产的公允价值和支付的相关税费为成本。

(2)投资资产成本的扣除方法

企业对外投资期间，投资资产的成本在计算应纳税所得额时不得扣除；企业在转让或者处置投资资产时，投资资产的成本准予扣除。

3. 税法规定与会计规定差异的处理

(1)企业不能提供完整、准确的收入及成本、费用凭证，不能正确计算应纳税所得额的，由税务机关核定其应纳税所得额。

(2)企业依法清算时，以其清算终了后的清算所得为应纳税所得额，按照规定缴纳企业所得税。所谓清算所得，是指企业的全部资产可变现价值或者交易价格减除资产净值、清算费用以及相关税费等后的余额。

投资方企业从被清算企业分得的剩余资产，其中相当于从被清算企业累计未分配利润和累计盈余公积中应当分得的部分，应当确认为股息所得；剩余资产减除上述股息所得后的余额，超过或者低于投资成本的部分，应当确认为投资资产转让所得或者损失。

【例8-6】投资方企业从被清算企业分得的剩余资产，价值为400万元，投资成本200万元，属于累计未分配利润和累计盈余公积的部分为30万元。计算投资方企业应纳企业所得税税额。

【解析】应纳企业所得税税额＝(400－200－30)×25%＝42.5(万元)

(3)企业应纳税所得额是根据税收法规计算出来的，它在数额上与依据财务会计制度计算的利润总额往往不一致。对企业按照有关财务会计规定计算的利润总额，要按照税法的规定进行必要调整后才能作为应纳税所得额计算缴纳所得税。

第四节　应纳税额的计算

一、居民企业应纳税额的计算

居民企业应纳税额等于应纳税所得额乘以适用税率减去减免税额、抵免税额，计算公式为：

居民企业应纳税额＝应纳税所得额×适用税率－减免税额－抵免税额

应纳税所得额＝收入总额－不征税收入－免税收入－各项扣除金额－弥补亏损

实际工作中通常利用会计利润间接计算应纳税所得额，计算公式为：

应纳税所得额＝会计利润总额±纳税调整项目金额

【例 8-7】某工业企业为居民企业，2010 年发生经营业务如下：全年取得产品销售收入为 5 600 万元，发生产品销售成本 4 000 万元；其他业务收入 800 万元，其他业务成本 660 万元；取得购买国债的利息收入 40 万元；缴纳非增值税销售税金及附加 300 万元；发生的管理费用 760 万元，其中新技术的研究开发费用 60 万元、业务招待费用 70 万元；发生财务费用 200 万元；取得直接投资其他居民企业的权益性收益 34 万元(已在投资方所在地按 15％的税率缴纳了所得税)；取得营业外收入 100 万元，发生营业外支出 250 万元(其中含公益捐赠 38 万元)。计算该企业 2010 年应纳企业所得税税额。

【解析】(1)利润总额＝5 600＋800＋40＋34＋100－4 000－660－300－760－200－250＝404(万元)

(2)国债利息收入免征企业所得税，应调减所得额 40 万元。

(3)技术开发费调减所得额＝60×50％＝30(万元)

(4)按实际发生业务招待费的 60％计算＝70×60％＝42(万元)

按销售(营业)收入的 5‰计算＝(5 600＋800)×5‰＝32(万元)

按照规定税前扣除限额应为 32 万元，实际应调增应纳税所得额＝70－32＝38(万元)

(5)取得直接投资其他居民企业的权益性收益属于免税收入，应调减应纳税所得额 34 万元。

(6)捐赠扣除标准＝404×12％＝48.48(万元)

实际捐赠额38万元小于扣除标准48.48万元，可按实捐数扣除，不作纳税调整。

(7)应纳税所得额＝404－40－30＋38－34＝338(万元)

(8)该企业2010年应纳企业所得税税额＝338×25％＝84.5(万元)

【例8-8】某市一家居民企业为增值税一般纳税人，主要生产销售彩色电视机，假定2010年度有关经营业务如下：

(1)销售取得不含税收入8 600万元，与彩电配比的销售成本5 660万元；

(2)转让技术所有权取得收入700万元，直接与技术所有权转让有关的成本和费用100万元；

(3)出租设备取得租金收入200万元，接受原材料捐赠取得增值税专用发票注明材料金额50万元、增值税进项税金8.5万元，取得国债利息收入30万元；

(4)购进原材料共计3 000万元，取得增值税专用发票注明进项税税额510万元，支付购料运输费用共计230万元，取得运输发票；

(5)销售费用1 650万元，其中广告费1 400万元；

(6)管理费用850万元，其中业务招待费90万元；

(7)财务费用80万元，其中含向非金融企业借款500万元所支付的年利息40万元(当年金融企业贷款的年利率为5.8％)；

(8)计入成本、费用中的实发工资540万元；发生的工会经费15万元、职工福利费82万元、职工教育经费18万元；

(9)营业外支出300万元，其中包括通过公益性社会团体向贫困山区的捐款150万元。

(其他相关资料：①上述销售费用、管理费用和财务费用不涉及转让费用；②取得的相关票据均通过主管税务机关认证。)

要求：根据上述资料，计算企业2010年度应纳企业所得税税额。

【解析】(1)应纳增值税税额＝8 600×17％－8.5－510－230×7％＝927.4(万元)

(2)应纳营业税税额＝200×5％＝10(万元)

(3)应纳城市维护建设税和教育费附加＝(927.4＋10)×(7％＋3％)＝93.74(万元)

(4)会计利润＝8 600－5 660＋700－100＋200＋50＋8.5＋30－1 650－850－80－300－10－93.74＝844.76(万元)

(5)销售(营业)收入＝8 600＋200＝8 800(万元)

广告费用应调整的应纳税所得额＝1 400－8 800×15％＝80(万元)

(6)业务招待费×60％＝90×60％＝54(万元)，销售(营业)收入×0.5％＝

8 800×0.5%=44(万元)

业务招待费应调整的应纳税所得额=90-44=46(万元)

(7)财务费用应调整的应纳税所得额=40-500×5.8%=11(万元)

(8)工会经费扣除限额=540×2%=10.8(万元)，调增15-10.8=4.2(万元)

职工福利费扣除限额=540×14%=75.6(万元)，调增82-75.6=6.4(万元)

职工教育经费=540×2.5%=13.5(万元)，调增18-13.5=4.5(万元)

职工工会经费、职工福利费、职工教育经费应调整的应纳税所得额=4.2+6.4+4.5=15.1(万元)

(9)公益性捐赠应调整的应纳税所得额=150-844.76×12%=48.63(万元)

(10)企业所得税的应纳税所得额=844.76+80+46+11+15.1+48.63-30-500=515.49(万元)

(11)应纳企业所得税税额=(515.49-100)×25%+100×25%×50%=116.37(万元)

二、居民企业核定征收应纳税额的计算

(一)核定征收企业所得税的范围

居民企业纳税人具有下列情形之一的，核定征收企业所得税：

(1)依照法律、行政法规的规定可以不设置账簿的。

(2)依照法律、行政法规的规定应当设置但未设置账簿的。

(3)擅自销毁账簿或者拒不提供纳税资料的。

(4)虽设置账簿，但账目混乱或者成本资料、收入凭证、费用凭证残缺不全，难以查账的。

(5)发生纳税义务，未按照规定的期限办理纳税申报，经税务机关责令限期申报，逾期仍不申报的。

(6)申报的计税依据明显偏低，又无正当理由的。

(二)核定征收的办法

税务机关应根据纳税人的具体情况，对核定征收企业所得税的纳税人，核定应税所得率或者核定应纳所得税额。

1. 核定其应税所得率

具有下列情形之一的，核定其应税所得率：

(1)能正确核算(查实)收入总额，但不能正确核算(查实)成本费用总额的。

(2)能正确核算(查实)成本费用总额，但不能正确核算(查实)收入总额的。

(3)通过合理方法，能计算和推定纳税人收入总额或成本费用总额的。

采用应税所得率方式核定征收企业所得税的，应纳所得税额计算公式如下：

应纳所得税额=应纳税所得额×适用税率

应纳税所得额=应税收入额×应税所得率

或：应纳税所得额=成本(费用)支出额÷(1－应税所得率)×应税所得率

【例 8-9】某私营企业 2010 年 2 月 10 日向其主管税务机关申报 2009 年度取得收入总额 186 万元，发生的直接成本 150 万元、其他费用 30 万元，全年应纳企业所得税 1.62 万元，税款已入库。后经税务机关检查，其成本、费用无误，但收入总额不能准确核算。假定应税所得率为 20%，按照核定征收企业所得税的办法，计算该企业 2009 年度还应补缴企业所得税税额。

【解析】应纳税所得额=(150+30)÷(1－20%)×20%=45(万元)

应纳所得税税额=45×33%=14.85(万元)

应补所得税税额=14.85－1.62=13.23(万元)

2. 纳税人不属于以上情形的，由税务机关核定其应纳所得税额

三、境外所得抵免税额的计算

企业取得的所得已在境外缴纳的所得税税额，可以从其当期应纳税额中抵免，抵免限额为该项所得依照《企业所得税法》规定计算的应纳税额；超过抵免限额的部分，可以在以后 5 个年度内，用每年度抵免限额抵免当年应抵税额后的余额进行抵补。除国务院财政、税务主管部门另有规定外，该抵免限额应当分国(地区)不分项计算，计算公式如下：

抵免限额=中国境内、境外所得依照我国《企业所得税法》计算的应纳税总额×来源于某国(地区)的应纳税所得额÷中国境内、境外应纳税所得总额

境外所得已纳税款的适用范围包括：

(1)居民企业来源于中国境外的应税所得。

(2)非居民企业在中国境内设立机构、场所，取得发生在中国境外但与该机构、场所有实际联系的应税所得。

已在境外缴纳的所得税税额是指企业来源于中国境外的所得依照中国境外税收法律以及相关规定应当缴纳并已经实际缴纳的企业所得税性质的税款。

5 个年度是指从企业取得的来源于中国境外的所得，已经在中国境外缴纳的企业所得税性质的税额超过抵免限额的当年的次年起连续 5 个纳税年度。

【例 8-10】某公司 2009 年度取得的境内应税所得额为 400 万元。取得的境外 A 国甲分公司税后收益 42 万元，甲分公司已在境外缴纳了 30％的企业所得税。取得的境外 B 国乙分公司税后收益 40 万元，乙分公司已在境外缴纳了 20％的企业所得税。计算该公司汇总时在我国应纳企业所得税税额。

【解析】(1)境内/外所得应纳所得税额＝[400＋42/(1－30％)＋40/(1－20％)]×25％＝(400＋60＋50)×25％＝127.5(万元)

(2)甲分公司境外所得税扣除限额＝127.5×60/(400＋60＋50)＝15(万元)

在境外实际缴纳的所得税＝60×30％＝18(万元)

两者比较，谁小按谁扣除，因此境外所得已纳税额的扣除额应为 15 万元。

(3)乙分公司境外所得税扣除限额＝127.5×50/(400＋60＋50)＝12.5(万元)

在境外实际缴纳的所得税＝50×20％＝10(万元)

两者比较，谁小按谁扣除，因此境外所得已纳税额的扣除额应为 10 万元。

(4)该公司汇总时在我国应纳企业所得税税额＝52.5－15－10＝27.5(万元)。

假设甲分公司和乙分公司均在 A 国，其他条件不变。则：

(1)境内/外所得应纳所得税税额＝[400＋42/(1－30％)＋40/(1－20％)]×25％＝(400＋60＋50)×25％＝127.5(万元)

(2)在 A 国实际缴纳所得税税额＝60×30％＋50×20％＝18＋10＝28(万元)

境外所得税扣除限额＝[127.5×(60＋50)]÷(400＋60＋50)＝27.5(万元)

两者比较，谁小按谁扣除，因此境外所得已纳税额的扣除额应为 27.5 万元。

(3)该公司汇总时在我国应缴纳企业所得税＝127.5－27.5＝100(万元)

(4)当年留抵的可在以后 5 个纳税年度抵免的境外所得税＝28－27.5＝0.5(万元)。

四、非居民企业应纳税额的计算

对于在中国境内未设立机构、场所的，或者虽设立机构、场所但取得的所得与其所设机构、场所没有实际联系的非居民企业的所得，实行税源扣缴，由扣缴义务人在每次向非居民企业支付或者到期应支付所得时，从支付或到期应支付的款项中扣缴企业所得税。扣缴时按照下列方法计算应纳税所得额，并依 10％的实际征收率扣缴企业所得税。

(1)股息、红利等权益性投资收益和利息、租金、特许权使用费所得，以收入全额为应纳税所得额。

(2)转让财产所得，以收入全额减除财产净值后的余额为应纳税所得额。财产净值是指财产的计税基础减除已经按照规定扣除的折旧、折耗、摊销、准备金等后的余额。

(3)其他所得，参照前两项规定的方法计算应纳税所得额。

五、房地产开发企业所得税预缴税款的处理

1. 纳税方法

从事房地产开发经营业务的居民纳税人，按照当年房地产开发企业的实际利润据实分季(或月)预缴企业所得税的，对开发、建造的住宅、商业用房以及其他建筑物、附着物、配套设施等开发产品，在未完工前采取预售方式销售取得的预售收入，按照规定的预计利润分季(或月)计算出预计利润，计入利润总额预缴所得税，待开发产品完工、结算计税成本后按照实际利润再征调整。

2. 预计利润率暂按已规定的标准确定

(1)非经济适用房开发项目，位于省、自治区、直辖市和计划单列市人民政府所在地城区和郊区的，不得低于15%；位于地级市、地区、盟、州城区及郊区的，不得低于10%；位于其他地区的，不得低于5%。

(2)经济适用房、限价房开发项目，不得低于3%。

【例 8-11】某房地产开发公司 2010 年开发商品房 4 幢，到 12 月 31 日止已销售了商品房面积的 50%，取得销售收入 6 000 万元，该房地产公司开发的商品房坐落在省级城市，企业所得税的预征所得率为 15%。计算该公司 2010 年应预缴的企业所得税税额。

【解析】(1)预缴企业所得税的应纳税所得额＝6 000×15%＝900(万元)

(2)预缴企业所得税税额＝900×25%＝225(万元)

第五节　税收优惠与征收管理

一、企业所得税的税收优惠

(一)免(减)税所得

1. 从事农、林、牧、渔业项目的所得

企业从事下列项目的所得，免征企业所得税：蔬菜、谷物、薯类、油料、豆类、棉花、麻类、糖料、水果、坚果的种植；农作物新品种的选育；中药材的种

植；林木的培育和种植；牲畜、家禽的饲养；林产品的采集；灌溉、农产品初加工、兽医、农技推广、农机作业和维修等农、林、牧、渔服务业项目；远洋捕捞。

企业从事下列项目的所得，减半征收企业所得税：花卉、茶以及其他饮料作物和香料作物的种植；海水养殖、内陆养殖。

2. 从事国家重点扶持的公共基础设施项目投资经营的所得

企业从事规定的国家重点扶持的公共基础设施项目的投资经营的所得，自项目取得第一笔生产经营收入所属纳税年度起，第1～3年免征企业所得税，第4～6年减半征收企业所得税。国家重点扶持的公共基础设施项目是指《公共基础设施项目企业所得税优惠目录》规定的港口码头、机场、铁路、公路、城市公共交通、电力、水利等项目。

企业承包经营、承包建设和内部自建自用本条规定的项目，不得享受本条规定的企业所得税优惠。

3. 从事符合条件的环境保护、节能节水项目的所得

企业从事规定的符合条件的环境保护、节能节水项目的所得，自项目取得第一笔生产经营收入所属纳税年度起，第1～3年免征企业所得税，第4～6年减半征收企业所得税。

符合条件的环境保护、节能节水项目，包括公共污水处理、公共垃圾处理、沼气综合开发利用、节能减排技术改造、海水淡化等。项目的具体条件和范围由国务院财政、税务主管部门商国务院有关部门制定，报国务院批准后公布施行。

依照上述第一和第三项规定享受减免税优惠的项目，在减免税期限内转让的，受让方自受让之日起，可以在剩余期限内享受规定的减免税优惠；减免税期限届满后转让的，受让方不得就该项目重复享受减免税优惠。

4. 符合条件的技术转让所得

一个纳税年度内，居民企业技术转让所得不超过500万元的部分，免征企业所得税；超过500万元的部分，减半征收企业所得税。

(二)高新技术企业优惠

国家需要重点扶持的高新技术企业减按15%的税率征收企业所得税。

(三)小型微利企业

符合条件的小型微利企业减按20%的税率征收企业所得税。

小型微利企业是指从事国家非限制和禁止行业，并符合下列条件的企业：

(1)工业企业，年度应纳税所得额不超过30万元，从业人数不超过100人，资产总额不超过3 000万元；

(2)其他企业，年度应纳税所得额不超过30万元，从业人数不超过80人，资产总额不超过1 000万元。

【例8-12】某小型微利企业经主管税务机关核定，2009年度亏损30万元，2010年度盈利45万元。该企业2010年度应缴纳的企业所得税为(　　)万元。

A. 1.5　　B. 2.25　　C. 3　　D. 3.75

【解析】2010年该小型微利企业应纳企业所得税税额＝(45－30)×20%＝3(万元)。

(四)民族自治地方优惠

民族自治地方的自治机关对本民族自治地方的企业应缴纳的企业所得税中属于地方分享的部分，可以决定减征或者免征。自治州、自治县决定减征或者免征的，须报省、自治区、直辖市人民政府批准。

(五)加计扣除优惠

企业的下列支出，可以在计算应纳税所得额时加计扣除。

(1)开发新技术、新产品、新工艺发生的研究开发费用在按照规定据实扣除的基础上，按照研究开发费用的50%加计扣除；形成无形资产的，按照无形资产成本的150%摊销。

【例题8-13】某企业2010年利润总额为400万元，当年开发新产品研发费用实际支出为20万元，假定税法规定研发费用可实行50%加计扣除政策。则该企业2010年计算应纳税所得额时可以扣除的研发费用为(　　)万元。

A. 10　　B. 20　　C. 30　　D. 40

【解析】企业当年开发新产品研发费用实际支出为20万元，就可按照30万元(20×150%)数额在税前进行扣除。

(2)安置残疾人员及国家鼓励安置的其他就业人员所支付的工资在按照支付给残疾职工工资据实扣除的基础上，按照支付给残疾职工工资的100%加计扣除。

(六)重点扶持优惠

(1)创业投资企业从事国家需要重点扶持和鼓励的创业投资，可以按照投资额的一定比例抵扣应纳税所得额。

抵扣应纳税所得额是指创业投资企业采取股权投资方式投资于未上市的中小高新技术企业2年以上的，可以按照其投资额的70%在股权持有满2年的当年抵扣该创业投资企业的应纳税所得额；当年不足抵扣的，可以在以后纳税年度结转抵扣。

(2)企业的固定资产由于技术进步等原因，确需加速折旧的，可以缩短折旧年限或者采取加速折旧的方法。

可以采取缩短折旧年限或者采取加速折旧的方法的固定资产，具体包括：①由于技术进步，产品更新换代较快的固定资产；②常年处于强震动、高腐蚀状态的固定资产。

采取缩短折旧年限方法的，最低折旧年限不得低于规定折旧年限的60%；采取加速折旧方法的，可以采取双倍余额递减法或者年数总和法。

(3)企业综合利用资源，生产符合国家产业政策规定的产品所取得的收入，可以在计算应纳税所得额时减计收入，减按90%计入收入总额。

(4)企业购置用于环境保护、节能节水、安全生产等专用设备的，该专用设备的投资额的10%可以从企业当年的应纳税额中抵免；当年不足抵免的，可以在以后5个纳税年度结转抵免。

享受此项企业所得税优惠的企业，应当实际购置并自身实际投入使用前款规定的专用设备；企业购置上述专用设备在5年内转让、出租的，应当停止享受企业所得税优惠，并补缴已经抵免的企业所得税税款。

【例8-14】某造纸企业2010年度应纳税所得额为500万元。该企业当年投资100万元购置环保专用设备。计算该企业2010年度应纳企业所得税税额。

【解析】投资抵免限额＝100×10%＝10(万元)

2010年应纳企业所得税税额＝500×25%＝125(万元)

2010年实际应纳企业所得税税额＝125－10＝115(万元)

企业同时从事适用不同企业所得税待遇的项目的，其优惠项目应当单独计算所得，并合理分摊企业的期间费用；没有单独计算的，不得享受企业所得税优惠。

二、征收管理与纳税申报

(一)企业所得税的纳税地点

1. 居民企业纳税地点

(1)除税收法律、行政法规另有规定外，居民企业以企业登记注册地为纳税地点；但登记注册地在境外的，以实际管理机构所在地为纳税地点。

(2)居民企业在中国境内设立不具有法人资格的营业机构的，应当汇总计算并缴纳企业所得税。

2. 非居民企业的纳税地点

(1)在中国境内设立机构、场所的非居民企业取得的来源于中国境内的所得，以及发生在中国境外但与其所设机构、场所有实际联系的所得，以机构、场所所在地为纳税地点。

(2)非居民企业在中国境内设立两个或者两个以上机构、场所的，经税务机关审核批准，可以选择由其主要机构、场所汇总缴纳企业所得税。

(3)在中国境内未设立机构、场所的非居民企业来源于中国境内的所得，或者虽设立机构、场所但取得的来源于中国境内的与其所设机构、场所没有实际联系的所得，以扣缴义务人所在地为纳税地点。

除国务院另有规定外，企业之间不得合并缴纳企业所得税。

(二)企业所得税的纳税年度

企业所得税按照纳税年度计算。纳税年度自公历1月1日起至12月31日止。

企业在一个纳税年度中间开业，或者终止经营活动，使该纳税年度的实际经营期不足12个月的，应当以其实际经营期为一个纳税年度。

企业依法清算时，应当以清算期间作为一个纳税年度。

(三)企业所得税的征收方法

(1)企业所得税实行按年计征，分月或者分季预缴，年终汇算清缴，多退少补。企业应当自月份或者季度终了之日起15日内，向税务机关报送预缴企业所得税纳税申报表，预缴税款。企业应当自年度终了之日起5个月内，向税务机关报送年度企业所得税纳税申报表，并汇算清缴，结清应缴应退税款。

企业在纳税年度内无论盈利或者亏损，都应当依照《企业所得税法》规定的期限，向税务机关报送预缴企业所得税纳税申报表、年度企业所得税纳税申报表、财务会计报告和税务机关规定应当报送的其他有关资料。

企业所得以人民币以外的货币计算的，预缴企业所得税时，应当按照月度或者季度最后一日的人民币汇率中间价，折合成人民币计算应纳税所得额。年度终了汇算清缴时，对已经按照月度或者季度预缴税款的，不再重新折合计算，只就该纳税年度内未缴纳企业所得税的部分，按照纳税年度最后一日的人民币汇率中间价，折合成人民币计算应纳税所得额。

(2)企业在年度中间终止经营活动的，应当自实际经营终止之日起 60 日内，向税务机关办理当期企业所得税汇算清缴。

(3)企业应当在办理注销登记前，就其清算所得向税务机关申报并依法缴纳企业所得税。

(四)企业所得税纳税申报表填报

企业应当自月份或者季度终了之日起 15 日内，向税务机关报送预缴企业所得税纳税申报表，预缴税款。企业应当自年度终了之日起 5 个月内，向税务机关报送年度企业所得税纳税申报表，并汇算清缴，结清应缴应退税款。

【例 8-15】某市大华食品公司为增值税一般纳税人，其 2009 年经营情况如下：

(1)产品销售收入 1 900 万元，其他业务收入 50 万元。

(2)本年应缴增值税 84 万元，营业税 5 万元，城建税及教育费附加 8.9 万元。

中华人民共和国企业所得税年度纳税申报表(A 类)

纳税人名称： 纳税人识别号：□□□□□□□□□□□□□□□□□□□

税款所属期间： 年 月 日至 年 月 日 金额单位：元(列至角分)

类别	行次	项目	金额
利润总额计算	1	一、营业收入(填附表一)	1 950
	2	减：营业成本(填附表二)	1 210
	3	营业税金及附加	13.9
	4	销售费用(填附表二)	240
	5	管理费用(填附表二)	120
	6	财务费用(填附表二)	60
	7	资产减值损失	
	8	加：公允价值变动收益	
	9	投资收益	50
	10	二、营业利润	
	11	加：营业外收入(填附表一)	153.6
	12	减：营业外支出(填附表二)	120
	13	三、利润总额(10+11−12)	389.7

续表

类别	行次	项目	金额
应纳税所得额计算	14	加：纳税调整增加额(填附表三)	54.5
	15	减：纳税调整减少额(填附表三)	50
	16	其中：不征税收入	
	17	免税收入	50
	18	减税收入	
	19	减、免税项目所得	
	20	加税扣除	
	21	抵扣应纳税所得额	
	22	加：境外应税所得弥补境内亏损	
	23	纳税调整后所得(13＋14－15＋22)	394.2
	24	减：弥补以前年度亏损(填附表四)	10
	25	应纳税所得额(23－24)	384.2
应纳税额计算	26	税率(25%)	25%
	27	应纳所得税额(25×26)	96.05
	28	减：减免所得税额(填附表五)	
	29	减：抵免所得税额(填附表五)	20
	30	应纳税额(27－28－29)	76.05
	31	加：境外所得应纳所得税额(填附表六)	
	32	减：境外所得抵免所得税额(填附表六)	
	33	实际应纳所得税额(30＋31－32)	76.05
	34	减：本年累计实际已预缴的所得税额	60
	35	其中：汇总纳税的总机构分摊预缴的税额	
	36	汇总纳税的总机构财政调库预缴的税额	
	37	汇总纳税的总机构所属分支机构分摊的预缴税额	
	38	合并纳税(母子体制)成员企业就地预缴比例	
	39	合并纳税企业就地预缴的所得税额	
	40	本年应补(退)的所得税额(33－34)	16.05

续表

类别	行次	项目	金额
	41	以前年度多缴的所得税额在本年抵减额	
	42	以前年度应缴未缴在本年入库所得税额	
申报日期：年 月 日		代理申报中介机构公章： 经办人及执业证件号码： 代理申报日期：年 月 日	主管税务机关 受理专用章： 受理人：

(3)产品销售成本 1 200 万元，其他业务成本 10 万元。

(4)产品销售费用 240 万元(其中广告费 200 万元，其他税前可以扣除的销售费用 40 万元)。

(5)管理费用 120 万元(其中：业务招待费 36.85 万元)。

(6)财务费用共 60 万元，其中向银行借款 400 万元，支付银行借款利息 32 万元，向其他单位借款 300 万元支付年利息 28 万元。

(7)营业外支出 120 万元(其中被质检部分罚款 5.9 万元，向某商场店庆赞助 5 万元，通过希望工程基金会向希望工程捐赠 15 万元，向红十字事业捐赠 20 万元)。

(8)成本费用中列支工资 500 万元，职工福利费实际支出 80 万元，工会经费会计实际列支 7.5 万元，教育经费成本费用列支 15 万。

(9)处理 2007 年 12 月购进的固定资产，该资产原入账价值为 150 万元，已计提折旧 100 万元，取得销售收入 208 万元。

(10)企业上年经税务机关认定的亏损额为 10 万元。

(11)1—11 月企业共缴所得税 60 万元。

(12)全年实现投资收益 50 万元中，42.5 万元为从深圳联营企业分回税后利润，联营企业适用税率 15%，8.5 万元为国债利息收入。

(13)企业购置污水处理设备投资额为 200 万元。

已知：职工工会经费、职工福利费、职工教育经费分别按计税工资总额的 2%、14%、2.5%计算；银行同期贷款利率为 8%。

要求：根据以上资料编制企业所得税纳税申报表。

【解析】大华食品公司全年应纳税额：

(1)应纳增值税＝[208－(150－100)]÷(1＋4%)×2%＝4(万元)

应纳城建税及教育费附加＝4×(7%＋3%)＝0.4(万元)

实现营业外收入＝[208－(150－100)]－4－0.4＝153.6(万元)

(2)会计利润＝1 900＋50＋153.6＋50－5－8.9－1 200－10－120－240－60－120
＝389.7(万元)

(3)广告费扣除限额＝1 950×15％＝292.5 万元，实际支出 200 万元，不超标，不需要调整

(4)业务招待费限额 1＝36.85×60％＝22.11(万元)　限额 2＝1 950×5‰＝9.75(万元)两个限额中取小者，则超标准金额＝36.85－9.75－27.1(万元)，应调增应纳税所得额

(5)借款利息超标准金额＝28－300×8％＝4(万元)，应调增应纳税所得额

(6)职工福利费扣除限额＝500×14％＝70(万元)，实际支出 80 万元，超标准金额 10 万元，应调增应纳税所得额

职工教育经费扣除限额＝500×2.5％＝12.5(万元)，超标准金额 2.5 万元，应调增应纳税所得额

(7)购置污水处理设备投资额 200 万元，可抵免企业所得税额＝200×10％＝20(万元)

(8)该企业应纳税所得额＝389.7＋27.1＋4＋10＋2.5＋5.9＋5－50－10
＝384.2(万元)

(9)该企业应纳企业所得税额＝384.2×25％－20＝76.05(万元)

应补缴企业所得税额＝76.05－60＝16.05(万元)

第六节　企业所得税的账务处理

财务会计是按照企业会计准则和企业会计制度对资产、负债、收益、费用和利润等进行核算的，而税法是按照税收法规确认资产、负债、收益、费用和利润等，因此按照财务会计方法计算的利润与按照税法规定计算的应税所得额之间往往存在一定的差异。现行会计准则规定，企业只能采用资产负债表债务法。

一、会计账面价值与计税基础差异

(一)所得税会计账务处理方法

资产负债表债务法是从资产负债表出发，通过比较资产负债表上列示的资

产、负债按照企业会计准则规定确定的账面价值与按照税法规定确定的计税基础，对于两者之间的差额分别应纳税暂时性差异与可抵扣暂时性差异，确认相关的递延所得税负债与递延所得税资产。

资产负债表债务法计算的基本程序如下：

第一步：计算应交税费——应交所得税；

第二步：确认资产或负债的账面价值及计税基础，比较账面价值和计税基础，判断可抵扣暂时性差异或应纳税暂时性差异，进而确认递延所得税资产或递延所得税负债；

第三步：作分录，倒挤所得税费用。

(二)资产的计税基础

1. 资产的计税基础概述

资产的计税基础＝未来期间税法允许税前扣除的金额

或：资产的计税基础＝取得成本－以前期间已累计税前扣除的金额(不考虑特殊情况)

资产的账面价值大于其计税基础时，产生应纳税暂时性差异，确认递延所得税负债。

资产的账面价值小于其计税基础时，产生可抵扣暂时性差异，确认递延所得税资产。

【例 8-16】某企业一项固定资产原价 120 万元，假设会计折旧年限为 4 年，税法折旧年限为 3 年，不考虑净残值，会计与税法均按照直线法计提折旧，则会计上每年计提 30 万元的折旧，税法上每年计提 40 万元的折旧。如何确定账面价值和计税基础，如何进行所得税会计处理？

【解析】第一年年末：账面价值＝120－30＝90(万元)

第一年年末：计税基础＝120－40＝80(万元)

账面价值 90 万元＞计税基础 80 万元，产生应纳税暂时性差异。

假设会计利润为 100 万元，不考虑其他因素，则应纳税所得额＝100－10＝90(万元)，应交所得税税额＝90×25％＝22.5(万元)

借：所得税费用　　25

　贷：应交税费——应交所得税　　22.5

　　递延所得税负债　　2.5

2. 主要资产的账面价值和计税基础之间产生差异的原因

(1)固定资产

账面价值＝原价－累计折旧－固定资产减值准备

会计与税收处理的差异主要来自于折旧方法、折旧年限的不同以及固定资产减值准备的提取。

①因会计与税收折旧方法、折旧年限不同产生的差异；

②因会计上计提固定资产减值准备而税法上不允许税前扣除产生的差异。

(2)无形资产

①无形资产初始确认时会因为研发费用的处理而导致无形资产账面价值和计税基础的差异。

对于内部研究开发形成的无形资产，企业会计准则规定，有关研究开发支出区分为两个阶段，研究阶段的支出应当费用化计入当期损益，而开发阶段符合资本化条件以后发生的支出应当资本化作为无形资产的成本 。

税法规定，企业为开发新技术、新产品、新工艺发生的研究开发费用，未形成无形资产计入当期损益的，在按照规定据实扣除的基础上，按照研究开发费用的 50％加计扣除；形成无形资产的，按照无形资产成本的 150％摊销。

如假定内部研究开发形成的无形资产入账价值为 1 000 万元，按照 10 年摊销，则税法上每年摊销的金额为 150 万元(1 000÷10×150％)，即每年允许税前扣除的金额为 150 万元，整个使用期间总共可以税前扣除的金额为 1 500 万元。

所以研发成功时，该无形资产的计税基础＝未来期间税法允许税前扣除的金额＝1 500 万元。

②无形资产在后续计量时，会计与税收的差异主要产生于对无形资产是否需要摊销及无形资产减值准备的提取。

企业会计准则规定，对于无形资产应根据其使用寿命情况，区分为使用寿命有限的无形资产与使用寿命不确定的无形资产。对于使用寿命不确定的无形资产，不要求摊销，在会计期末应进行减值测试。

税法规定，企业取得的无形资产成本，应在一定期限内摊销，即税法中没有界定使用寿命不确定的无形资产，除外购商誉外所有的无形资产成本均应在一定期间内摊销。

在对无形资产计提减值准备的情况下，因所计提的减值准备不允许税前扣除，也会造成其账面价值与计税基础的差异。

(3)以公允价值计量金融资产

①交易性金融资产，会计上以公允价值计量，其公允价值变动计入当期损

益。而税法上公允价值变动是不确认的。

②可供出售金融资产，会计上以公允价值计量，其公允价值变动计入资本公积。而税法上公允价值变动是不确认的，只有在实际处置或结算时，处置取得的价款扣除其历史成本(或历史成本减去累计折旧)后的差额应计入处置或结算期间的应纳税所得额。有关金融资产在某一会计期末的计税基础为其取得成本，从而造成金融资产账面价值与计税基础之间的差异。

(4)其他资产

①投资性房地产。对于采用公允价值模式进行后续计量的投资性房地产，其期末账面价值为公允价值，而税法上计税基础应以取得时支付的历史成本为基础计算确定。

②其他计提了资产减值准备的各项资产。

【例 8-17】某公司 2008 年 12 月 1 日购入的一项环保设备，原价为 1 000 万元，使用年限为 10 年，会计处理时按照直线法计提折旧，税收规定允许按照双倍余额递减法计提折旧，设备净残值为 0。2010 年年末企业对该项固定资产计提了 80 万元的固定资产减值准备。2010 年年末该项设备的计税基础是(　　)万元。

A. 800　　　B. 720　　　C. 640　　　D. 560

【解析】2010 年年末该项设备的计税基础＝1 000－200－160＝640(万元)。

(三)负债的计税基础

1. 概述

负债的计税基础＝账面价值－未来期间税法允许税前扣除的金额

负债的账面价值小于其计税基础时，产生应纳税暂时性差异，确认递延所得税负债。

负债的账面价值大于其计税基础时，产生可抵扣暂时性差异，确认递延所得税资产。

2. 主要负债的账面价值与计税基础之间产生差异的原因

(1)预计负债税法与会计规定不同处主要有两种：一种是税法规定，现在预计时不允许税前扣除，将来实际发生时允许税前扣除；另一种是税法规定，现在不允许税前扣除，将来实际发生时仍不允许税前扣除。

①税法上现在不允许税前扣除，将来实际发生时允许税前扣除。如会计规定，企业应将预计提供售后服务发生的支出在销售当期确认为费用，同时确认预计负债。而税法规定，有关的支出应于发生时税前扣除(将来)，由于该类事项产生的预计负债在期末的计税基础为其账面价值与未来期间可税前扣除的金额之间

的差额，有关的支出实际发生时可全部税前扣除，其计税基础为0。

【例8-18】某企业预计产品保修费用100万元，符合预计负债确认条件。如何确定预计负债的账面价值和计税基础？

预计负债账面价值=100(万元)

【解析】因税法最终是允许企业扣除所有的预计产品保修费用的，因此未来期间税法允许扣除的金额就是100万元。

负债的计税基础=账面价值-未来期间税法允许税前扣除的金额=100-100=0(万元)

账面价值100万元>0万元的计税基础，产生可抵扣暂时性差异，应确认“递延所得税资产”。

②税法上现在不允许税前扣除，将来实际发生时也不允许税前扣除。如企业的罚款支出，有可能满足预计负债确认条件确认了一项预计负债，但是税法规定，违反环保法的罚款支出不论是否实际支付，均不得税前扣除。

【例8-19】某企业违反环保法的规定被起诉，确认了预计负债100万元，如何确定预计负债的账面价值和计税基础？

预计负债账面价值=100(万元)

【解析】因此，此项预计负债的账面价值为100万元，未来期间税法允许扣除的金额为0。

负债的计税基础=账面价值-未来期间税法允许税前扣除的金额=100-0=100(万元)，账面价值100万元=计税基础100万元，账面价值与计税基础相等，不形成暂时性差异。

(2)企业的预收账款，有些会计上不符合收入确认条件，会计上将其确认为负债(预收账款)，但税法规定应计入应纳税所得额。

【例8-20】某企业发出商品一批并开具增值税专用发票。商品成本80万元，不含税价款100万元，款项已经收存银行。假定由于不符合会计上收入确认的条件而没有确认收入，但是按照税法的规定，纳税义务已经发生。如何确定预收账款的账面价值和计税基础？

【解析】

借：发出商品　　800 000

　贷：库存商品　　800 000

借：银行存款　　1 170 000

　贷：预收账款　　1 000 000

　　应交税费——应交增值税　　170 000

预收账款账面价值＝100 万元

会计上不确认收入，计入预收账款，而税法上本期计入应纳税所得额。未来会计上确认收入时，税法上不需要再交税，可以全部税前扣除。

负债计税基础＝账面价值－未来期间税法允许税前扣除的金额＝100—100＝0(万元)

负债的账面价值 100 万元＞计税基础 0 万元，产生可抵扣暂时性差异，应确认“递延所得税资产”。

(3)其他负债，如企业应交的罚款和滞纳金等，在尚未支付之前按照会计规定确认为费用，同时作为负债反映。税法规定，罚款和滞纳金本期不能税前扣除，将来也不能税前扣除，其计税基础为账面价值减去未来期间可予税前扣除的金额(零)，即计税基础等于账面价值，不产生暂时性差异。

(四)特殊项目产生的暂时性差异

1. 会计未确认资产或负债，但税法确认

税法规定企业发生的符合条件的广告费和业务宣传费支出，除另有规定外，不超过当年销售收入 15%的部分，准予扣除；超过部分准予在以后纳税年度结转扣除。

该类费用在发生时会计上全额计入当期损益，不形成资产负债表中的资产，但按照税法的规定可以确定其计税基础的，两者之间的差异也形成暂时性差异。

【例 8-21】A 公司 2009 年发生了 2 000 万元广告费支出，发生时已作为销售费用计入当期损益。税法规定，该类支出不超过当年销售收入 15%的部分允许当期税前扣除，超过部分允许向以后年度结转税前扣除。A 公司 2009 年实现销售收入 10 000 万元。如何确定该项广告费的账面价值和计税基础？

【解析】该广告费支出会计上在发生时已计入当期损益，不体现为期末资产负债表中的资产，如果将其视为资产，其账面价值为 0。按照税法的规定，当期 A 公司销售收入 15%计算，当期可予税前扣除 1 500 万元，当期未予税前扣除的 500 万元可以向以后年度结转，其计税基础为 500 万元。该项资产的账面价值 0 与其计税基础 500 万元之间产生了 500 万元的暂时性差异，该暂时性差异在未来期间可减少企业的应纳税所得额，为可抵扣暂时性差异，应确认相关的递延所得税资产。

2. 对于按照税法规定可以结转以后年度的未弥补亏损及税款抵减

虽不是因资产、负债的账面价值与计税基础不同产生的，但本质上可抵扣亏损和税款抵减，这与可抵扣暂时性差异具有同样的作用，均能够减少未来期间的应纳税所得额，进而减少未来期间的应交所得税，在会计处理上，与可抵扣暂时性差异的处理相同，符合条件的情况下，应确认与其相关的递延所得税资产。

假定2009年A公司发生净亏损100万元，按照税法的规定，可在未来5年内税前补亏。假定未来5年有足够的应纳税所得额，所得税税率为25%，则A公司应将其视为可抵扣暂时性差异，确认递延所得税资产：

借：递延所得税资产　　　　　　　　25

　贷：所得税费用　　　　　　　　　　25

(五)暂时性差异

就所得税而言，会计与税法的差异可以分为两大类，即非暂时性差异(永久性差异)与暂时性差异。

永久性差异不产生递延所得税资产/负债，仅影响当期应纳税所得额的计算，如国债利息收入等。

暂时性差异是指资产或负债的账面价值与其计税基础之间的差异，分为应纳税暂时性差异与可抵扣暂时性差异。

资产账面价值＞计税基础 负债账面价值＜计税基础	资产账面价值＜计税基础 负债账面价值＞计税基础
⇓	⇓
应纳税暂时性差异	可抵扣暂时性差异
⇓	⇓
递延所得税负债	递延所得税资产

二、递延所得税的确认和计量

(一)递延所得税负债的确认和计量

1. 确认递延所得税负债的账务处理

(1)除企业会计准则中明确规定可不确认递延所得税负债的情况以外，企业对于所有的应纳税暂时性差异均应确认相关的递延所得税负债，并将其影响作为利润表中的所得税费用。如单独作会计分录，即为：

借：所得税费用

　贷：递延所得税负债

(2)与直接计入所有者权益的交易或事项相关的，其所得税影响应增加或减少所有者权益(资本公积)，不能计入所得税费用；典型业务为可供出售金融资产公允价值变动所产生的应纳税暂时性差异。如单独作会计分录，即为：

借：资本公积

贷：递延所得税负债

(3)企业合并产生的，相关的递延所得税影响应调整购买日应确认的商誉或是计入当期损益的金额。如单独作会计分录，即为：

借：商誉/营业外收入

贷：递延所得税负债

2. 递延所得税负债的计量

递延所得税负债应以相关应纳税暂时性差异转回期间适用的所得税税率计量。在我国，除享受优惠政策的情况以外，企业适用的所得税税率在不同年度之间一般不会发生变化，企业在确认递延所得税负债时，可以现行适用税率为基础计算确定，递延所得税负债的确认不要求折现。

(二)递延所得税资产的确认和计量

1. 确认递延所得税资产的一般原则

资产、负债的账面价值与其计税基础不同产生可抵扣暂时性差异的，在估计未来期间能够取得足够的应纳税所得额用以利用该可抵扣暂时性差异时，应当以很可能取得用来抵扣可抵扣暂时性差异的应纳税所得额为限，确认相关的递延所得税资产。

(1)递延所得税资产的确认应以未来期间可能取得的应纳税所得额为限。企业有明确的证据表明其于可抵扣暂时性差异转回的未来期间能够产生足够的应纳税所得额，进而利用可抵扣暂时性差异的，则应以可能取得的应纳税所得额为限，确认相关的递延所得税资产。

(2)亏损年度发生的亏损应视同可抵扣暂时性差异来处理，确认递延所得税资产。在预计可利用可弥补亏损或税款抵减的未来期间内能够取得足够的应纳税所得额时，应当以很可能取得的应纳税所得额为限。

(3)与直接计入所有者权益的交易或事项相关的可抵扣暂时性差异，相应的递延所得税资产应计入所有者权益(资本公积)。

2. 不确认递延所得税资产的特殊情况

企业发生的某项交易或事项不是企业合并，并且交易发生时既不影响会计利润也不影响应纳税所得额，且该项交易中产生的资产、负债的初始确认金额与其计税基础不同，产生可抵扣暂时性差异的，企业会计准则规定在交易或事项发生时不确认相应的递延所得税资产。

【例 8-22】甲公司 2008 年发生资本化研究开发支出 8 000 000 元，至年末研发项目尚未完成。税法规定，按照会计准则规定资本化的开发支出按其150%作为计算摊销额的基础。

【解析】甲公司按照会计准则规定资本化的开发支出8 000 000元，其计税基础为12 000 000元(8 000 000×150%)，该开发支出及所形成无形资产在初始确认时其账面价值与计税基础即存在差异，因该差异并非产生于企业合并，同时在产生时既不影响会计利润也不影响应纳税所得额，因此，不确认与该暂时性差异相关的所得税影响。

3. 递延所得税资产的计量

(1)适用税率的确定。确认递延所得税资产时，应估计相关可抵扣暂时性差异的转回时间，采用转回期间适用的所得税税率为基础计算确定。无论相关的可抵扣暂时性差异转回期间如何，递延所得税资产均不予折现。

(2)递延所得税资产账面价值的复核。资产负债表日，企业应当对递延所得税资产的账面价值进行复核。

①如果未来期间很可能无法取得足够的应纳税所得额用以利用递延所得税资产的利益，应当减记递延所得税资产的账面价值。如2009年确认了递延所得税资产1 000万元，预计分4年转回。到2010年年底转回一部分后，发现未来3年应纳税所得额不够，无法充分利用2009年产生的暂时性差异，此时就应减少递延所得税资产的账面价值。

②递延所得税资产的账面价值减记以后，继后期间根据新的环境和情况判断能够产生足够的应纳税所得额利用可抵扣暂时性差异，使得递延所得税资产包含的经济利益能够实现的，应相应恢复递延所得税资产的账面价值。

三、所得税费用的确认和计量

(一)当期应交纳的所得税

当期应交所得税是指企业按照税法规定计算确定的针对当期发生的交易和事项，应交纳给税务部门的所得税金额，即应交所得税，应以适用的税收法规为基础计算确定，即：

当期所得税＝当期应交所得税＝应纳税所得额×适用税率

会计分录为：

借：所得税费用

　贷：应交税费——应交所得税

企业在确定当期所得税时，对于当期发生的交易或事项，会计处理与税收处理不同的，应在会计利润的基础上，按照适用税收法规的要求进行调整，计算出当期应纳税所得额，按照应纳税所得额与适用所得税税率计算确定当期应交所得税。

（二）递延所得税

对于资产或负债的账面价值与其计税基础之间的差异应确认为暂时性差异，会计分录通常为：

借：递延所得税资产

　贷：所得税费用

或作会计分录：

借：所得税费用

　贷：递延所得税负债

递延所得税是指按照企业会计准则规定应予确认的递延所得税资产和递延所得税负债在期末应有的金额相对于原已确认金额之间的差额，即递延所得税资产及递延所得税负债的当期发生额，但不包括直接计入所有者权益的交易或事项及企业合并（商誉）的所得税影响。用公式表示即为：

递延所得税＝（期末递延所得税负债－期初递延所得税负债）－（期末递延所得税资产－期初递延所得税资产）＝当期递延所得税负债的增加＋当期递延所得税资产的减少－当期递延所得税负债的减少－当期递延所得税资产的增加

递延所得税资产借方表示增加，贷方表示减少；递延所得税负债贷方表示增加，借方表示减少。

如果某项交易或事项按照企业会计准则规定应计入所有者权益，由该交易或事项产生的递延所得税资产或递延所得税负债及其变化亦应计入所有者权益（资本公积），不构成利润表中的递延所得税费用（或收益）。

（三）所得税费用

确定了应交税费——应交所得税、递延所得税资产、递延所得税负债，一般即可倒挤出所得税费用，即：

所得税费用＝当期所得税＋递延所得税

【例 8-23】丁公司 2008 年度利润表中利润总额为 12 000 000 元，该公司适用的所得税税率为 25％，递延所得税资产及递延所得税负债不存在期初余额。该公司 2008 年度与所得税核算相关的情况如下：

该公司2008年发生的有关交易和事项中，会计处理与税收处理存在差别的有：

(1)2007年12月31日取得一项固定资产，成本为6 000 000元，使用年限为10年，预计净残值为0，会计处理按照双倍余额递减法计提折旧，税收处理按照直线法计提折旧。假定税法规定的使用年限及预计净残值与会计规定相同。

(2)向关联企业捐赠现金2 000 000元。

(3)当年度发生研究开发支出5 000 000元，较上年度增长20%。其中3 000 000元予以资本化；截至2008年12月31日，该研发资产已经达到预定可使用状态。税法规定，企业费用化的研究开发支出按照150%税前扣除，资本化的研究开发支出按照资本金额的150%确定应予摊销的金额。

(4)应付违反环保法规定罚款1 000 000元。

(5)期末对持有的存货计提了300 000元的存货跌价准备。

【解析】(1)2008年度当期应交所得税

应纳税所得额＝12 000 000＋600 000＋2 000 000－1 000 000＋1 000 000＋300 000
＝14 900 000(元)

应交所得税税额＝14 900 000×25%＝3 725 000(元)

(2)2008年度递延所得税

丁公司2008年资产负债表相关项目金额及其计税基础如下表所示：

单位：元

项目	账面价值	计税基础	差异	
			应纳税暂时性差异	可抵扣暂时性差异
存货	8 000 000	8 300 000		300 000
固定资产				
固定资产原价	6 000 000	6 000 000		
减：累计折旧	1 200 000	600 000		
固定资产账面价值	4 800 000	5 400 000		600 000
无形资产	3 000 000	4 500 000		1 500 000
其他应付款	1 000 000	1 000 000		
总计				2 400 000

递延所得税收益＝900 000×25%＝225 000(元)

(3)利润表中应确认的所得税费用

所得税费用＝3 725 000－225 000＝3 500 000(元)

借：所得税费用　　　　3 500 000

递延所得税资产　　225 000

贷：应交税费——应交所得税　　3 725 000

强化训练题

一、单项选择题

1. 下列各项中，属于企业所得税纳税人的有(　　)。

A. 股份有限责任公司　　B. 个体工商户

C. 合伙企业　　D. 个人独资企业

2. 下列各项中，不计入企业所得税应纳税所得额的有(　　)。

A. 国家规定之外的财政性补贴

B. 纳税人购买国债的利息收入

C. 纳税人接受捐赠的非货币性资产

D. 纳税人取得的先征后返的流转税

3. 下列各项中，在计算企业所得税应纳税所得额时，不准扣除的有(　　)。

A. 土地增值税　　B. 固定资产转让费用

C. 固定资产修理费用　　D. 赞助支出

4. 在计算应纳税所得额时可以列为成本、费用或者损失的有(　　)。

A. 未经核定的准备金支出

B. 银行加收的罚息

C. 各项税收的滞纳金和罚款

D. 借款建造固定资产期间的利息支出

5. 某企业2008年度通过希望工程基金会向农村义务教育事业捐款50万元，直接向某学校捐款5万元，均在营业外支出中列支。该企业当年实现利润总额400万元。该企业2008年度应纳税所得额为(　　)万元。

A. 407　　B. 357　　C. 355　　D. 455

6. 下列各项中，在计算企业应纳税所得额时，不准从收入总额中扣除的是(　　)。

A. 增值税　　B. 印花税　　C. 资源税　　D. 关税

7. 某外商投资企业2008年取得利润总额为5 000万元，其中营业外收支和投资收益项目已列收支为：通过民政部门向灾区捐赠款物价值100万元，国债利息收入20万元，国债转让收益50万元。该外商投资企业2008年应纳税所得额为(　　)万元。

A. 4 980　　B. 5 040　　C. 5 124　　D. 5 137

8. 非居民企业在中国境内未设立机构、场所的，或者虽设立机构、场所但取得的所得与其所设机构、场所没有实际联系的，其来源于中国境内的所得缴纳企业所得税，适用的税率为(　　)。

A. 25%　　B. 33%　　C. 3%　　D. 10%

9. 某企业 2009 年度产品销售收入 8 000 万元。当年发生管理费用 500 万元，其中业务招待费 120 万元。该企业 2009 年度所得税前可以扣除的管理费用为(　　)万元。

A. 40　　B. 72　　C. 452　　D. 420

10. 某生产企业 2009 年营业收入为 1 500 万元，广告费支出为 52 万元。2008 年超标广告费 90 万元，则 2009 年税前准允扣除的广告费为(　　)万元。

A. 52　　B. 142　　C. 135　　D. 225

11. 在计算应纳税所得额时下列项目不得扣除的是(　　)。

A. 非银行企业内营业机构之间支付的利息

B. 未投入使用的房屋的折旧

C. 房屋财产保险缴纳的保险费

D. 企业实际发放的合理的工资、薪金

12. 某企业 2009 年利润总额为 200 万元，当年开发新产品研发费用实际支出为 20 万元，假定税法规定研发费用可实行 150%加计扣除政策。则该企业 2009 年计算应纳税所得额时可以扣除的研发费用为(　　)万元。

A. 10　　B. 20　　C. 30　　D. 40

13. 企业应当自年度终了之日起(　　)，向税务机关申报并汇算清缴税款。

A. 35 日内　　B. 15 日内　　C. 4 个月内　　D. 5 个月内

二、多项选择题

1. 下列各项中不需提取折旧的固定资产是(　　)。

A. 已竣工验收但未投入使用的新建厂房

B. 以融资租赁方式租入的机器设备

C. 已提足折旧继续使用的超龄固定资产

D. 提前报废的固定资产

2. 纳税人发生的下列支出中，在计算应纳税所得额时不准予扣除的是(　　)。

A. 银行加收的罚息　　B. 工商机关所处罚款

C. 对外担保支出　　　　　　　　D. 销售商品给予对方采购人的回扣

3. 在计算应纳税所得额时，下列各项中，不得扣除的是(　　)。

A. 购置大型设备的款项　　　　　B. 缴纳的财产保险费

C. 广告性赞助支出　　　　　　　D. 向投资者支付的股息、红利

4. 下列各项收入应计入收入总额的有(　　)。

A. 将委托加工收回的货物用于对外捐赠

B. 以企业的设备抵偿所欠债务

C. 用作职工福利的自产产品的作价收入

D. 用于企业基建工程自产商品作价收入

5. 企业在计算其应纳税所得额时，可以列支的费用有(　　)。

A. 企业职工的境外社会保险费

B. 支付给总机构的合理的管理费用

C. 开办费摊销

D. 经营场地租金

6. 以下说法中属于非居民企业的是(　　)。

A. 依照中国的法律在中国境内成立的企业

B. 依照外国(地区)法律成立但实际管理机构在中国境内的企业

C. 依外国法律成立且实际管理机构不在中国境内，但在境内设立机构场所的企业

D. 在中国境内未设立机构、场所，但有来源于中国境内所得的企业

7. 下列各项中，属于企业所得税的应税所得的是(　　)。

A. 我国境内的企业取得的生产经营所得

B. 财政拨款

C. 企业解散或破产后的清算所得

D. 纳税人取得的特许权使用费所得

8. 根据《企业所得税法》的规定，下列收入不属于企业其他收入的有(　　)。

A. 逾期未退包装物押金收入　　　B. 接受捐赠的固定资产收入

C. 债务重组收入　　　　　　　　D. 转让固定资产的收入

9. 某企业发生的下列支出中，在计算应纳税所得额时不得扣除的有(　　)。

A. 缴纳罚金 10 万元　　　　　　B. 直接赞助某学校 8 万元

C. 缴纳税收滞纳金 4 万元　　　　D. 缴纳银行罚息 6 万元

10. 某企业 2005 年度发生亏损，可以用以后(　　)纳税年度的所得逐年弥补。

A. 2008 年　B. 2009 年　　C. 2010 年　　D. 2011 年

三、判断题

1. 个人独资企业和合伙企业均适用我国企业所得税法律制度。 ( )
2. 国家需要重点扶持的高新技术企业，减按20%的税率征收企业所得税。 ( )
3. 在计算企业所得税时，可以扣除的税金包括印花税、消费税和增值税。 ( )
4. 银行按照规定加收的罚息，允许在企业所得税税前扣除。 ( )
5. 企业安置残疾人员所支付的工资，可加计扣除。 ( )
6. 纳税人违反国家法律、法规规定，被有关部门处以的罚款可在税前扣除。 ( )
7. 企业因存货盘亏、毁损、报废等原因不得从销项税额中抵扣的增值税进项税金也不得在企业所得税前作为损失扣除。 ( )
8. 企业用于公益性捐赠支出的扣除比例，不得超过年度应纳税所得额的12%。 ( )
9. 企业的不征税收入用于支出所形成的资产，其计算的折旧、摊销不得在计算应纳税所得额时扣除。 ( )
10. 企业应当自固定资产投入使用月份的当月起计算折旧；停止使用的固定资产，应当自停止使用月份的当月起停止计算折旧。 ( )

四、计算题

1. 某公司上年度生产经营收入总额为3 000万元，发生的销售成本2 400万元、财务费用50万元、管理费用300万元(其中含业务招待费用15万元)，上缴增值税80万元、消费税120万元、城市维护建设税14万元、教育费附加6万元，“营业外支出”账户中有违法经营被工商行政管理部门罚款5万元、通过民政部门向灾区捐赠10万元。

要求：①计算全年税前应扣除的业务招待费金额；②公益、救济捐赠应扣除的金额；③该年度应缴纳的企业所得税。

2. 2010年度，某企业产品销售收入800万元，劳务收入40万元，出租固定资产租金收入5万元。该企业全年发生的产品销售成本430万元、销售费用80万元、管理费用20万元、财务费用10万元、营业外支出3万元(其中缴纳税收滞纳金1万元)，按照税法的规定缴纳增值税90万元、其他税金7.20万元。按照税法的规定，在计算该企业应纳税所得额时，其他准予扣除项目金额为23万元。已知该企业适用所得税税率为 25%。

要求：计算该企业 2010 年度应纳所得税税额。

3. 某国有机电设备制造企业在汇算清缴企业所得税时向税务机关申报：2009 年度应纳税所得额为 950.4 万元，已累计预缴企业所得税 185 万元。

在对该企业纳税申报表进行审核时，税务机关发现以下问题，要求该企业纠正后重新办理纳税申报：

(1)税前扣除的公益捐赠限额 45 万元，实际公益捐赠 88 万元。

(2)缴纳的房产税、城镇土地使用税、车船税、印花税等税金 62 万元已在管理费用中列支，但在计算应纳税所得额时又重复扣除。

(3)将违法经营罚款 20 万元、税收滞纳金 0.2 万元列入营业外支出中，在计算应纳税所得额时予以扣除。

(4)9 月 1 日租入商用房做销售门市部，合同约定租期 10 个月，月租 1 万元，全部租金 9 个月一次性支付，该企业将租金全部计入 2009 年度管理费用中扣除。

(5)从境外取得税后利润 20 万元(境外缴纳所得税时适用的税率为 20%)，未补缴企业所得税。

要求：①计算该企业 2009 年度境内所得应缴纳的所得税税额；②计算该企业 2009 年度境外所得税应补缴的所得税税额；③计算该企业 2009 年度境内、境外所得应补缴的所得税总额。

4. 某白酒酿造公司 2009 年度实现白酒销售收入 7 400 万元，其他业务收入 240 万元，应扣除的成本、费用共计 6 830 万元，营业税金及附加 50 万元，营业外支出 80 万元，全年实现会计利润 680 万元。已按规定的 25%的企业所得税税率缴纳了企业所得税 170 万元。后经聘请的会计师事务所审核发现以下问题，公司据此按照税法的规定予以补税。

(1)取得国债利息收入为 15 万元。

(2)2009 年 4 月 20 日购进 1 台机械设备，购入成本 90 万元，当月投入使用，企业一次扣除。按照税法的规定该设备按照直线法计提折旧，期限为 10 年，残值率为 5%。

(3)12 月 10 日接受某单位捐赠小汽车 1 辆，取得增值税专用发票，注明价款 50 万元，增值税 8.5 万元，企业未列入会计核算。

(4)“营业外支出”合计 80 万元，其中，自行向贫困山区直接捐款 30 万元，税收罚款支出 12 万元。

要求：根据以上资料，回答下列问题：①计算各个业务的应税所得的调整额；②计算应纳税所得额和应补缴企业所得税税额。

5. 某市化妆品生产企业为增值税一般纳税人，主要业务是以外购化妆品再生产加工成套化妆品销售，2008年度有关生产、经营情况如下。

(1)1—11月实现销售收入总额6 000万元，应扣除的销售成本3 052万元，发生销售费用700万元(其中含广告费460万元)，发生管理费用500万元(其中含业务招待费30万元)，发生财务费用27万元，缴纳增值税360万元，消费税1 200万元，城市维护建设税和教育费附加156万元，实现利润总额365万元。

(2)12月初库存从生产企业购进已税化妆品100万元，当月购进已税化妆品取得税控增值税专用发票，支付购货金额400万元、增值税税额68万元。

(3)12月生产领用外购化妆品450万元，生产加工过程中发生其他生产费用100万元，共计生产成套化妆品5万件(每件成本价110元)。12月销售成套化妆品4．5万件，开具税控增值税专用发票，取得销售额1 125万元(每件不含税单价250元)。通过当地政府机关向奥运健儿捐赠2 000件成套化妆品，按成本价22万元计入了“营业外支出”账户核算。

(4)12月发生广告费120万元、支付销货运费80万元(均取得普通发票)；支付银行借款(用于生产)的利息费用25万元；发生管理费用300万元(其中含业务招待费用10万元)。

要求：①计算12月应缴纳增值税税额；②计算12月应缴纳消费税、城市维护建设税和教育费附加共计多少万元；③计算企业2008年度企业应纳税所得额时，应扣除管理费用和财务费用为多少万元；④计算企业2008年度应扣除直接销售成本和销售费用多少万元；⑤计算企业2008年度企业应纳税所得额时，应扣除的公益性捐赠额；⑥计算2008年度该企业应缴纳企业所得税。

五、综合题

1. 某小汽车生产企业为增值税一般纳税人，2010年度自行核算的相关数据为：全年取得产品销售收入总额68 000万元，应扣除的产品销售成本45 800万元，应扣除的营业税金及附加9 250万元，应扣除的销售费用3 600万元、管理费用2 900万元、财务费用870万元。另外，取得营业外收入320万元以及直接投资其他居民企业分回的股息收入550万元，发生营业外支出1 050万元，全年实现会计利润5 400万元，应缴纳企业所得税1 350万元。

2011年2月经聘请的会计师事务所对2010年度的经营情况进行审核，发现以下相关问题。

(1)12月20日收到代销公司代销5辆小汽车的代销清单及货款163.8万元(小

汽车每辆成本价 20 万元，与代销公司不含税结算价 28 万元)。企业会计处理为：

借：银行存款——代销汽车款　　　　　　1 638 000

　贷：预收账款——代销汽车款　　　　　　1 638 000

(2)管理费用中含有业务招待费 280 万元、新技术研究开发费用 120 万元。

(3)营业外支出中含该企业通过省教育厅向某山区中小学捐款 800 万元。

(4)成本费用中含 2010 年度实际发生的工资费用 3 000 万元、职工福利费 480 万元、职工工会经费 90 万元、职工教育经费 70 万元。

(5)12 月 10 日购入 1 台符合有关目录要求的安全生产专用设备，投资额为 234 万元。

(说明：该企业生产的小汽车适用消费税税率为 9%、城市维护建设税税率为 7%、教育费附加征收率为 3%；12 月末“应交税费——应交增值税”账户借方无余额；假定购入并投入使用的安全生产专用设备使用期限为 10 年，不考虑残值)

要求：计算该小汽车生产企业全年应纳企业所得税税额并填报企业所得税申报表。

2. 甲股份有限公司 2010 年度实现利润总额为 2 000 万元；所得税采用资产负债表债务法核算，所得税税率为 25%。

2010 年甲股份有限公司有关资产减值准备的计提及转回等资料如下(单位：万元)：

项目	年初余额	本年增加数	本年转回数	年末余额
长期股权投资减值准备	120	50		170
坏账准备	1 500		100	1 400
固定资产减值准备	300	300	0	600
无形资产减值准备	0	400	0	400
存货跌价准备	600		250	350

假定按照税法的规定，公司计提的各项资产减值准备均不得在应纳税所得额中扣除；甲股份有限公司除计提的资产减值准备作为暂时性差异外，无其他纳税调整事项。

假定甲股份有限公司在可抵扣暂时性差异转回时有足够的应纳税所得额。

要求：①计算甲股份有限公司 2010 年 12 月 31 日递延所得税资产余额；②计算甲股份有限公司 2010 年度应交所得税、递延所得税资产发生额和所得税费用；③编制 2010 年度所得税相关的会计分录。

第九章　个人所得税法及账务处理

第一节　个人所得税的基本要素

个人所得税是对个人(自然人)取得的各项应税所得征收的一种税。个人所得税以个人的纯所得为计税依据，计税时以纳税人的收入或报酬扣除有关费用以后的余额为计税依据。有关费用一方面与获取收入和报酬有关的经营费用，另一方面是指维持纳税人自身及家庭生活需要的费用，具体分为三类：第一，与应税收入相配比的经营成本和费用；第二，与个人总体账务相匹配的免税扣除和家庭生计扣除；第三，为了体现特定社会目标而鼓励的支出，称为特别费用扣除，如公益捐赠等。

一、个人所得税的纳税义务人和扣缴义务人

(一)个人所得税的纳税义务人

个人所得税的纳税义务人包括中国公民、个体工商户、外籍人员(包括无国籍人)和香港、澳门、台湾同胞。我国个人所得税的纳税义务人分为居民纳税人和非居民纳税人两种。

1. *居民纳税人*

(1)居民纳税人是指在中国境内有住所或者无住所而在中国境内居住满1年的个人。

(2)居民纳税人负无限纳税义务，其所取得的应纳税所得，无论是来源于中国境内还是来源于中国境外任何地方，都要在中国缴纳个人所得税。

在中国境内有住所的个人是指因户籍、家庭、经济利益关系而在中国境内习

惯性居住的个人。习惯性居住是指个人因学习、工作、探亲、旅游等原因消除后，没有理由在其他地方继续居留时所要回到的地方，而不是实际居住或在某一特定时期内的居住地。

在境内居住满1年是指在一个纳税年度(即公历1月1日起至12月31日止，下同)内，在中国境内居住满365日。在计算居住天数时，对临时离境应视同在华居住，不扣减其在华居住的天数。临时离境是指在一个纳税年度内，一次不超过30日或者多次累计不超过90日的离境。

【例9-1】布什先生在中国没有住所，在1999年1月1日来北京，3月20日回美国，4月25日来北京，并一直居住到2 000年12月5日，之后返回美国。请问布什先生是否构成中国的税法居民？

【解析】我国纳税年度自公历1月1日起至12月31日止，在1999年纳税年度内，布什先生一次离境超过30日了，因此，布什先生不构成1999年纳税年度的中国税法居民。在2000年度，布什先生从2 000年1月1日一直居住到12月5日，虽然没有满365日，但是剩余时间已经不足30日，可以认定为临时离境，而临时离境是不扣减天数的，因此，布什先生构成2000年纳税年度的中国税法居民。

(3)在中国境内无住所，但是居住1年以上5年以下的个人，其来源于中国境外的所得，经主管税务机关批准，可以只就由中国境内公司、企业以及其他经济组织或者个人支付的部分缴纳个人所得税；居住超过5年的个人，从第6年起，应当就其来源于中国境外的全部所得缴纳个人所得税。

2. 非居民纳税人

(1)非居民纳税人是指在中国境内无住所又不居住，或者无住所且居住不满1年的个人。即非居民纳税人是习惯性居住地不在中国境内，而且不在中国居住或者在一个纳税年度内在中国境内居住不满1年的个人。

(2)非居民纳税人承担有限纳税义务，仅就其来源于中国境内的所得向中国缴纳个人所得税。

(3)在中国境内无住所，但是在一个纳税年度中在中国境内连续或者累计居住不超过90日的个人，其来源于中国境内的所得，由境外雇主支付并且不由该雇主在中国境内的机构、场所负担的部分，免予缴纳个人所得税。

(二)个人所得来源地的确定

对于非居民纳税义务人，由于其承担的是有限纳税义务，只就来源于中国境内的所得向我国缴纳个人所得税，因此，准确判断其所得是否属于来源于中国境内的所得是正确计算其应纳税额的前提条件。

下列所得，不论支付地点是否在中国境内，均为来源于中国境内的所得：

(1)因任职、受雇、履约等而在中国境内提供劳务取得的所得。

(2)将财产出租给承租人在中国境内使用而取得的所得。

(3)转让中国境内的建筑物、土地使用权等财产或者在中国境内转让其他财产取得的所得。

(4)许可各种特许权在中国境内使用而取得的所得。

(5)从中国境内的公司、企业以及其他经济组织或者个人取得的利息、股息、红利。

(6)在境内取得的各种资金所得、中奖所得及中彩所得。

(7)在境内以图书、报刊方式出版发表作品，取得的稿酬所得等。

【例 9-2】美国某个人拥有一项专利，其允许中国某家公司使用该专利在中国制造和销售商品，每年收取专利使用费 100 万元人民币。请问该 100 万元人民币是否应当在中国纳税?

【解析】特许权在中国境内使用而取得的所得属于来源于中国境内的所得，因此，该所得属于来源于中国境内的所得，无论该美国人是否构成中国税法居民，该笔所得都应当在中国纳税。

(三)个人所得税的扣缴义务人

凡支付个人应纳税所得的企业(公司)、事业单位、机关、社团组织、军队、驻华机构、个体户等单位或者个人，为个人所得税的扣缴义务人。

扣缴义务人在向个人支付应纳税所得时，不论纳税人是否属于本单位人员，均应代扣代缴其应纳的个人所得税税额。

二、个人所得税的税目和税率

(一)个人所得税的税目

《个人所得税法》规定的应税所得有以下 11 个应税项目。

1. 工资、薪金所得

工资、薪金所得是指个人因任职或者受雇而取得的工资、薪金、奖金、年终加薪、劳动分红、津贴、补贴以及与任职或者受雇有关的其他所得。

以下几种津贴、补贴不属于工资、薪金征税范围：独生子女补贴；执行公务员工资制度未纳入基本工资总额的补贴、津贴和家属成员的副食品补贴；托儿补助费；差旅费津贴、误餐补助。

实行内部退养的个人在其办理内部退养手续后至法定离退休年龄之间从原任职单位取得的工资、薪金，不属于离退休工资，应按照"工资、薪金所得"项目计征个人所得税。

个人在办理内部退养手续后从原任职单位取得的一次性收入，应按照办理内部退养手续后至法定离退休年龄之间的所属月份进行平均，并与领取当月的"工资、薪金"所得合并后减去当月费用扣除标准，以余额为基数确定适用税率，再将当月工资、薪金加上取得的一次性收入，减去费用扣除标准，按照适用税率计征个人所得税。

个人在办理内部退养手续后至法定离退休年龄之间重新就业取得的"工资、薪金"所得，应与其从原任职单位取得的同一月份的"工资、薪金"所得合并，并依法自行向主管税务机关申报缴纳个人所得税。

出租汽车经营单位对出租车驾驶员采取单车承包或承租方式经营，其驾驶员从事客货营运所得，应按照工资、薪金项目所得征税。

2. 个人独资企业、合伙企业、个体工商户的生产经营所得

生产、经营所得是指：①个体工商户从事工业、手工业、建筑业、交通运输业、商业、饮食业、服务业、修理业及其他行业取得的所得；②个人经政府有关部门批准，取得执照，从事办学、医疗、咨询以及其他有偿活动取得的所得；③其他个人从事个体工商业生产、经营取得的所得；④上述个体工商户和个人取得的与生产、经营有关的各项应税所得。

对个人独资企业和合伙企业生产、经营所得征收个人所得税时应注意以下规定：①投资者的工资不得在税前扣除；②投资者及其家庭发生的生活费用不允许在税前扣除；③企业生产经营和投资者及其家庭生活共用的固定资产，难以划分的，由主管税务机关根据企业生产经营类型、规模等具体情况，核定准予在税前扣除的折旧费用的数额；④企业计提的各种准备金不得扣除。其他费用扣除可参照企业所得税执行。

出租车属个人，但挂靠出租车经营单位或企事业单位，驾驶员向挂靠单位缴纳管理费，或出租汽车经营单位将出租车所有权转移给驾驶员，出租车驾驶员从事客货运所得，应按照个体工商户的生产、经营所得项目征税。

3. 对企事业单位的承包经营、承租经营所得

对企事业单位的承包经营、承租经营所得是指个人承包经营或承租经营以及转包、转租取得的所得。

4. 劳务报酬所得

劳务报酬所得是指个人独立从事各种非雇佣的劳务活动所取得的所得。具体指个人设计、装潢、安装、制图、化验、测试、医疗、法律、会计、咨询、讲学、新闻、广播、翻译、审稿、书画、雕刻、影视、录音、录像、演出、表演、广告、展览、技术服务、介绍服务、经纪服务、代办服务以及其他劳务取得的所得。

对商品营销活动中，企业和单位对其营销业绩突出的非雇员以培训班、研讨会、工作考察等名义组织旅游活动，通过免收差旅费、旅游费对个人实行的营销业绩奖励(包括实物、有价证券等)，应根据所发生费用的全额作为该营销人员当期的劳务收入，按照“劳务报酬所得”项目征收个人所得税，并由提供上述费用的企业和单位代扣代缴。

5. 稿酬所得

稿酬所得是指个人因其作品以图书、报刊形式出版、发表而取得的所得。但对不以图书、报刊形式出版、发表的翻译、审稿、书画所得归为劳务报酬所得。

6. 特许权使用费所得

特许权使用费用所得是指个人提供专利权、商标权、著作权、非专利技术以及其他特许权的使用权取得的所得。

7. 利息、股息、红利所得

利息、股息、红利所得是指个人拥有债权、股权而取得的利息、股息、红利所得。利息是指个人拥有债权而取得的利息。除国债和国家发行的金融债券利息外，其他利息、股息、红利所得都应缴纳个人所得税。

除个人独资企业、合伙企业以外的其他企业的个人投资者，以企业资金为本人、家庭成员及其相关人员支付与企业生产经营无关的消费性支出及购买汽车、住房等财产性支出，视为企业对个人投资者的红利分配，依照“利息、股息、红利所得”项目计征个人所得税。企业的上述支出不允许在所得税前扣除。

纳税年度内个人投资者从其投资企业(个人独资企业、合伙企业除外)借款，在该纳税年度终了后既不归还又未用于企业生产经营的，其未归还的借款可视为企业对个人投资者的红利分配，依照“利息、股息、红利所得”项目计征个人所得税。

8. 财产租赁所得

财产租赁所得是指个人出租建筑物、土地使用权、机器设备、车船以及其他财产取得的所得。

9. 财产转让所得

财产转让所得是指个人转让有价证券、股权、建筑物、土地使用权、机器设备、车船以及其他财产取得的所得。对个人取得的各项财产转让所得，除股票转让所得外，都要征收个人所得税。

10. 偶然所得

偶然所得是指个人得奖、中奖、中彩以及其他偶然性质的所得。偶然所得应缴纳的个人所得税，一律由发奖单位或机构代扣代缴。

11. 经国务院财政部门确定征税的其他所得

(二)个人所得税的税率

个人所得税实行分类税率，即对不同的所得项目，分别采用超额累进税率和比例税率两种形式，具体适用税率形式如下：

1. 工资、薪金所得

工资、薪酬所得，适用5%～45%的九级超额累进税率，其税率表参见表9-1。

表9-1　工资、薪金所得适用的税率表

级数	全月应纳税所得额	税率(%)	速算扣除数
1	不超过500元的	5	0
2	超过500元至2 000元的部分	10	25
3	超过2 000元至5 000元的部分	15	125
4	超过5 000元至20 000元的部分	20	375
5	超过20 000元至40 000元的部分	25	1 375
6	超过40 000元至60 000元的部分	30	3 375
7	超过60 000元至80 000元的部分	35	6 375
8	超过80 000元至100 000元的部分	40	10 375
9	超过100 000元的部分	45	15 375

注：表中“全月应纳税所得额”是指依照《个人所得税法》的规定，以每月收入额减除费用后的余额或减除附加减除费用后的余额。目前减除费用按2 000元计算。

2. 生产经营所得

个体工商户的生产、经营所得和对企事业单位的承包经营、承租经营所得，适用5%～35%的超额累进税率，其税率表参见表9-2。

表 9-2 个体工商户的生产、经营所得和对企事业单位的承包经营、承租经营所得适用的税率表

级数	全年应纳税所得额	税率(%)	速算扣除数
1	不超过 5 000 元的	5	0
2	超过 5 000 元至 10 000 元的部分	10	250
3	超过 10 000 元至 30 000 元的部分	20	1 250
4	超过 30 000 元至 50 000 元的部分	30	4 250
5	超过 50 000 元的部分	35	6 750

注：表中"全年应纳税所得额"，对个体工商户的生产、经营所得，是指以每一纳税年度的收入总额，减除成本、费用以及损失后的余额；对企事业单位的承包经营、承租经营所得，是指以每一纳税年度的收入总额，减除必要费用后的余额。

3. 稿酬所得

稿酬所得，适用比例税率，税率为 20%，并按照应纳税额减征 30%。

4. 劳务报酬所得

劳务报酬所得，适用比例税率，税率为 20%，对劳务报酬所得一次收入畸高的可以实行加成征收。劳务报酬所得一次收入畸高是指个人一次取得劳务报酬，其应纳税所得额超过 20 000 元。即个人取得劳务报酬收入的应纳税所得额一次超过 20 000～50 000 元的部分，按照税法规定计算应纳税额后，再按照应纳税额加成五成，超过 50 000 元的部分，加征十成。其税率表参见表 9-3。

表 9-3 劳务报酬所得适用的税率表

级数	每次应纳税所得额	税率(%)	速算扣除数
1	不超过 20 000 元的	20	0
2	超过 20 000 元至 50 000 元的部分	30	2 000
3	超过 50 000 元的部分	40	7 000

注：表中"每次应纳税所得额"，是指每次收入额减除费用 800 元(每次收入额不超过 4 000 元时)或者减除 20%的费用(每次收入额超过 4 000 元时)后的余额。

需要注意的是，承包、承租人对企业经营成果不拥有所有权，仅是按照合同(协议)的规定取得一定所得的，其所得按"工资、薪金"所得项目征税，适用 5%～45%的九级超额累进税率；承包、承租人按照合同(协议)的规定只向发包、出租方交纳一定费用后，企业经营成果归其所有的，承包、承租人取得的所得，按照对企事业单位的承包经营、承租经营所得项目，适用 5%～35%的五级超额累进税率征税。

5. 其他所得

特许权使用费所得，储蓄存款利息、股息、红利所得，财产租赁所得，财产

转让所得，偶然所得和其他所得，适用比例税率，税率为 20%。其中，储蓄存款利息目前暂时免税，对个人出租住房取得的所得减按 10%的税率征收个人所得税。

第二节　个人所得税应纳税额的计算

我国个人所得税实行分项所得税制，所得项目的性质不同，其适用税率、费用扣除标准及计税方法均有所不同。

一、工资、薪金所得应纳税额的计算

(一)应纳税所得额

工资、薪金所得，以每月收入额减除一定费用后的余额为应纳税所得额，其费用扣除标准如下。

(1)目前每月减除费用按 2 000 元计算。

(2)对在中国境内无住所而在中国境内取得的工资、薪金所得和在中国境内有住所而在中国境外取得工资、薪金所得的纳税人，其每月的工资、薪金收入，在每月扣除 2 000 元的基础上，再扣除附加减除费用 2 800 元，即定额扣除 4 800 元。附加减除费用所适用的具体范围是：①在中国境内的外商投资企业和外国企业中工作取得工资、薪金所得的外籍人员；②应聘在中国境内的企业、事业单位、社会团体、国家机关中工作取得工资、薪金所得的外籍专家；③在中国境内有住所而在中国境外任职或者受雇取得工资、薪金所得的个人；④财政部确定的取得工资、薪金所得的其他人员。华侨和香港、澳门、台湾同胞参照上述附加减除费用标准执行。

(二)应纳税额的计算

工资、薪金所得应纳税额的计算公式为：

应纳税额＝月应纳税所得额×适用税率－速算扣除数

＝(每月收入额－减除费用或减除附加费用)×适用税率－速算扣除数

【例 9-3】某纳税人 2009 年的月薪 4 300 元。计算其每月应纳个人所得税税额。

【解析】1—12 月每月应纳个人所得税税额＝(4 300－2 000)×10%－

25＝205(元)

【例 9-4】某天津一外商投资企业中工作的美国专家(假设为非居民纳税人)，2007 年 1 月取得工资收入 10 000 元人民币。计算其当月应纳个人所得税税额。

【解析】应纳个人所得税税额＝(10 000－4 800)×20％－375＝665(元)

(三)特殊规定

1. 个人取得全年一次性奖金计税方法

(1)先将当月取得的全年一次性奖金，除以 12 个月，按其商数确定适用税率和速算扣除数。

(2)将雇员个人当月内取得的全年一次性奖金，按上述适用税率和速算扣除数计算征税。

【例 9-5】某中国公民 12 月取得全年一次性奖金 24 000 元，其当月工资 3 000 元，试计算一次性奖金应纳税额。

【解析】(1)24 000÷12＝2 000(元)税率为 10％，速算扣除数为 25 元

(2)全年一次性奖金应纳税额＝24 000×10％－25＝2 375(元)

(3)如果雇员当月工资薪金所得低于税法规定的费用扣除额的，适用公式为：

应纳税额＝(雇员当月取得全年一次性奖金－雇员当月工资薪金所得与费用扣除额的差额)×适用税率－速算扣除数

(4)雇员取得除全年一次性奖金以外的其他各种名目奖金，如半年奖、季度奖、加班奖、先进奖、考勤奖等，一律与当月工资、薪金收入合并，按照税法的规定缴纳个人所得税。

2. 特定行业职工取得工资、薪金所得的计税问题

为了照顾采掘业、远洋运输业、远洋捕捞业因季节、产量等因素的影响，职工的工资、薪金收入呈现较大幅度波动的实际情况，对这三个特定行业的职工取得的工资、薪金所得，可按月预缴，年度终了后 30 日内，合计其全年工资、薪金所得，再按 12 个月平均并计算实际应纳的税款，多退少补，其计算公式为：

全年应纳税额＝[(全年工资、薪金收入÷12－费用扣除标准)×适用税率－速算扣除数]×12

3. 对试行年薪制和绩效工资的单位，个人取得年终兑现的年薪和绩效工资按年终一次性奖金处理

4. 在外商投资企业、外国企业和外国驻华机构工作的中方人员取得工资、薪金所得

在外商投资企业、外国企业和外国驻华机构工作的中方人员取得的工资、薪金所得，凡是由雇佣单位和派遣单位分别支付的，支付单位应代扣、代缴个人所得税。由雇佣单位在支付工资、薪金时，按照税法的规定减除费用，计算扣缴个人所得税；派遣单位支付的工资、薪金不再减除费用，以支付金额直接确定适用税率，计算扣缴个人所得税。最后，由纳税义务人持两处支付单位提供的原始明细工资、薪金单和完税凭证原件，选择并固定到一地税机关申报每月工资、薪金收入，汇算清缴其工资、薪金的个人所得税，多退少补。

【例 9-6】赵某为外商投资企业雇佣的中方人员，2009 年 3 月该外商投资企业支付给赵某的薪金为 8 000 元，同月，赵某还收到其所在的派遣单位发给的工资 3 300 元。请问该外商投资企业和赵某的派遣单位应如何扣缴赵某 3 月份的个人所得税？赵某实际应向税务机关申报缴纳个人所得税税额？

【解析】(1)外商投资企业应扣缴个人所得税税额＝(8 000－2 000)×20%－375＝825(元)

(2)派遣单位应扣缴个人所得税税额＝3 300×15%－125＝370(元)

(3)赵某实际应纳个人所得税税额＝(8 000＋3 300－2 000)×20%－375＝1 485(元)

(4)赵某到税务机关申报纳税时应补税款税额＝1 485－(825＋370)＝290(元)

二、个体工商户生产、经营所得应纳税额的计算

(一)应纳税所得额

个体工商户生产、经营所得，以每一纳税年度的收入总额，减除成本、费用以及损失后的余额为应纳税所得额。成本、费用是指纳税人从事生产、经营所发生的各项直接支出和分配计入成本的间接费用以及销售费用、管理费用和财务费用。损失是指纳税人在生产、经营过程中发生的各项营业外支出。

个体户业主、个人独资企业及合伙企业投资者的费用扣除标准现为 24 000 元/年(2 000 元/月)，投资者的工资不得在税前扣除。从事生产、经营的纳税人未提供完整、准确的纳税资料，不能正确计算应纳税所得额的，由税务机关核定其应纳税所得额。

(二)应纳税额的计算

个体工商户生产、经营所得应纳税额的计算公式为：

全年应纳税额＝全所应纳税所得额×适用税率－速算扣除数

＝(全年收入总额－成本、费用及损失)×适用税率－速算扣除数

对于个人独资企业和合伙企业生产经营所得，其个人所得税应纳税额的计算有以下两种方法。

1. 查账征税

(1)个人独资企业和合伙企业投资者的生产经营所得依法计征个人所得税时，个人独资企业和合伙企业投资者本人的费用扣除标准统一确定为24 000元/年，即2 000元/月。但投资者的工资不得在税前扣除。

(2)企业从业人员合理的工资、薪金支出，允许在税前扣除。

(3)投资者及其家庭发生的生活费用不允许在税前扣除。

(4)企业在生产经营投资者及其家庭生活共用的固定资产，难以划分的，由主管税务机关根据企业的生产经营类型、规模等具体情况，核定准予在税前扣除的折旧费用的数额或比例。

(5)企业拨缴的工会经费、发生的职工福利费、职工教育经费支出分别在工资薪金总额2%、14%、2.5%的标准内据实扣除。

(6)企业每一纳税年度发生的广告费和业务宣传费用不超过当年销售(营业)收入15%的部分，可据实扣除；超过部分，准予在以后纳税年度结转扣除。

(7)企业每一纳税年度发生的与其生产经营业务直接相关的业务招待费支出，按照发生额的60%扣除，但最高不得超过当年销售(营业)收入的5‰。

个体工商户在生产、经营期间借款利息支出，凡有合法证明的，不高于按金融机构同类、同期贷款利率计算的数额的部分，准予扣除。

(8)企业计提的各种准备金不得扣除。

【例9-7】某个体工商户2010年全年产品销售收入100万元，为生产应税产品耗用原材料、物料、电力等共计35万元，支付工人工资18万元，销售费用6万元，销售税金5万元，办公费用2万元。假设该个体工商户全年费用扣除标准为24 000元。计算个体工商户2010年应纳所得税。

【解析】①应纳税所得额＝1 000 000－(350 000＋180 000＋60 000＋50 000＋20 000)－24 000＝316 000(元)

②2010年应纳税额＝316 000×35%－6 250＝104 350(元)

(9)投资者兴办两个或两个以上企业，并且企业性质全部是独资的，年度终了后，汇算清缴时，应纳税款的计算按照以下方法进行：汇总其投资兴办的所有企业的经营所得作为应纳税所得额，以此确定适用税率，计算出全年经营所得的应纳税额，再根据每个企业的经营所得占所有企业经营所得的比例，分别计算出每个企业的应纳税额和应补缴税额。计算公式如下：

①应纳税所得额＝Σ各个企业的经营所得

②应纳税额＝应纳税所得额×税率－速算扣除数

③本企业应纳税额＝应纳税额×本企业的经营所得÷Σ各企业的经营所得

④本企业应补缴的税额＝本企业应纳税额－本企业预缴的税额

【例 9-8】居住在市区的中国居民李某为一中外合资企业的职员，2010 年1—12 月李某与 4 个朋友合伙经营一个酒吧，年底酒吧将 30 万元生产经营所得在合伙人中进行平均分配。计算李某分得的生产经营所得应纳个人所得税税额。

【解析】李某分得 300 000÷5＝60 000(元)

生产经营所得应纳个人所得税税额＝60 000×35％－6 750＝14 250(元)

2. 核定征收

应纳税额＝应纳税所得额×适用税率

应纳所得额＝收入总额×应税所得率

＝成本费用支出额÷(1－应税所得率)×应税所得率

(三)计税时应注意的事项

(1)个体工商户与企业联营而分得的利润，按照利息、股息、红利所得项目征收个人所得税。

(2)个体工商户和从事生产、经营的个人，取得与生产、经营活动无关的各项应税所得，应分别按照适用各应税项目的规定计征个人所得税。

三、对企事业单位承包、承租经营所得应纳税额计算

(一)应纳税所得额

对企事业单位承包、承租经营所得，以每一纳税年度的收入总额，减除必要费用后的余额为应纳税所得额。每一纳税年度的收入总额是指纳税人按照承包、承租经营合同规定分得的经营利润和工资、薪金性质的所得。减除必要费用，是指按月减除 2 000 元。

(二)应纳税额的计算

对企事业单位承包经营、承租经营所得应纳税额的计算公式为：

应纳税额＝应纳税所得额×适用税率－速算扣除数

＝(纳税年度收入总额－必要费用)×适用税率－速算扣除数

【例 9-9】2009 年 1 月 1 日，李某与某单位签订承包合同经营招待所，合同约定承包期 3 年，李某每月固定工资为 1 700 元，每年上交承包费 40 000 元。2009 年该招待所实现利润 80 000 元。计算李某 2009 年应纳个人所得税税额。

【解析】应纳税所得额＝(80 000－40 000＋1 700×12)－24 000＝36 400(元)

应纳个人所得税税额＝36 400×30％－4 250＝6 670(元)

(三)计税时应注意的事项

(1)承包人、承租人对企业经营成果不拥有所有权，仅按照合同(协议)的规定取得一定的所得的，其所得按工资、薪金所得项目征税。

(2)承包人、承租人按照合同(协议)的规定只向发包方、出租方交纳一定费用后，经营成果归其所有的，按照承包经营、承租经营项目征税。

(3)承包经营、承租经营所得，按年计算，如果在一个纳税年度内，承包经营、承租经营期限不满 12 个月的，以实际承包期、承租期为一个纳税年度。

(4)纳税人在 1 年内分次取得承包经营、承租经营所得的，应分次预缴税款、年终汇算清缴，多退少补。

四、劳务报酬所得应纳税额的计算

(一)应纳税所得额

劳务报酬所得，每次收入不超过 4 000 元的，定额减除费用 800 元；每次收入超过 4 000 元的，定率减除 20％的费用，其余为应纳税所得额。

(二)应纳税额的计算

应纳税额＝应纳税所得额×适用税率－速算扣除数

(1)每次收入不足 4 000 元的

应纳税额＝(每次收入额－800)×20％

(2)每次收入在 4 000 元以上，且每次收入应纳税所得额不超过 20 000 元的

应纳税额＝每次收入额×(1－20%)×20%

(3)每次收入的应纳税所得额超过20 000元的

应纳税额＝每次收入额×(1－20%)×适用税率－速算扣除数

【例9-10】某歌星2009年5月参加某市举办的大型晚会，双方约定出场费为50 000元，该歌星同时与某歌厅签约1年，每周到歌厅演唱一次，每次可取得酬金500元。计算该歌星5月份应纳个人所得税税额。

【解析】(1)参加大型晚会收入为一次性收入，应纳个人所得税税额＝50 000×(1－20%)×30%－2 000＝10 000(元)

(2)与歌厅签约收入为同一事项连续收入，以1个月为一次，应纳个人所得税税额＝(500×4－800)×20%＝240(元)

(三)特殊规定

(1)纳税人兼有不同的劳务报酬所得的，应分别减除费用，分别计算缴纳个人所得税。

(2)只有一次性收入的，以取得该项收入为一次；属于同一项目连续取得收入的，以1个月内取得的收入为一次。

五、稿酬所得应纳税额的计算

(一)应纳税所得额

稿酬所得，每次收入不超过4 000元的，定额减除费用800元；每次收入超过4 000元的，定率减除20%的费用，其余额为应纳税所得额。

(二)应纳税额的计算

应纳税额＝应纳税所得额×适用税率×(1－30%)

　　　　＝(每次收入额－800)×20%×(1－30%)

或：　　＝每次收入额×(1－20%)×20%×(1－30%)

【例9-11】甲、乙二人合著一本书，共获得稿酬9 000元，其中甲分得6 000元，乙分得3 000元。计算甲、乙二人各自应纳个人所得税税额。

【解析】(1)甲应纳个人所得税税额＝6 000×(1－20%)×20%×(1－30%)＝672(元)

(2)乙应纳个人所得税税额＝(3 000－800)×20%×(1－30%)＝308(元)

(三)特殊规定

稿酬所得，以每次出版、发表取得的收入为一次。具体又可细分为：①同一作品再版取得的所得，应视作另一次稿酬所得计征个人所得税；②同一作品先在报刊上连载，然后再出版，或先出版，再在报刊上连载的，应视为两次稿酬所得征税；③同一作品在报刊上连载取得收入的，以连载完毕后取得了所有收入合并为一次，计征个人所得税；④同一作品在出版和发表时，以预付稿酬或分次支付稿酬等形式取得的稿酬收入，应合并计算为一次；⑤同一作品出版、发表后，因添加印数而追加稿酬的，应与以前出版、发表时取得的稿酬合并计算为一次，计征个人所得税。

【例 9-12】某作家写的一部小说在杂志上连载 4 次，每次取得稿酬分别为 1 500元、1 400 元、900 元、700 元。连载结束后又独立出版获得稿酬 20 000 元。小说出版后因畅销再版，获得再版稿酬 15 000 元。后因脱销添加印数，获得追加稿酬 10 000 元。计算该作家应纳个人所得税税额。

【解析】(1)小说连载所得稿酬应纳个人所得税税额＝(1 500＋1 400＋900＋700)×(1－20％)×20％×(1－30％)＝504(元)

(2)小说连载后出版所得稿酬应纳个人所得税税额＝20 000×(1－20％)×20％×(1－30％)＝2 240(元)

(3)小说再版所得稿酬应纳个人所得税税额＝15 000×(1－20％)×20％×(1－30％)＝1 680(元)

(4)小说加印获追加稿酬应纳个人所得税税额＝(15 000＋10 000)×(1－20％)×20％×(1－30％)－1 680＝1 120(元)

六、特许权使用费所得应纳税额的计算

(一)应纳税所得额

特许权使用费所得按次计税，每次收入不超过 4 000 元的，定额减除费用 800 元；每次收入超过 4 000 元的，定率减除 20％的费用，其余额为应纳税所得额。

(二)应纳税额的计算

应纳税额＝应纳税所得额×适用税率

(1)每次收入不足 4 000 元的，应纳税额＝(每次收入额－800)×20％

(2)每次收入在 4 000 元以上的，应纳税额＝每次收入额×(1－20％)×20％

【例 9-13】某人转让一项专利技术，取得转让收入 35 000 元。计算其应纳个人所得税税额。

【解析】应纳个人所得税税额＝35 000×(1－20％)×20％＝5 600(元)

(三)特殊规定

(1)每次收入是指某项特许权的一次许可使用所取得的收入，如果该次转让取得的收入是分笔支付的，则应将各笔收入相加为一次的收入，计征个人所得税。

(2)个人从事技术转让中所支付的中介费，若能提供有效合法凭证，允许其从所得中扣除。

七、财产租赁所得应纳税额的计算

(一)应纳税所得额

财产租赁所得，每次收入不超过 4 000 元的，定额减除费用 800 元；每次收入超过 4 000 元的，定率减除 20％的费用，其余额为应纳税所得额。

(二)应纳税额的计算

应纳税额＝应纳税所得额×适用税率

(1)每次收入不足 4 000 元的，应纳税额＝(每次收入额－800)×20％

(2)每次收入在 4 000 元以上的，应纳税额＝每次收入额×(1－20％)×20％

(三)特殊规定

(1)财产租赁所得按次计税，以 1 个月内取得的收入为一次。

(2)纳税人在出租财产过程中缴纳的税金及附加，可持完税(缴款)凭证，从其财产租赁收入中扣除。

(3)纳税人出租财产过程中，发生的由出租方负担的修缮费用，可据实扣除。允许扣除的修缮费用，以每次 800 元为限，一次扣除不完的，准予在下一次继续扣除，直至扣完为止。

【例 9-14】某人出租房一栋，每月取得租金 3 000 元，缴纳各项税金及附加 165 元，2 000 年 10 月发生修缮费用 2 000 元。计算其当月应纳个人所得税税额。

【解析】应纳税所得额＝3 000－165－800－800＝1 235(元)

应纳个人所得税税额＝1 235×20％＝247(元)

八、财产转让所得应纳税额的计算

(一)应纳税所得额

财产转让所得，以转让财产的收入额减除财产原值和合理费用后的余额为应纳税所得额。

纳税义务人未提供完整、准确的财产原值凭证，不能正确计算财产原值的，由主管税务机关核定其财产原值。合理费用是指卖出财产过程中按照规定支付的有关费用。

(二)应纳税额的计算

应纳税额＝应纳税所得额×适用税率

＝(每次收入额－财产原值－合理费用)×20%

【例 9-15】某人 2 000 年 5 月转让给某冷饮店炒冰机 1 台，取得转让收入6 000 元，此台炒冰机购进时的原价为 4 500 元，转让时支付有关费用 200 元。计算其应纳个人所得税税额。

【解析】应纳税所得额＝6 000－4 500－200＝1 300(元)

应纳个人所得税税额＝1 300×20%＝260(元)

九、利息、股息、红利所得应纳税额的计算

利息、股息、红利所得，以每次收入额为应纳税所得额，其应纳税额的计算公式为：

应纳税额＝应纳税所得额×适用税率

＝每次收入额×适用税率

目前对从中国境内的储蓄机构取得人民币、外币储蓄存款的利息，暂免征收个人所得税。

十、偶然所得和其他所得应纳税额的计算

偶然所得和其他所得，以每次收入额为应纳税所得额，其应纳税额计算公式为：

应纳税额＝应纳税所得额×适用税率

＝每次收入额×20%

【例 9-16】王先生购买福利彩票中奖所得 50 000 元。计算王先生应纳个人所

得税税额。

【解析】彩票销售机构应代扣个人所得税税额＝50 000×20%＝10 000(元)

实际支付王先生现金＝50 000－10 000＝40 000(元)

十一、应纳税额计算中的特殊问题

(一)捐赠税前扣除方法

个人将其所得通过中国境内的社会团体、国家机关向教育和其他社会公益事业以及遭受严重自然灾害地区、贫困地区的捐赠，捐赠额未超过纳税人申报的应纳税所得额30%的部分，可以从其应纳税所得额中扣除。

个人通过非盈利的社会团体和国家机关向农村义务教育的捐赠，准予在缴纳个人所得税前的所得额中全额扣除。

【例9-17】某人获得10 000元的劳务报酬，将2 000元捐赠给民政部门用于救灾，将1 000元直接捐给受灾者个人。计算此人应纳个人所得税税额。

【解析】(1)应纳税所得额＝10 000×(1－20%)＝8 000(元)

捐赠支出扣除限额＝8 000×30%＝2 400(元)

纳税人实际捐赠支出2 000元低于捐赠支出扣除限额2 400元，可全部在税前扣除。

(2)直接捐赠给受灾者个人的1 000元，不符合税法的规定，不得从其应纳税所得额中扣除。

(3)应纳个人所得税税额＝(应纳税所得额－允许扣除的实际捐赠额)×20%＝(8 000－2 000)×20%＝1 200(元)

(二)个人取得公务交通、通信补贴收入征税问题

个人因公务用车和通信制度改革而取得的公务用车、通信补贴收入，扣除一定标准的公务费用后，按照“工资、薪金”所得项目计征个人所得税。按月发放的，并入当月“工资、薪金”所得计征个人所得税；不按月发放的，分解到所属月份并与该月份“工资、薪金”所得合并后计征个人所得税。

公务费用扣除标准，由省级地方税务局确定。

(三)失业保险费(金)征税问题

城镇企事业单位及其职工个人按照《失业保险条例》规定的比例，实际缴付的失业保险费，均不计入职工个人当期工资、薪金收入，免予征收个人所得税；超过规定的比例缴付失业保险费的，应将其超过规定比例缴付的部分计入职工个人

当期的工资、薪金收入，依法计征个人所得税。

具备《失业保险条例》规定条件的失业人员，领取的失业保险金，免予征收个人所得税。

(四)两个以上的纳税人共同取得同一项所得的计税问题

两个或两个以上的纳税义务人共同取得同一项所得的(如共同写作一部著作而取得稿酬所得)，可以对每个人分得的收入分别减除费用，并计算各自应纳税款。

(五)个人取得退职费收入征免个人所得税问题

个人符合《国务院关于工人退休、退职的暂行办法》规定的退职条件并按照该办法规定的退职费标准所领取的退职费，免征个人所得税。

个人取得的不符合上述办法规定的退职条件和退职费标准的退职费收入，对退职人员一次取得较高退职费收入的，可视为其一次取得数月的工资、薪金收入，并以原每月工资、薪金收入总额为标准，划分为若干月份的工资、薪金收入后，计算个人所得税的应纳税所得额及税额。但按照上述方法划分超过了6个月工资、薪金收入的，应按照6个月平均划分计算。个人取得全部退职费收入的应纳税款，应由其原雇主在支付退职费时负责代扣并于次月7日内缴入国库。个人退职后6个月内又再次任职、受雇的，对个人已缴纳个人所得税的退职费收入，不再与再次任职、受雇取得的工资、薪金所得合并计算补缴个人所得税。

(六)个人因解除劳动合同取得经济补偿金的征税

企业依照国家有关法律规定宣告破产，企业职工从该破产企业取得的一次性安置费收入，免征个人所得税。

个人因与用人单位解除劳动关系而取得的一次性补偿收入(包括用人单位发放的经济补偿金、生活补助费和其他补助费用)，其收入在当地上年职工平均工资3倍数额以内的部分，免征个人所得税；超过3倍数额部分的一次性补偿收入，可视为一次取得数月的工资、薪金收入，允许在一定期限内平均计算。方法为：以超过3倍数额部分的一次性补偿收入，除以个人在本企业的工作年限数(超过12年的按12年计算)，以其商数作为个人的月工资、薪金收入，按照税法的规定计算缴纳个人所得税。个人在解除劳动合同后又再次任职、受雇的，已纳税的一次性补偿收入不再与再次任职、受雇的工资薪金所得合并计算补缴个人所得税。

个人领取一次性补偿收入时按照国家和地方政府规定的比例实际缴纳的住房

公积金、医疗保险费、基本养老保险费、失业保险费，可以在计征其一次性补偿收入的个人所得税时予以扣除。

(七)个人兼职和退休人员再任职取得收入的征税方法

个人兼职取得的收入应按照“劳务报酬所得”应税项目缴纳个人所得税；退休人员再任职取得的收入，在减除按照《个人所得税法》规定的费用扣除标准后，按照“工资、薪金所得”应税项目缴纳个人所得税。

(八)个人取得有奖发票资金征税方法

个人取得单张有奖发票奖金所得不超过800元(含800元)的，暂免征收个人所得税；个人取得单张有奖发票奖金所得超过800元的，应全额按照“偶然所得”项目由有奖发票兑奖机构代扣代缴个人所得税。

十二、境外所得已纳税额扣除方法

按照税法的规定，纳税义务人从中国境外取得的所得，准予其在应纳税额中扣除已在境外缴纳的个人所得税税额，但扣除额不得超过该纳税义务人境外所得依照我国税法规定计算的应纳税额。

按照《个人所得税法》规定计算的“应纳税额”是指纳税人从中国境外取得的所得，区别不同国家或者地区和不同应税项目，依照税法规定的费用减除标准和适用税率计算的应纳税额；同一国家或者地区内不同应税项目的应纳税额之和，为该国家或者地区的扣除限额。

个人从中国境外取得的所得在境外实际缴纳的个人所得税税额，低于依照上述规定计算出的扣除限额的，应当在中国补缴差额部分的税款；超过扣除限额的，其超过部分不得作为税额扣除，但可以在以后年度扣除限额的余额内补扣，补扣期限最长不得超过5年。

【例9-18】中国公民王某，2009年从中国境内取得工资、薪金收入30 000元(人民币，下同)，取得稿酬收入2 000元；当年还从A国取得特许权使用费收入8 000元，从B国取得利息收入3 000元。该纳税人已按A国、B国的税法规定分别缴纳个人所得税1 400元和500元。计算王某2009年应纳个人所得税税额。

【解析】(1)中国境内工薪收入应纳税额

月工薪收入＝30 000/12＝2 500(元)

月应纳税所得额＝2 500－800＝1 700(元)

月应纳税额＝1 700×10%－25＝145(元)

年工薪收入应纳税额＝145×12＝1 740(元)

(2)稿酬收入应纳税额=(2 000－800)×20％×(1－30％)=168(元)

(3)A国收入按照我国《税法》的规定计算的应纳税额=8 000×(1－20％)×20％=1 280(元)

该纳税人在A国实际缴纳的税款超过了抵扣限额。因此，只能在限额内抵扣1 280元，不用在我国补缴税款。

(4)B国收入按照我国《税法》的规定计算的应纳税额=3 000×20％=600(元)

该纳税人在B国实际缴纳的税款低于抵扣限额，因此，可全额抵扣，并需在我国补缴税款100元(600－500)。

(5)王某2009年应纳个人所得税额=1 740＋168＋100=2 008(元)

第三节　个人所得税的税收优惠

一、《个人所得税法》规定的免税所得

(1)省级人民政府、国务院部委和中国人民解放军军以上单位，以及外国组织、国际组织颁发的科学、教育、技术、文化、卫生、体育、环境保护等方面的奖金。

(2)国债和国家发行的金融债券利息。

(3)按照国家统一规定发给的补贴、津贴。

(4)福利费、抚恤金、救济金。

(5)保险赔款。

(6)军人的转业费、复员费。

(7)按照国家统一规定发给干部、职工的安家费、退职费、退休工资、离休工资、离休生活补助费等。

(8)对乡、镇(含乡、镇)以上人民政府或经县(含县)以上人民政府主管部门批准成立的有机构、有章程的见义勇为基金或者类似性质组织，奖励见义勇为者的奖金或奖品，经主管税务机关核准，免征个人所得税。

(9)企业和个人按照省级以上人民政府规定的比例提取并缴付的住房公积金、医疗保险金、基本养老保险金、失业保险金，不计入个人当期的工资、薪金收入，免予征收个人所得税。超过规定的比例缴付的部分计征个人所得税。

个人领取原提存的住房公积金、医疗保险金、基本养老保险金时。免予征收

个人所得税。

(10)对个人取得的教育储蓄存款利息所得以及国务院财政部门确定的其他专项储蓄存款或者储蓄性专项基金存款的利息所得，免征个人所得税。

(11)储蓄机构内从事代扣代缴工作的办税人员取得的扣缴利息税手续费所得，免征个人所得税。

二、经批准可以减征个人所得税情况

(1)残疾、孤老人员和烈属的所得。

(2)因严重自然灾害造成重大损失的。

(3)其他经国务院财政部门批准减税的。

减征个人所得税，其减征的幅度和期限由省、自治区、直辖市人民政府规定。

三、暂免征收个人所得税的优惠

(1)个人举报、协查各种违法、犯罪行为而获得的奖金。

(2)个人办理代扣代缴税款手续，按规定取得的扣缴手续费。

(3)个人转让自用达5年以上并且是唯一的家庭居住用房取得的所得。

(4)达到离休、退休年龄，但确因工作需要，适当延长离休、退休年龄的高级专家(指享受国家发放的政府特殊津贴的专家、学者)，其在延长离休、退休期间的工资、薪金所得，视同退休工资、离休工资免征个人所得税。

(5)外籍个人从外商投资企业取得的股息、红利所得。

(6)对被拆迁人按照国家有关城镇房屋拆迁管理办法规定的标准取得的拆迁补偿款，免征个人所得税。

(7)个人取得单张有奖发票奖金所得不超过800元(含800元)的，暂免征收个人所得税；个人取得单张有奖发票奖金所得超过800元的，应全额按照《个人所得税法》规定的“偶然所得”项目征收个人所得税。

(8)对保险营销员佣金中的展业成本，免征个人所得税；对佣金中的劳务报酬部分，扣除实际缴纳的营业税及附加后，依照《个人所得税法》有关规定计算征收个人所得税。保险营销员的佣金由展业成本和劳务报酬构成，所谓“展业成本”即营销费。根据目前保险营销员展业的实际情况，佣金中展业成本的比例暂定为40%。

(9)对在中国境内无住所，但在境内居住1年以上不到5年的纳税人，其来源于中国境外的所得，经主管税务机关批准，可以只就由中国境内公司、企业以及其他经济组织或者个人支付的部分缴纳个人所得税；居住超过5年的个人，从第6年起，应当就其来源于中国境内外的全部所得缴纳个人所得税。

(10)在中国境内无住所，但是在一个纳税年度中在中国境内连续或者累计居住不超过90日的个人，其来源于中国境内的所得，由境外雇主支付并且不由该雇主在中国境内的机构、场所负担的部分，免予缴纳个人所得税。

第四节　征收管理及代扣代缴账务处理

一、个人所得税的征收管理

个人所得税实行扣缴义务人代扣代缴税款和纳税人自行申报两种计征办法。

(一)扣缴义务人代扣代缴税款

(1)负有扣缴义务的单位和个人，在向个人支付应纳税所得时，应计算应纳税额，从其所得中扣除并缴入国库，同时向税务机关报送《扣缴个人所得税报告表》。

扣缴义务人在向个人支付应纳税所得时，不论纳税人是否属于本单位人员，均应代扣代缴应纳的个人所得税税款。

(2)扣缴义务人在代扣税款时，必须向纳税人开具税务机关统一印制的代扣代收税款凭证，并详细注明纳税人姓名、工作单位、家庭住址和居民身份证或护照号码等个人情况。对工资、奖金所得和利息、股息、红利所得等，因纳税人数众多，经主管税务机关同意，可不开具代扣代收税款凭证，但应通过一定形式告知纳税人已扣缴税款。纳税人为持有完税依据而向扣缴义务人索取代扣代收税款凭证的，扣缴义务人不得拒绝。

扣缴义务人应主动向税务机关申领代扣代收税款凭证，据以向纳税人扣税。非正式扣税凭证，纳税人可以拒收。

(3)扣缴义务人每月所扣的税款，应当在次月7日内缴入国库，并向主管税务机关报送《扣缴个人所得税报告表》(表9-4)、代扣代收税款凭证和包括每一纳税人姓名、单位、职务、收入、税款等内容的支付个人收入明细表以及税务机关要求报送的其他有关资料。

(4)扣缴义务人对纳税人的应扣未扣的税款，其应纳税款仍然由纳税人缴纳，扣缴义务人应承担应扣未扣税款50%以上至3倍的罚款。

(5)扣缴义务人应建立代扣代缴税款账簿，正确反映个人所得税的扣缴情况，并如实填写《扣缴个人所得税报告表》及其有关资料(见表9-4)。

表 9-4 扣缴个人所得税报告表

扣缴义务人编码：

扣缴义务人名称(公章)：　　　　　　　　　　　　金额单位：元(列至角分)

填表日期：　年　月　日

序号	纳税人姓名	身份证照类型	身份证照号码	国籍	所得项目	所得期间	收入额	免税收入额	允许扣除的税费	费用扣除标准	准予扣除的捐赠额	应纳税所得额	税率%	速算扣除数	应扣税额	已扣税额	备注
1	2	3	4	5	6	7	8	9	10	11	12	13	14	15	16	17	18
合计										—	—	—	—	—			
扣缴义务人声明	我声明：此扣缴报告表是根据国家税收法律、法规的规定填报的，我确定它是真实的、可靠的、完整的。 声明人签字：																

会计主管签字：　　　　负责人签字：　　　　扣缴单位(或法定代表人)(签章)：

受理人(签章)：　　　　受理日期：　年　月　日　　　　受理税务机关(章)：

国家税务总局监制

本表一式二份，一份扣缴义务人留存，一份报主管税务机关。

(二)纳税义务人自行申报纳税

自行申报纳税是指纳税人在税法规定的纳税期限内，向税务机关申报取得的应纳税所得项目和数额，如实填写《个人所得税纳税申报表》，并按照税法的规定计算应纳税额，据以缴纳个人所得税的一种方法。

1. 自行申报适用范围

根据税法的规定，凡有下列情形之一的，纳税人必须自行向税务机关申报缴纳所得税。

(1)年所得12万元以上的纳税人，无论取得的各项所得是否已足额缴纳了个人所得税，均应按规定于纳税年度终了后向主管税务机关办理纳税申报。

(2)从中国境内两处或两处以上取得工资、薪金所得的。

(3)从境外取得所得的。

(4)取得应纳税所得，没有扣缴义务人的。

(5)国家规定的其他情形。

2. 自行申报纳税的内容

构成12万元的所得包括纳税人取得的各项所得，但不包括免税所得、暂免税所得。各项所得的年所得按照下列规定计算。

(1)工资、薪金所得，按照未减除费用及附加减除费用的收入额计算。

(2)劳务报酬所得、特许权使用费所得，不得减除纳税人在提供劳务或让渡特许权使用权过程中缴纳的有关税费。

(3)财产租赁所得，不得减除纳税人在出租财产过程中缴纳的有关税费；对于纳税人一次取得跨年度财产租赁所得的，全部视为实际取得所得年度的所得。

(4)个人转让房屋所得，采取核定征收个人所得税的，按照实际征收率(1%、2%、3%)分别换算为应税所得率(5%、10%、15%)，据此计算年所得。

(5)个人储蓄存款利息所得、企业债券利息所得，全部视为纳税人实际取得所得年度的所得。

(6)对个体工商户、个人独资企业投资者，按照征收率核定个人所得税的，将征收率换算为应税所得率，据此计算应纳税所得额。合伙企业投资者按照上述方法确定应纳税所得额后，合伙人应根据合伙协议规定的分配比例确定其应纳税所得额，合伙协议未规定分配比例的，按照合伙人数平均分配确定其应纳税所得额。对于同时参与两个以上企业投资的，合伙人应将其投资所有企业的应纳税所得额相加后的总额作为年所得。

(7)股票转让所得，以一个纳税年度内，个人股票转让所得与损失盈亏相抵后的正数为申报所得数额，盈亏相抵为负数的，此项所得按“零”填写。

3. 自行申报纳税的申报期限

(1)年所得12万元以上的纳税人，在纳税年度终了后3个月内向主管税务机关办理纳税申报。

(2)个体工商户和个人独资、合伙企业投资者取得的生产、经营所得应纳的税款，分月预缴的，纳税人在每月终了后7日内办理纳税申报；分季预缴的，纳税人在每个季度终了后7日内办理纳税申报；纳税年度终了后，纳税人在3个月内进行汇算清缴。

(3)纳税人年终一次性取得对企事业单位的承包经营、承租经营所得的，自取得所得之日起30日内办理纳税申报；在一个纳税年度内分次取得承包经营、承租经营所得的，在每次取得所得后的次月7日内申报预缴；纳税年度终了后3个月内汇算清缴。

(4)从中国境外取得所得的纳税人，在纳税年度终了后30日内向中国境内主管税务机关办理纳税申报。

(5)除以上规定的情形外，纳税人取得其他各项所得须申报纳税的，在取得所得的次月7日内向主管税务机关办理纳税申报。

4. 自行申报纳税的申报方式

纳税人可以采取数据电文、邮寄等方式申报，也可以直接到主管税务机关申报，或者采取符合主管税务机关规定的其他方式申报。纳税人也可以委托有税务代理资质的中介机构或者他人代为办理纳税申报。

5. 自行申报纳税的申报地点

(1)在中国境内有任职、受雇单位的，向任职、受雇单位所在地主管税务机关申报。

(2)在中国境内有两处或者两处以上任职、受雇单位的，选择并固定向其中一处单位所在地主管税务机关申报。

(3)在中国境内无任职、受雇单位，年所得项目生产、经营所得的，向其中一处实际经营所在地主管税务机关申报。

(4)在中国境内无任职、受雇单位，年所得项目中无生产、经营所得的，向户籍所在地主管税务机关申报。在中国境内有户籍，但户籍所在地与中国境内经常居住地不一致的，选择并固定向其中一地主管税务机关申报。在中国境内没有户籍的，向中国境内经常居住地主管税务机关申报。

(5)其他所得的纳税人，纳税申报地点分别为：

①从两处或者两处以上取得工资、薪金所得的，选择并固定向其中一处单位

所在地主管税务机关申报。

②从中国境外取得所得的，向中国境内户籍所在地主管税务机关申报。在中国境内有户籍，但户籍所在地与中国境内经常居住地不一致的，选择并固定向其中一地主管税务机关申报。在中国境内没有户籍的，向中国境内经常居住地主管税务机关申报。

③个体工商户向实际经营所在地主管税务机关申报。

④个人独资、合伙企业投资者兴办两个或两个以上企业的，兴办的企业全部是个人独资性质的，分别向各企业的实际经营管理所在地主管税务机关申报；兴办的企业中含有合伙性质的，向经常居住地主管税务机关申报；兴办的企业中含有合伙性质，个人投资者经常居住地与其兴办企业的经营管理所在地不一致的，选择并固定向其参与兴办的某一合伙企业的经营管理所在地主管税务机关申报；除以上情形外，纳税人应当向取得所得所在地主管税务机关申报。

纳税人不得随意变更纳税申报地点，因特殊情况变更纳税申报地点的，须报原主管税务机关备案。

二、个人所得税代扣代缴业务账务处理

(一)支付工资、薪金代扣代缴所得税账务处理

企业作为个人所得税的扣缴义务人，应按照规定扣缴职工应缴纳的个人所得税。代扣个人所得税时，借记“应付职工薪酬”账户，贷记“应交税费——代扣代缴个人所得税”账户。

【例9-19】某企业2009年3月为管理人员张某发工资3 800元。计算3月张某应纳个人所得税税额并编制相关会计分录。

【解析】张某应纳个人所得税税额＝(3 800－2 000)×10％－25＝155(元)

(1)企业计提应付张某工资时

借：管理费用　　3 800

　贷：应付职工薪酬　　3 800

(2)企业实际发放张某工资时

借：应付职工薪酬　　3 800

　贷：银行存款　　3 645

　　　应交税费——应交代扣代缴个人所得税　　155

(3)企业缴纳代扣个人所得税时

借：应交税费——应交代扣代缴个人所得税 155

贷：银行存款 155

(二)支付劳务报酬、特许权使用费、稿费、财产租赁费代扣代缴所得税

企业支付给个人的劳务报酬、特许权使用费、稿费、财产租赁费，一般由支付单位作为扣缴义务人向纳税人扣留税款，并计入该企业的有关费用账户。即企业在支付上述费用时，借记“无形资产”、“管理费用”、“财务费用”、“营业费用”等账户，贷记“应交税费——代扣代缴个人所得税”、“现金”等账户；实际缴纳时，借记“应交税费——代扣代缴个人所得税”账户，贷记“银行存款”账户。

【例 9-20】王工程师向一家公司提供一项专利使用权，一次取得收入 50 000 元。计算公司应代扣代缴的个人所得税税额及编制相关会计分录。

【解析】公司应代扣代缴的个人所得税应纳税额＝50 000×(1－20％)×20％＝8 000(元)

(1)公司计提扣缴个人所得税时

借：无形资产 50 000

贷：应交税费——应交代扣代缴个人所得税 8 000

库存现金 42 000

(2)公司实际上交扣缴的所得税时

借：应交税费——应交代扣代缴个人所得税 8 000

贷：银行存款 8 000

(三)向个人购买财产代扣代缴所得税

一般情况下，企业向个人购买财产属于购建企业的固定资产项目，支付的税金应作为购建固定资产的价值组成部分。

(1)购置固定资产时

借：固定资产

贷：银行存款

应交税费——应交代扣代缴个人所得税

(2)实际上缴个人所得税时

借：应交税费——应交代扣代缴个人所得税

贷：银行存款

(四)向股东支付股利代扣代缴所得税

企业向个人支付现金股利时，应代扣代缴个人所得税。企业应支付给个人的现金股利金额，借记“利润分配”账户，贷记“应付股利”账户；当实际支付现金时，借记“应付股利”账户，贷记“现金”(或“银行存款”)、“应交税费——代扣代缴个人所得税”账户。

企业以盈余公积对股东个人转增资本或派发股票股利时，应代扣代缴个人所得税，有关会计处理如下。

(1)以盈余公积转增资本或派发股票股利时

借：盈余公积、应付利润、利润分配——未分配利润

　贷：实收资本、股本

(2)扣缴所得税时

借：其他应收款

　贷：应交税费——应交代扣代缴个人所得税

(3)收到个人股本交来税款时

借：银行存款

　贷：其他应收款

(4)解缴税款时

借：应交税费——应交代扣代缴个人所得税

　贷：银行存款

强化训练题

一、单项选择题

1. 下列所得税一次收入畸高可以实行加成征收的是(　　)。

   A. 稿酬所得　　B. 劳务报酬所得　C. 偶然所得　　D. 股息红利所得

2. 居民王某出租自有居住用房，租期1年，全年租金收入为36 000元。计算其全年应纳的个人所得税为(　　)元。

   A. 5 280　　B. 5 760　　C. 8 640　　D. 2 640

3. 某外国人2001年1月12日来华工作，2002年2月15日回国，2002年3月15日返回中国，2002年11月15日至2002年11月30日期间，因工作需要去了日本和新加坡，后于2003年7月离华回国。该纳税人(　　)。

A. 2001 年度为居民纳税人，2002 年度为非居民纳税人

B. 2002 年度为居民纳税人，2003 年度为非居民纳税人

C. 2002 年度和 2003 年度均为非居民纳税人

D. 2001 年度和 2002 年度均为居民纳税人

4. 对于劳务报酬所得，基同一事项连续取得收入的，其收入"次"数的确定方法是(　　)。

A. 以事项完成后取得的所有收入合并为一次

B. 以 1 个月内取得的收入为一次

C. 以一个季度内取得的收入为一次

D. 以取得收入时为一次

5. 自行申报缴纳个人所得税的纳税人，当其在中国境内两处或两处以上取得应纳税所得时，其纳税地点的选择应是(　　)。

A. 收入来源地　　B. 选择其中一地

C. 税务机关指定地　　D. 个人户籍所在地

6. 除特殊情况外，个人所得税纳税人应在取得应纳税所得的(　　)日内向主管税务机关申报所得并缴纳税款。

A. 7　　B. 15　　C. 30　　D. 次月 7

7. 某作家的一部小说，第一次出版获稿酬 12 000 元，后因出版社加印又得稿酬 3 000 元，则该作家出版该小说的稿酬收入应缴所得税税额为(　　)元。

A. 1 344　　B. 1 680　　C. 1 652　　D. 1 988

8. 个人所得税的纳税义务人不包括(　　)。

A. 国有独资公司　　B. 个人独资企业投资者

C. 合伙企业合伙人　　D. 股份有限公司总经理

9. 某演员参加营业性演出一次获得表演收入 50 000 元，应纳个人所得税为(　　)元。

A. 8 000　　B. 10 000　　C. 12 000　　D. 3 000

10. 个人通过非营利性的社会团体和国家机关进行的公益性捐赠，能在应纳税所得额中全额扣除的有(　　)。

A. 向红十字事业捐赠　　B. 向农村义务教育捐赠

C. 向中国绿化基金会捐赠　　D. 公益性青少年活动场所

11. 下列各项中，符合我国《个人所得税法》规定的是(　　)。

A. 偶然所得按每次收入额为应纳税所得额

B. 劳务报酬所得按应纳税额减征 30%

C. 取得国家金融债券的利息应依法纳税

D. 活期储蓄存款利息不免税

12. 下列各项中，适用超额累进税率计征个人所得税的有(　　)。

A. 个体工商户的生产经营所得　　B. 财产租赁所得

C. 特许权使用费所得　　D. 稿酬所得

13. 下列人员中是个人所得税非居民纳税义务人的是(　　)。

A. 在中国境内居住不满1年的外籍人员

B. 具有中国国籍的国内公民

C. 在中国境内定居的外国侨民

D. 在中国境内有住所的个人

14. 对于符合税法规定的人员取得的工资、薪金所得可以享受附加减除费用的照顾，附加减除费用的标准为在每月减除2 000元的基础上，再减除(　　)元。

A. 1 600　　B. 4 800　　C. 3 200　　D. 2 800

15. 张某2010年由一中方企业派往国内一外商投资企业工作，派遣单位和雇佣单位每月分别支付张某工资1 000元和3 000元。张某每月应纳个人所得税为(　　)元。

A. 200　　B. 175　　C. 355　　D. 240

二、多项选择题

1. 下列纳税人，工资、薪金所得适用附加费用扣除标准的有(　　)。

A. 境外任职或受雇的中国公民

B. 内地中外合资企业任职的华侨

C. 内地国外常设机构工作的中方人员

D. 内地无住所、居住不满1年的外籍人员

2. 下列项目中，以每次收入额为应纳税所得额计算缴纳个人所得税的有(　　)。

A. 稿酬所得　　B. 利息、股息、红利所得

C. 偶然所得　　D. 特许权使用费所得

3. 个人取得的下列所得，免征个人所得税的有(　　)。

A. 按照国家统一规定发给的津贴

B. 个人转让自用8年的家庭唯一生活用房的所得

C. 本单位发给的先进个人奖金

D. 离退休人员工资

4. 下列劳务报酬所得中，不适用加成征收的是(　　)。

A. 设计费 32 000 元　　B. 咨询费 5 500 元

C. 中介费 22 000 元　　D. 演出出场费 26 000 元

5. 以下各项所得中适用 20%个人所得税税率的有(　　)。

A. 劳务报酬所得

B. 对企事业单位的承包经营、承租经营所得

C. 特许权使用费所得

D. 财产转让所得

6. 个人下列各项所得中，应当缴纳个人所得税的有(　　)。

A. 贷款利息收入　　B. 储蓄存款利息收入

C. 国库券利息收入　　D. 股息收入

7. 下列情况中，应由纳税人由自行申报纳税的有(　　)。

A. 从两处或两处以上取得工资、薪金所得的

B. 取得应纳税所得，没有扣缴义务人的

C. 取得应纳税所得，扣缴义务人未按规定扣缴税款的

D. 分笔取得属于一次劳务报酬所得、稿酬所得、特许权使用

8. 下列人员为个人所得税的居民纳税义务人的是(　　)。

A. 在中国境内有住所的个人

B. 具有中国国籍的国内公民

C. 在中国境内定居的外国侨民

D. 在中国境内无住所且居住不满 1 年的外籍人员

9. 下列各项中，属于个人所得税应税项目的是(　　)。

A. 劳动报酬所得　　B. 稿酬所得

C. 保险赔款　　D. 彩票中奖所得

10. 下列所得中不实行加成征收的是(　　)。

A. 稿酬所得　　B. 利息、股息、红利所得

C. 劳务报酬所得　　D. 偶然所得

11. 下列个人所得，在计算个人所得税时，不得减除费用的有(　　)。

A. 工资薪金所得　　B. 利息、股息、红利所得

C. 特许权使用费所得　　D. 偶然所得

12. 以下各项所得适用累进税率形式的有(　　)。

A. 工资薪金所得　　B. 个体工商户生产经营所得

C. 财产转让所得　　D. 承包承租经营所得

三、判断题

1. 凡向个人支付应纳税所得的单位和个人，不论是向本单位人员支付，还是向其他人员支付，均应在支付时代扣代缴其应纳的个人所得税。（ ）
2. 个人领取的原提存的住房公积金、医疗保险金、基本养老保险金、免征个人所得税。（ ）
3. 两个或两个以上个人共同取得同一项所得的，应先就其全部收入减除费用计算征收个人所得税，然后将其税后所得在各纳税人之间分配。（ ）
4. 对个人独资企业和合伙企业生产经营所得，按查账征收的，投资者及其家庭发生的生活费用允许在税前扣除。（ ）
5. 出租汽车经营单位对出租驾驶员采用单车承包或承租方式运营，出租车驾驶员从事客货营运取得的收入，按个体工商户的生产经营所得缴纳个人所得税。（ ）
6. 同一作品在报刊上连载取得的收入，应当以每次连载取得的收入为一次计征个人所得税。（ ）
7. 个体工商户生产经营所得的个人所得税税率为33%比例税率。（ ）
8. 张某某年5月取得稿费收入10万元，应缴纳的个人所得税为1.12万元。（ ）

四、综合实务题

1. 2010年1月1日，王某与单位签订承包合同，承包经营该单位的一理发店，承包合同规定：王某每月固定工资为500元，每年上交承包费10 000元。2010年该理发店实现利润30 000元。

要求：计算王某应向税务机关缴纳的个人所得税税额。

2. 中国公民张某系某单位职工，2010年12月取得下列收入：领取12月工资1 200元，一次性年终奖金4 300元；为某单位进行工程设计取得报酬25 000元；同时拿出10 000元通过希望工程基金会捐赠给希望小学；取得省政府颁发的科技奖5 000元；因检举揭发某人违法犯罪行为，获得政府部门颁发奖金1 200元；在A国取得特许权使用费收入9 000元，已在A国缴纳个人所得税1 250元；在B国取得稿酬收入4 000元，已在B国缴纳个人所得税420元。

要求：计算张某上述收入应缴纳的个人所得税。

3. 某大学教授王某2010年5月取得下列收入：在国内专业杂志上发表文章2篇，分别取得稿酬1 300元和900元；为某企业作专题报告4次，每次3 000元；将其拥有的两处住房中的一套已使用10年的住房出售，转让收入250 000

元，该房产造价 110 000 元，另支付交易费用等相关费用 5 000 元。

要求：根据税法的规定，计算王教授上述收入应缴纳的个人所得税。

4. 中国公民李某是外国企业中的高级职员，2004 年 4 月雇用单位支付其工资 13 000 元，派遣单位支付其工资 1 500 元。

要求：请问李某应如何纳税？

5. 李某的户籍在大连市沙河口区，任职于中山区 A 公司。2006 年李某共取得以下几项收入：

(1)每月从 A 公司取得工资收入 25 000 元，每月个人缴纳“三费一金”2 500 元，每月已扣缴个人所得税 3 850 元。

(2)从 A 国取得特许权使用费 10 000 元，并按照 A 国税法的规定缴纳了个人所得税 1 500 元。

(3)从 B 国取得利息收入 2 000 元、股票转让盈利 100 000 元，并按照 B 国税法的规定，分别缴纳了个人所得税 500 元、24 500 元。

要求：请问李某年度终了该如何办理纳税申报？

第十章　其他主要税种及账务处理

第一节　资源税法及账务处理

一、资源税基本要素

资源税是对在我国境内开采应税矿产品及生产盐的单位和个人就其应税资源销售数量或自用数量为课税对象征收的一种税，属于对自然资源占用课税的范畴。

（一）资源税的纳税义务人与扣缴义务人

1. 资源税的纳税义务人

资源税的纳税义务人是在中华人民共和国境内开采应税资源的矿产品或者生产盐的单位和个人。

（1）资源税是对在中国境内开采应税资源或生产盐的单位或个人征收，而对进口应税资源产品的单位或个人不征资源税。相应的对出口应税产品也不退（免）已纳的资源税。

（2）中外合作开采石油、天然气，按照现行规定，只征收矿区使用费，暂不征收资源税。

2. 扣缴义务人

收购未税矿产品的单位为资源税的扣缴义务人。收购未税矿产品的单位是指独立矿山、联合企业和其他单位。

(二)资源税的税目与单位税额

1. 资源税的税目

资源税在具体设计税目时采取列举法，目前共设置七大税目。

(1)原油

原油是指开采的天然原油，不包括人造石油。

(2)天然气

天然气是指专门开采或与原油同时开采的天然气，煤矿生产的天然气暂不征税。

(3)煤炭

煤炭是指开采的原煤，不包括洗煤、选煤及其他煤炭制品。

(4)其他非金属矿原矿

其他非金属矿原矿是指上列产品和井矿盐以外的非金属矿原矿。

(4)黑色金属矿原矿

黑色金属矿原矿包括铁矿石、铬矿石、锰矿石。

(5)有色金属矿原矿

有色金属矿原矿包括铜矿石、铅锌矿石、铝土矿石、钨矿石、黄金矿石及其他有色金属原矿。

(6)盐

盐包括固体盐和和液体盐。

2. 资源税的单位税额

资源税采用从量定额税率，并实施差别税额标准。资源条件好的，税额高一些；资源条件差的，税额低一些，即有幅度的定额税率。

对《几个主要品种的矿山资源等级表》中未列举名单的纳税人，适用的税额，由各省级人民政府根据纳税人的资源状况，参照该表中确定的邻近矿山的税额标准，在上下浮动30%的幅度内核定。

二、资源税课税数量及应纳税额的计算

(一)课税数量的确定

从量定额征收方式决定了资源税以课税数量作为计税依据。

1. 确定资源税课税数量的基本办法

(1)纳税人开采或生产应税产品销售的，以销售数量为课税数量。

(2)纳税人开采或者生产应税产品自用的，以自用(非生产用)数量为课税数量。

2. 特殊情况下课税数量的确定

(1)纳税人不能准确提供应税产品销售数量或移送使用数量的，以应税产品的产量或主管税务机关确定的折算比，换算成的数量为课税数量。

(2)对于连续加工前无法正确计算原煤移送使用量的煤炭，可按加工产品的综合回收率，将加工产品实际销售量和自用量折算成原煤数量，以此作为课税数量。

(3)金属和非金属矿产品原矿，因无法准确掌握纳税人移送使用原矿数量的，可将其精矿按选矿比折算成原矿数量，以此作为课税数量。

选矿比＝精矿数量÷耗用原矿数量

【例 10-1】某铜矿本月销售铜精矿 4 000 吨(选矿比为 20%)，每吨不含税售价 1 500 元，当地铜矿石资源税每吨 1.2 元，计算该企业应纳资源税税额。

【解析】应纳资源税税额＝4 000÷20%×1.2＝24 000(元)

(4)纳税人以自产的液体盐加工固体盐，按照固体盐税额征税，以加工的固体盐数量为课税数量。纳税人以外购的液体盐加工成固体盐，其加工固体盐所耗用液体盐的已纳税额准予抵扣。

【例 10-2】某纳税人本期以自产液体盐 50 000 吨和外购液体盐 10 000 吨(每吨已缴纳资源税 2 元)加工固体盐 12 000 吨对外销售，取得销售收入 600 万元。已知固体盐税额为每吨 10 元。计算该纳税人本期应纳资源税税额。

【解析】应纳资源税税额＝12 000×10－10 000×2＝100 000(元)

纳税人开采或者生产不同税目应税产品的，应当分别核算，不能准确提供不同税目应税产品的课税数量的，从高适用税额。

(二)应纳税额的计算

资源税的应纳税额按照应税资源产品的课税数量和规定的单位税额确定，其计算公式为：

应纳税额＝课税数量×适用的单位税额

代扣代缴应纳税额＝收购未税矿产品的数量×适用的单位税额

【例 10-3】某铁矿山 10 月销售铁矿石 4 万吨，另外自用入选铁精矿的铁矿石原矿 6 万吨，该矿山铁矿石适用 15 元/吨的单位税额。计算该铁矿本月应纳资源税税额。

【解析】应纳资源税税额＝(40 000＋60 000)×15＝1 500 000(元)

三、资源税税收优惠与征收管理

(一)税收优惠

(1)开采原油过程中用于加热、修井的原油免税。

(2)目前北方海盐资源税暂减按15元/吨征收；南方海盐、湖盐、井矿盐资源税暂减按10元/吨征收；液体盐资源税暂减按2元/吨征收。

(3)目前对地面抽采煤层气暂不征收资源税。煤层气是指贮存于煤层及其围岩中与煤炭资源伴生的非常规天然气，也称煤矿瓦斯。

纳税人的减税：免税项目，应当单独核算课税数量；未单独核算或者不能准确提供课税数量的，不予减税或者免税。

(二)征收管理

1. 纳税义务发生时间

(1)纳税人销售应税产品，其纳税义务发生时间为：

①纳税人采取分期收款结算方式的，为销售合同规定的收款日期的当天；

②纳税人采取预收货款结算方式的，为发出应税产品的当天；

③纳税人采取其他结算方式的，为收讫销售款或者取得索取销售款凭据当天。

(2)纳税人自产自用应税产品，为移送使用应税产品当天。

(3)扣缴义务人代扣代缴税款的，为向纳税人支付首笔货款或者开具应支付货款凭据的当天。

2. 纳税地点

纳税人应纳的资源税应当向应税产品的开采或者生产所在地主管税务机关缴纳。纳税人在本省、自治区、直辖市范围内开采或者生产应税产品，其纳税地点需要调整的由省、自治区、直辖市税务机关决定。

纳税人跨省开采资源税应税产品，一律在开采地纳税，其应纳税款由独立核算、自负盈亏的企业按照开采地的实际销售量(或自用量)及适用的单位税额计算划拨。

扣缴义务人代扣代缴的资源税，应当向收购地主管税务机关缴纳。

3. 纳税期限

纳税期限是纳税人发生纳税义务后缴纳税款的期限。资源税的纳税期限为1

日、3日、5日、10日、15日或者1个月，由主管税务机关根据实际情况具体核定。不能按固定期限计算纳税的，可以按次计算纳税。

纳税人以1个月为一期纳税的，自期满之日起10日内申报纳税；以1日、3日、5日、10日或者15日为一期纳税的，自期满之日起5日内预缴税款，于次月1日起10日内申报纳税并结清上月税款。

四、资源税纳税申报与账务处理

(一)纳税申报

资源税的纳税人应按照规定的纳税期限进行纳税申报，并如实填写《资源税纳税申报表》(见表10-1)。

表10-1 资源税纳税申报表

填表日期：2009年2月3日

纳税人识别号：569845743745003　　　　金额单位：元

<table>
<tr><td colspan="2">纳税人名称</td><td colspan="2">新立油田公司</td><td>税款所属日期</td><td colspan="3">2009年1月1日至2009年1月31日</td></tr>
<tr><td colspan="2">产品名称</td><td>课税单位</td><td>课税数量</td><td>单位税额</td><td>应纳税额</td><td>已纳税额</td><td>应补(退)税额</td></tr>
<tr><td rowspan="5">应税项目</td><td>原油</td><td>吨</td><td>195 000.00</td><td>30.00</td><td>5 850 000.00</td><td></td><td>5 850 000.00</td></tr>
<tr><td>天然气</td><td>千立方米</td><td>9 000.00</td><td>15.00</td><td>135 000.00</td><td></td><td>135 000.00</td></tr>
<tr><td></td><td></td><td></td><td></td><td></td><td></td><td></td></tr>
<tr><td></td><td></td><td></td><td></td><td></td><td></td><td></td></tr>
<tr><td></td><td></td><td></td><td></td><td></td><td></td><td></td></tr>
<tr><td rowspan="4">免税项目</td><td>原油</td><td>吨</td><td>5 000.00</td><td></td><td></td><td></td><td></td></tr>
<tr><td></td><td></td><td></td><td></td><td></td><td></td><td></td></tr>
<tr><td></td><td></td><td></td><td></td><td></td><td></td><td></td></tr>
<tr><td></td><td></td><td></td><td></td><td></td><td></td><td></td></tr>
<tr><td colspan="4">如纳税人填报，由纳税人填写以下各栏</td><td colspan="4">如委托代理人填写，由代理人填写以下各栏</td></tr>
<tr><td colspan="2" rowspan="3">会计主管：
(签章)</td><td colspan="2" rowspan="3">纳税人(公章)</td><td>代理人名称</td><td></td><td colspan="2" rowspan="2">代理人
(签章)</td></tr>
<tr><td>代理人地址</td><td></td></tr>
<tr><td>经办人</td><td></td><td>电话</td><td></td></tr>
<tr><td colspan="8">以下由税务机关填写</td></tr>
<tr><td colspan="2">申报表日期</td><td colspan="2"></td><td colspan="2">接收人</td><td colspan="2"></td></tr>
</table>

【例 10-4】新立油田公司纳税人识别号为 569845743745003，2009 年 1 月生产原油 20 万吨，当月销售 19.5 万吨，加热、修井用 0.5 万吨；开采天然气 1 000 万立方米，当月销售 900 万立方米，待售 100 万立方米。若原油、天然气的单位税额分别为 30 元/吨和 15 元/千立方米。计算该油田本月应纳资源税税额并填写《资源税纳税申报表》。

【解析】纳税人开采或生产应税产品销售的，以销售数量为课税数量；开采原油过程中用于加热、修井的原油免税。

应纳资源税税额＝19.5×30＋900×15×10÷10 000＝598.5(万元)

该企业本月《资源税纳税申报表》参见表 10-1。

(二)资源税账务处理

企业按照规定计算应纳的资源税，借记“营业税金及附加”科目，贷记“应交税费——应交资源税”科目；企业实际缴纳税款时，借记“应交税费——应交资源税”科目，贷记“银行存款”科目。

[例 10-4]中，企业计算应纳资源税时

借：营业税金及附加　　5 985 000

　贷：应交税费——应交资源税　　5 985 000

企业实际缴纳资源税时

借：应交税费——应交资源税　　5 985 000

　贷：银行存款　　5 985 000

第二节　城镇土地使用税法及账务处理

城镇土地使用税是以城镇土地为征税对象，对拥有土地使用权的单位和个人征收的一种税。

一、城镇土地使用税的基本要素

1. 纳税义务人

在城市、县城、建制镇、工矿区范围内使用土地的单位和个人，为城镇土地使用税的纳税人。通常包括以下几类：

(1)拥有土地使用权的单位和个人。

(2)拥有土地使用权的单位和个人不在土地所在地的，其土地的实际使用人和代管人为纳税人。

(3)土地使用权未确定或权属纠纷未解决的，其实际使用人为纳税人。

(4)土地使用权共有的，共有各方都是纳税人，由共有各方分别纳税。

2. 征税范围

城镇土地使用税的征税范围为城市、县城、建制镇、工矿区内属于国家所有和集体所有的土地，不包括农村集体所有的土地。城市包括市区和郊区。

公园、名胜古迹内的索道公司经营用地，也征收城镇土地使用税。

对城镇土地使用税的征税范围内单独建造的地上建筑用地，暂减按50%征收城镇土地使用税。

3. 税率

城镇土地使用税采用定额税率，即采取有幅度的差别税额。按大、中、小城市和县城、建制镇、工矿区分别规定每平方米土地年应纳税额。具体标准如下：

(1)大城市1.50～30元。

(2)中等城市1.20～24元。

(3)小城市0.90～18元。

(4)县城、建制镇、工矿区0.60～12元。

城镇土地使用税单位税额有较大差异，最高税额与最低税额之间相差50倍，同一地区最高税额与最低税额之间相差20倍。经济落后地区，税额可适当降低，但降低额不得超过税率表中规定的最低税额30%。经济发达地区的适用税额可适当提高，但需报财政部批准。

二、应纳税额的计算

1. 计税依据

城镇土地使用税以纳税人实际占用的土地面积为计税依据，土地面积计量标准为每平方米。

纳税人实际占用的土地面积按照下列办法确定：

(1)凡有由省、自治区、直辖市人民政府确定的单位组织测定土地面积的，以测定的面积为准。

(2)尚未组织测量，但纳税人持有政府部门核发的土地使用证书的，以证书确认的土地面积为准。

(3)尚未核发土地使用证书的，应由纳税人申报土地面积，据以纳税，待核发土地使用证以后再作调整。

2. 应纳税额的计算

城镇土地使用税人以纳税人实际占用的土地面积为计税依据，按照规定的适用税额计算征收。其应纳税额计算公式为：

全年应纳税额＝实际占用应税土地面积(平方米)×适用税额

【例10-5】某城市的一家公司实际占地23 000平方米。由于经营规模扩大，年初该公司又受让了一尚未办理土地使用证的土地3 000平方米，公司按其当年开发使用的2 000平方米土地面积进行申报纳税，以上土地均适用2元/米^{2}的城镇土地使用税税额。计算该公司全年应纳城镇土地使用税税额。

【解析】全年应纳城镇土地使用税税额＝(23 000＋2 000)×2＝50 000(元)

三、税收优惠与征收管理

(一)税收优惠

目前城镇土地使用税适用面比较广的免税项目如下。

(1)国家机关、人民团体、军队自用的土地。

(2)由国家财政部门拨付事业经费的单位自用的土地。

(3)宗教寺庙、公园、名胜古迹自用的土地。

(4)市政街道、广场、绿化地带等公共用地。

(5)直接用于农、林、牧、渔业的生产用地。

(6)企业办的学校、医院、托儿所、幼儿园，其用地能与企业其他用地明确区分的，免征城镇土地使用税。

(7)对企业厂区以外的公共绿化用地和向社会开放的公园用地，暂免征收城镇土地使用税。

(8)对林业系统所属林区的育林地、森林公园、自然保护区、运材道、防火道、防火设施用地，免征城镇土地使用税。

(9)个人所有的居住房屋及院落用地。

(10)民政部门举办的安置残疾人占一定比例的福利工厂用地。

(11)集体和个人办的各类学校、医院、托儿所、幼儿园用地。

(12)向居民供热并向居民收取采暖费的供热企业暂免征收城镇土地使用税。“供热企业”不包括从事热力生产但不直接向居民供热的企业。

对既向居民供热，又向非居民供热的企业，可按照向居民供热收取的收入占其总供热收入的比例划分征免税界限；对于兼营供热的企业，可按照向居民供热收取的收入占其生产经营总收入的比例划分征免税界限。

【例 10-6】长胜工业公司纳税人识别号为 4228255762247209，企业经营机构坐落于丹江市阳明区 46 号，公司 2009 年度占地面积 80 000 平方米，其中厂房 63 000 平方米，行政办公楼 5 000 平方米，厂办子弟学校 5 000 平方米，厂办招待所 2 000 平方米，厂办医院和幼儿园各 1 000 平方米，厂区内绿化用地 3 000 平方米，该地城镇土地使用税单位税额每平方米 3 元。计算该企业 2009 年度应纳城镇土地使用税税额。

【解析】企业办的学校、医院、托儿所、幼儿园，其用地能与企业其他用地明确区分的，免征城镇土地使用税；企业厂区以外的公共绿化用地和向社会开放的公园用地，暂免征收城镇土地使用税，但厂区内绿化用地 3 000 平方米不免税。

应纳城镇土地使用税税额＝(80 000－5 000－1 000)×3＝222 000(元)。

(二)征收管理

1. 纳税期限

城镇土地使用税实行按年计算、分期缴纳的征收方法，具体纳税期限由省、自治区、直辖市人民政府确定。

2. 纳税义务发生时间

(1)纳税人购置新建商品房，自房屋交付使用的次月起，缴纳城镇土地使用税。

(2)纳税人购置存量房，自办理房屋权属转移、变更登记手续，房地权属登记机关签发房屋权属证书的次月起，缴纳城镇土地使用税。

(3)纳税人出租、出借房产，自交付出租、出借房产的次月起，缴纳城镇土地使用税。

(4)房地产开发企业自用、出租、出借本企业建造的商品房，自房屋使用或交付的次月起，缴纳城镇土地使用税。

(5)纳税人新征用的耕地，自批准征用之日起满 1 年时开始缴纳土地使用税。

(6)纳税人新征用的非耕地，自批准征用次月起缴纳土地使用税。

3. 纳税地点

城镇土地使用纳税地点为土地所在地，由土地所在地的税务机关负责征收。

四、城镇土地使用税纳税申报与账务处理

(一)纳税申报

纳税人应依照当地税务机关规定的期限，填写《城镇土地使用税纳税申报

表》，将其占用土地的权属、位置、用途、面积和税务机关规定的其他内容据实向当地税务机关办理纳税申报登记。

[例 10-6]中，《企业城镇土地纳税申报表》填写情况参见表 10-2。

表 10-2　城镇土地使用税纳税申报表

填表日期：2009 年 12 月 31 日

纳税人识别号：422825576224720９　　　　金额单位：元

纳税人名称：长胜工业公司						税款所属时期：2009 年 7 月 1 日至 2009 年 12 月 31 日						
房产坐落地点	丹江市阳明区 46 号											
坐落地点	上期占地面积	本期增加	本期实际占用面积	法定免税面积	应税面积	土地等级	适用税额元/平方米	年应纳税额	缴纳次数	本期 应纳税额	本期 已纳税额	本期 应补（退）税额
丹江市	80 000		80 000	6 000	74 000	3	3	222 000	2	111 000		111 000
合计	80 000		80 000	6 000	74 000			222 000	2	111 000		111 000
如由纳税人填报，由纳税人填写以下各栏						如委托代理人填写，由代理人填写以下各栏						备注
会计主管：（签章）			纳税人（公章）			代理人名称：				代理人（签章）		
						代理人地址：						
						经办人：		电话：				
以下由税务机关填写												
申报表日期						接收人						

(二)城镇土地使用税的账务处理

企业按照规定计算应纳的城镇土地使用税时，借记“管理费用——城镇土地使用税”科目，贷记“应交税费——应交城镇土地使用税”科目；企业实际缴纳税款时，借记“应交税费——应交城镇土地使用税”科目，贷记“银行存款”科目。在[例 10-6]中，企业按照规定计算应纳城镇土地使用税时：

借：管理费用——城镇土地使用税　　　　222 000

　贷：应交税费——应交城镇土地使用税　　　　222 000

企业实际缴纳城镇土地使用税时：

借：应交税费——应交城镇土地使用税　　222 000

　贷：银行存款　　222 000

第三节　土地增值税法及账务处理

土地增值税是对转让国有土地使用权、地上建筑物及其附着物产权，取得增值收入的单位和个人，就其转让房地产所取得的增值额征收的一种税。

一、土地增值税的基本要素

(一)土地增值税的纳税义务人

转让国有土地使用权、地上建筑物及其附着物，并取得收入的单位和个人为土地增值税的纳税义务人。

(二)土地增值税的征税范围

1. 征税范围的基本规定

(1)转让国有土地使用权

这里所说的“国有土地”是指按照国家法律的规定属于国家所有的土地。

(2)地上的建筑物及其附着物连同国有土地使用权一并转让

这里所说的“地上的建筑物及其附着物”是指建于土地上的一切建筑物，包括地上地下的各种附属设施，以及附着于该土地上的不能移动或一经移动即受损坏的物品。

2. 土地增值税的征税范围判定标准

(1)转让的土地使用权是否为国家所有。

(2)是否发生产权转让。

(3)转让房地产是否取得收入。土地增值税是对土地使用权、地上建筑物及其附着物产权有偿转让行为征税。对于房地产的继承、赠与，由于只发生房地产权属的变更却没有取得相应的收入，故属于无偿转让房地产行为，不纳入土地增值税的范围。但此处所指“赠予”仅指公益性赠予、赠予直系亲属或承担直接赡养义务人不征土地增值税。

3. 几种特殊情况的具体规定

(1)房地产交换。单位之间换房，视为有收入不免税；个人之间互换自住房，免税。

(2)以房地产投资、联营。房地产转让到投资联营企业，免税；将投资联营房地产再转让，应征收土地增值税。

(3)合作建房。建成后自用，免税；建成后转让，应征收土地增值税。

(4)企业兼并转让房地产的，免税。

(三)土地增值税的税率

我国土地增值税实行四级超率累进税率：

(1)增值额未超过扣除项目金额50%的部分，税率为30%。

(2)增值额超过扣除项目金额50%、未超过扣除项目金额100%的部分，税率为40%。

(3)增值额超过扣除项目金额100%、未超过扣除项目金额200%的部分，税率为50%。

(4)增值额超过扣除项目金额200%的部分，税率为60%。

上述所列四级超率累进税率，每级"增值额未超过扣除项目金额"的比例，均包括本比例数(参见表10-3)。

表10-3　土地增值税四级超率累进税率表　　%

级数	增值额与扣除项目金额的比率	税率	速算扣除系数
1	不超过50%的部分	30	0
2	超过50%不超过100%的部分	40	5
3	超过100%不超过200%的部分	50	15
4	超过200%的部分	60	35

二、土地增值税应纳税额的计算

由于土地增值税是对纳税人转让土地使用权、房地产取得的增值额征税，土地增值税的增值额大小又取决于纳税人转让土地使用权、房地产取得的应税收入和准予扣除项目金额的大小，增值额等于应税收入减除准予扣除项目金额，因此要正确的计算土地增值税就必须正确确定应税收入和扣除项目金额。

(一)应税收入的确定

纳税人转让房地产取得的应税收入应包括转让房地产的全部价款及有关的经济收益。从收入的形式来看，包括货币收入、实物收入和其他收入。

在房地产交易过程中，纳税人有下列情形之一的，则按照房地产评估价格计算征收土地增值税：①隐瞒、虚报房地产成交价格的；②提供扣除项目金额不实的；③转让房地产的成交价格低于房地产评估价格，又无正当理由的；④旧房及房地产的转让。

(二)扣除项目的确定

根据规定，新建房产或存量房产转让时准予从纳税人转让房地产取得的收入额中减除的扣除项目有所不同。

1. 新建房地产转让可扣除项目

(1)取得土地使用权所支付的金额

具体包括：①纳税人为取得土地使用权所支付的地价款；②纳税人在取得土地使用权时按照国家统一规定交纳的有关费用。

(2)房地产开发成本

房地产开发成本是指纳税人房地产开发项目实际发生的成本，包括土地征用及拆迁补偿费、前期工程费、建筑安装工程费、基础设施费、公共配套设施费、开发间接费用等。

(3)房地产开发费用

房地产开发费用是指开发土地和新建房及配套设施的费用，具体包括与房地产开发项目有关的销售费用、管理费用和财务费用。房地产开发费用不按房地产开发项目实际发生的费用进行扣除，而按规定的标准进行扣除，具体规定如下。

①纳税人能够按转让房地产项目计算分摊利息支出，并能提供金融机构的贷款证明的，可以扣除的房地产开发费用为：利息＋(取得土地使用权所支付的金额＋房地产开发成本)×5％以内。

如企业支付的地价款为280万元，开发成本为520万元，则其他开发费用扣除数额不得超过40万元，即(280＋520)×5％，利息按实际发生数扣除。

②纳税人不能按转让房地产项目计算分摊利息支出，或不能提供金融机构贷款证明的，可以扣除的房地产开发费用为：(取得土地使用权所支付的金额＋房地产开发成本)×10％以内。

仍以上例数字为例，如纳税人不能按转让房地产项目计算分摊利息支出时，房地产开发费用总扣除限额为80万元，即(280＋520)×10%，超限额部分不得扣除。

(4)与转让房地产有关的税金

房地产开发企业在转让房地产时缴纳的营业税、城市维护建设税及教育费附加可全额扣除，非房地产开发企业转让房地产时缴纳印花税也可扣除。

(5)财政部规定的其他扣除项目

对从事房地产开发的纳税人，可按取得土地使用权所支付的金额和房地产开发成本之和加计20%的扣除，即：

加计扣除费用＝(取得土地使用权支付的金额＋房地产开发成本)×20%

2. 存量房地产转让可扣除项目

(1)房屋及建筑物的评估价格。旧房及建筑物的评估价格是指在转让已使用的房屋及建筑物时，由政府批准设立的房地产评估机构评定的重置成本价乘以成新度折扣率后的价格，评估价格须经当地税务机关确认。

评估价格＝重置成本价×成新度折扣率

(2)取得土地使用权所支付的地价款和按照国家统一规定交纳的有关费用。

(3)转让环节缴纳的税金。可扣除转让房地产有关的税金(营业税、城建税、教育费附加、印花税)。

(三)土地增值税应纳税额的确定

1. 土地增值额的确定

土地增值税的计税依据是纳税人转让房地产所取得的增值额。纳税人转让房地产所取得的收入减除规定扣除项目金额后的余额为增值额，即

增值额＝转让房地产取得的收入－准予扣除项目金额

2. 应纳税额的计算方法

土地增值税按照纳税人转让房地产所取得的增值额和规定的税率计算征收，用公式表示为：

$$应纳税额 = \sum(每级距的土地增值额 \times 适用税率)$$

由于土地增值税采用超率累进税率，故分步计算比较繁琐，可采用速算扣除数以简化计算过程，计算公式如下。

(1)增值额未超过扣除项目金额50%的

应纳土地增值税税额＝增值额×30%

(2)增值税超过扣除项目金额50%，未超过100%的

应纳土地增值税税额=增值额×40%－扣除项目金额×5%

(3)增值额超过扣除项目金额100%，未超过项目200%的

应纳土地增值税税额=增值额×50%－扣除项目金额×15%

(4)增值额超过扣除项目金额200%的

应纳土地增值税税额=土地增值税×60%－扣除项目金额×35%

以上公式中的5%、15%、35%为速算扣除系数。

3. 土地增值税的具体计算步骤

土地增值税实行四级超率累进税率，计算时一般采用速算扣除法，其计算过程分为以下五个步骤。

第一步：计算转让房地产取得的收入(货币收入、实物收入)。

第二步：计算扣除项目金额，扣除项目金额由以下几部分构成：

①取得土地使用权支付的金额；

②开发土地的成本、费用；

③新建房及配套设施的成本、费用或者旧房及建筑物的评估价格；

④与转让房地产有关的税金。

计算土地增值额。

第三步：增值额=转让房地产的收入－扣除项目。

第四步：计算增值额与扣除项目的比率。

第五步：计算土地增值税的应纳税额。

【例10-7】某电器生产公司2009年转让一处旧房地产取得收入1 600万元，该公司取得土地使用权所支付的金额为200万元，当地政府批准设立的房地产评估机构确认的房屋的重置成本为800万元，该房屋已使用10年，八成新，缴纳的与转让该房地产有关的税金88.8万元(营业税80万元、城建税5.6万元、教育费附加2.4万元、印花税0.8万元)。计算该电器生产公司转让该房地产应纳土地增值税税额。

【解析】(1)扣除项目金额=200+800×80%+88.8=928.8(万元)

(2)增值额=1 600－928.8=671.2(万元)

(3)增值额占扣除项目金额的百分比=671.2÷928.8×100%－72.3%，说明增值额超过了扣除项目金额的50%，但未超过100%。

(4)根据速算扣除法，增值额超过扣除项目金额50%、未超过扣除项目金额

100%的，计算公式为：

土地增值税税额=增值额×40%-扣除项目金额×5%，即

公司应纳土地增值税税额=671.2×40%-928.8×5%=222.04(万元)

三、土地增值税的税收优惠与征收管理

(一)税收优惠

1. 建造普通标准住宅的税收优惠

纳税人建造普通标准住宅出售，增值额未超过扣除项目金额20%的，免征土地增值税。

对于纳税人既建造普通标准住宅又从事其他房地产开发的，应分别核算增值额。不分别核算增值额或不能准确核算增值额的，其建造的普通标准住宅不能适用这一免税规定。

2. 国家征用收回的房地产的税收优惠

纳税人因城市实施规划、国家建设的需要被依法征用、收回房地产的，免征土地增值税。由纳税人自行转让原房地产的，比照有关规定免征土地增值税。

3. 个人转让房地产的税收优惠

个人因工作调动或改善居住条件而转让原自用住房，经向税务机关申报核准，凡居住满5年或5年以上的，免予征土地增值税；居住满3年未满5年的，减半征收土地增值税；居住未满3年的，按规定计征土地增值税。

(二)征收管理

1. 土地增值税的征收办法

对于房地产开发企业，土地增值税采取先行预征，待开发项目达到清算条件后再行清算缴纳土地增值税的方法。

(1)房地产开发企业土地增值税的预征

纳税人在项目全部竣工结算前转让房地产取得的收入，由各省、自治区、直辖市地方税务局根据实际情况确定预征率，纳税人应当到主管税务机关办理纳税申报，并按照规定比例预交土地增值税，待办理决算后，多退少补。

预征税额=销售收入×土地增值税预征率

(2)房地产开发企业土地增值税的清算

土地增值税以国家有关部门审批的房地产开发项目为单位进行清算，对于分期开发的项目，以分期项目为单位清算。如开发项目中同时包括普通住宅和非普

通住宅的，应分别计算增值额。

符合下列条件之一的，纳税人需要进行土地增值税的清算：①房地产开发项目全部竣工、完成销售的；②整体转让未竣工决算房地产开发项目的；③直接转让土地使用权的。

符合下列条件之一的，主管税务机关可要求纳税人进行土地增值税的清算：①已竣工验收的房产地开发项目，已转让的房地产建筑面积占整个项目可售建筑面积的比例在85%以上，但该比例虽未超过85%，但剩余的可售建筑面积已经出租或自用的；②取得销售(预售)许可证满3年仍未销售完毕的；③纳税人申请注销税务登记但未办理土地增值税清算手续的。

(3)清算后再转让房地产的处理方法

在土地增值税清算时未转让的房地产，清算后销售或有偿转让的，纳税人应按照规定进行土地增值税的纳税申报，扣除项目金额按照以下规定确定：

单位建筑面积成本费用＝清算时的扣除项目总额÷清算的总建筑面积

(4)非直接销售和自用房地产的收入确定

房地产开发企业将开发产品用于职工福利、奖励、对外投资、分配给股东或投资人、抵偿债务、换取其他单位和个人的非货币性资产等，发生所有权转移时应视同销售房地产，其收入按照下列方法和顺序确认：①按本企业在同一地区、同一年度销售的同类房地产的平均价格确定；②由主管税务机关参照当地当年、同类房地产的市场价格或评估价值确定。

房地产开发企业将开发的部分房地产转为企业自用或用于出租等商业用途时，如果产权未发生转移，不征收土地增值税，在税款清算时不列收入，不扣除相应的成本和费用。

2. 纳税时间

纳税人应当在转让房地产合同签订后7日内到房地产所在地主管税务机关办理纳税申报，并向税务机关提交房屋及建筑物产权、土地使用权证书、土地转让、房产买卖合同、房地产评估报告及其他与转让房地产有关的资料。

3. 纳税地点

土地增值税的纳税人应向房地产所在地主管税务机关办理纳税申报，并在税务机关核定的期限内缴纳税款。

纳税人是自然人的，当转让的房地产坐落地与其居住所在地不一致时，在办理过户手续所在地的税务机关申报纳税。

四、土地增值税的纳税申报与账务处理

(一)纳税申报

纳税人必须按照有关规定向房地产所在地主管税务机关如实申报纳税，并按期缴纳税款。由于土地增值税的纳税申报分为从事房地产开发企业纳税人和非房地产开发企业纳税人，两类纳税人的申报要求有所不同，纳税申报表的格式也不同。

1. 房地产开发企业土地增值税的纳税申报表填写

【例 10-8】万利房地产开发公司转让一幢写字楼取得收入 1 000 万元。已知该公司为取得土地使用权所支付的金额为 100 万元，房地产开发成本为 300 万元(其中：土地征用及拆迁补偿费 40 万元，前期工程费 20 万元，建筑安装工程费用 100 万元，基础设施费 20 万元，开发间接费用为 20 万元)。房地产开发费用为 50 万元，其中利息不能按项目分开核算(假设城市维护建设税税率为 7%，教育费附加征收率为 3%)。计算该公司应纳土地增值税税额并据此填填制《土地增值税纳税申报表》。

(1)转让收入＝1 000 万元

(2)计算扣除金额

①取得土地支付金额＝100(万元)

②开发成本＝300(万元)

③房地产开发费＝(100＋300)×10%＝40(万元)

④与转让房地产有关的税金：

应纳营业税税额＝1 000×5%＝50(万元)

应纳城市维护建设税税额＝50×7%＝3.5(万元)

教育费附加＝50×3%＝1.5(万元)

⑤房地产开发企业加计扣除项目金额＝(100＋300)×20%＝80(万元)

转让房地产扣除项目金额＝100＋300＋40＋50＋3.5＋1.5＋80＝575(万元)

(3)计算土地增值额＝1 000－575＝425(万元)

(4)计算增值额占扣除项目金额的比例＝425÷575×100%＝73.91%；适用税率为第二档，税率 40%、扣除系数 5%

应纳土地增值税税额＝425×40%－575×5%＝141.25(万元)

土地增值税纳税申报表填写参见表 10-4。

表 10-4 土地增值税纳税申报表(一)

(从事房地产开发的纳税人适用)

纳税人识别号：　　　　　　　　　　　　　　　　　　　　　　　　单位：元

纳税人名称	万利房地产开发公司	税款所属时期	
项目		行次	金额
一、转让房地产收入总额 1=2+3		1	10 000 000
其中	货币收入	2	1 000 000
	实物收入及其他收入	3	
二、扣除项目金额合计 4=5+6+13+16+20		4	5 750 000
1. 取得土地使用权所支付的金额		5	1 000 000
2. 房地产开发成本 6=7+8+9+10+11+12		6	3 000 000
其中	土地征用及拆迁补偿费	7	400 000
	前期工程费	8	200 000
	建筑安装工程费	9	1 000 000
	基础设施费	10	200 000
	公共配套工程费	11	
	开发间接费用	12	200 000
3. 房地产开发费用 13=14+15		13	400 000
其中	利息支出	14	
	其他房地产开发费用	15	
4. 与转让房地产有关的税金等 16=17+18+19		16	550 000
其中	营业税	17	500 000
	城市维护建设税	18	35 000
	教育费附加	19	15 000
5. 财政部规定的其他扣除项目		20	800 000
三、增值额		21	425 000
四、增值额与扣除项目之比(%)22=21/4		22	73.95%
五、适用税率		23	40%
六、速算扣除系数(%)		24	5%
七、应缴纳土地增值税额 25=21×22−4×24		25	1 412 500
八、已缴纳土地增值税额		26	
九、应补(退)土地增值税额 27=25−26		27	1 412 500

如纳税人填报，由纳税人填写以下各栏			如委托代理人填写，由代理人填写以下各栏			备注
会计主管： (签章)	经办人 (签章)	纳税人 (签章)	代理人名称		代理人 (签章)	
			代理人地址			
			经办人	电话		
以下由税务机关填写						
申报表日期			接收人			

2. 非房地产开发企业土地增值税的纳税申报表填写

[例 10-7]中，企业《土地增值税纳税申报表》填写情况参见表 10-5。

表 10-5　土地增值税纳税申报表(二)

(非从事房地产开发的纳税人适用)

纳税人识别号：　　　　　　　　　　　　　　　　　　单位：元

<table>
<tr><td colspan="2">纳税人名称</td><td>某电器生产公司</td><td>税款所属时期</td><td></td></tr>
<tr><td colspan="3">项目</td><td>行次</td><td>金额</td></tr>
<tr><td colspan="3">一、转让房地产收入总额　1=2+3</td><td>1</td><td>16 000 000</td></tr>
<tr><td rowspan="2">其中</td><td colspan="2">货币收入</td><td>2</td><td>16 000 000</td></tr>
<tr><td colspan="2">实物收入及其他收入</td><td>3</td><td></td></tr>
<tr><td colspan="3">二、扣除项目金额合计　4=5+6+9</td><td>4</td><td>9 288 000</td></tr>
<tr><td colspan="3">1. 取得土地使用权所支付的金额</td><td>5</td><td>2 000 000</td></tr>
<tr><td colspan="3">2. 旧房及建筑物评估价格　6=7×8</td><td>6</td><td>6 400 000</td></tr>
<tr><td rowspan="2">其中</td><td colspan="2">旧房及建筑物的重置成本</td><td>7</td><td>8 000 000</td></tr>
<tr><td colspan="2">成新度折扣率</td><td>8</td><td>80%</td></tr>
<tr><td colspan="3">3. 与转让房地产有关的税金等　16=10+11+12+13</td><td>9</td><td>888 000</td></tr>
<tr><td rowspan="4">其中</td><td colspan="2">营业税</td><td>10</td><td>800 000</td></tr>
<tr><td colspan="2">城市维护建设税</td><td>11</td><td>56 000</td></tr>
<tr><td colspan="2">印花税</td><td>12</td><td>8 000</td></tr>
<tr><td colspan="2">教育费附加</td><td>13</td><td>24 000</td></tr>
<tr><td colspan="3">三、增值额　14=1-4</td><td>14</td><td>6 712 000</td></tr>
<tr><td colspan="3">四、增值额与扣除项目之比(%)　15=14/4</td><td>15</td><td>72.3%</td></tr>
<tr><td colspan="3">五、适用税率</td><td>16</td><td>40%</td></tr>
<tr><td colspan="3">六、速算扣除系数(%)</td><td>17</td><td>5%</td></tr>
<tr><td colspan="3">七、应缴纳土地增值税额　18=14×16-4×17</td><td>18</td><td>2 224 400</td></tr>
</table>

<table>
<tr><td colspan="3">如纳税人填报，由纳税人填写以下各栏</td><td colspan="3">如委托代理人填写，由代理人填写以下各栏</td></tr>
<tr><td rowspan="3">会计主管：
(签章)</td><td rowspan="3">经办人
(签章)</td><td rowspan="3">纳税人
(签章)</td><td>代理人名称</td><td></td><td rowspan="3">代理人
(签章)</td></tr>
<tr><td>代理人地址</td><td></td></tr>
<tr><td>经办人</td><td>电话</td></tr>
<tr><td colspan="6">以下由税务机关填写</td></tr>
<tr><td>申报表日期</td><td colspan="2"></td><td>接收人</td><td colspan="2"></td></tr>
</table>

(二)土地增值税的账务处理

1. 房地产开发企业土地增值税的账务处理

房地产开发企业主营业务为房地产业务，因此，企业应纳的土地增值税应借记“营业税金及附加”科目，贷记“应交税费——应交土地增值税”科目；实际缴纳土地增值税时，借记“应交税费——应交土地增值税”科目，贷记“银行存款”科目。

[例 10-8]的账务处理如下：

(1)计算应纳土地增值税时

借：营业税金及附加　　　　　　　　　　1 412 500

　贷：应交税费——应交土地增值税　　　　　　1 412 500

(2)缴纳土地增值税时

借：应交税费——应交土地增值税　　　　1 412 500

　贷：银行存款　　　　　　　　　　　　　　1 412 500

2. 非房地产开发企业转让存量房的账务处理

非房地产开发企业转让国有土地使用权连同地上建筑物及其附着物，通过“固定资产清理”账户核算。其转让房地产取得的收入，贷记“固定资产清理”账户，按照规定计算应纳的土地增值税税额，借记“固定资产清理”账户，贷记“应交税费——应交土地增值税”账户；企业实际缴纳土地增值税时，借记贷记“应交税费——应交土地增值税”账户，贷记“银行存款”账户。

[例 10-7]的账务处理如下：

(1)计提土地增值税时

借：固定资产清理　　　　　　　　　　2 224 400

　贷：应交税费——应交土地增值税　　　　　　2 224 400

(2)实际缴纳土地增值税时

借：应交税费——应交土地增值税　　　　2 224 400

　贷：银行存款式　　　　　　　　　　　　　2 224 400

强化训练题

一、单项选择题

1. 资源税纳税人自产自用应税产品的纳税义务发生时间为(　　)。

A. 应税产品开采的当天　　B. 应税产品投入使用的当天

C. 应税产品全部使用完毕的当天　　D. 移送使用应税产品的当天

2. 某煤矿 8 月份生产销售煤炭 25 万吨，另自用煤炭 5 万吨加工煤炭制品，生产天然气 5 000 立方米。已知该煤矿适用税额为 2 元/吨，煤矿邻近的某石油管理局天然气适用的税额为4元/立方米，该煤矿8月应纳资源税为(　　)万元。

A. 50　　B. 52　　C. 60　　D. 62

3. 下列各项中，不征收资源税的有(　　)。

A. 煤矿生产的天然气　　B. 与原油同时开采的天然气

C. 开采的天然原油　　D. 生产资源税征税范围的海盐原盐

4. 城镇土地使用税的计税依据应为(　　)。

A. 纳税人使用土地而支付的使用费金额

B. 纳税人实际占用的土地面积

C. 纳税人转让土地使用权的转让收入

D. 纳税人租用土地而每年支付的租金

5. 下列不需要缴纳城镇土地使用税的地区是(　　)。

A. 农村　　B. 建制镇　　C. 工矿区　　D. 县城

6. 土地增值税采用的税率是(　　)。

A. 比例税率　　B. 超额累进税率

C. 超率累进税率　　D. 固定税额

7. 纳税人提供扣除项目金额不实的，在计算土地增值额时，应按照(　　)。

A. 税务部门估定的价格扣除

B. 税务部门与房地产主管部门协商的价格扣除

C. 房地产评估价格扣除

D. 房地产原值减除30%后的余值扣除

8. 土地增值税的纳税人应在转让房地产合同签订后(　　)内办理纳税申报。

A. 5日　　B. 7日　　C. 5日　　D. 1个月

9. 土地增值税是对以下行为征收(　　)。

A. 出让国有土地使用权　　B. 转让国有土地使用权

C. 出让集体土地使用权　　D. 转让集体土地使用权

10. 在土地增值税计算过程中，准予按实际发生额扣除的项目是(　　)。

A. 支付的土地出让金　　B. 建筑安装工程费

C. 房地产开发费用　　D. 转让房产交纳的营业税

二、多项选择题

1. 下列各项中，符合《中华人民共和国资源税暂行条例》关于课税数量规定的有(　　)。

A. 纳税人开采应税产品销售的，以开采数量为课税数量

B. 纳税人生产应税产品销售的，以生产数量为课税数量
C. 纳税人开采或生产应税产品销售的，以销售数量为课税对象
D. 纳税人开采或生产应税产品自用的，以自用数量为课税对象

2. 下列有关资源税纳税环节的叙述，正确的是(　　)。
A. 进口环节缴纳　　B. 原矿销售环节缴纳
C. 精矿对外销售环节缴纳　　D. 原矿移送使用环节缴纳

3. 下列资源应该缴纳资源税的有(　　)。
A. 煤矿开产的天然气　　B. 黑色金属矿原矿开采
C. 盐的生产　　D. 煤炭制品

4. 某煤矿2010年3月开采原煤200万吨，在采煤过程中生产天然气25 000千立方米，当月销售原煤180万吨，销售采煤过程中的天然气2 000千立方米，当地资源税单位税额：原煤3元/吨；天然气12元/千立方米，下列说法正确的是(　　)。
A. 销售原煤应纳资源税540万元　B. 销售天然气应纳资源税2.4万元
C. 销售原煤应纳资源税600万元　D. 销售天然气应纳资源税为0

5. 城镇土地使用税的征税范围，是国家所有和集体所有的(　　)土地。
A. 城市市区　　B. 城市郊区
C. 县人民政府所在地的土地　　D. 工矿企业占用的土地

6. 城镇土地使用税的纳税人可能是(　　)。
A. 土地的实际使用人　　B. 土地的代管人
C. 拥有土地使用权的单位和个人　D. 土地使用权共有的各方

7. 土地增值税的扣除项目有(　　)。
A. 与转让房地产有关的税金　　B. 土地征用费
C. 公共配套设施　　D. 房地产开发销售费用

8. 土地增值税中由税务机关核定转让收入的情形有(　　)。
A. 虚报房地产成交价　　B. 房地产成交价高于其评估价
C. 房地产成交价低于其评估价　　D. 隐瞒房地产成交价

9. 在计算土地增值税时，允许作为扣除项目的是(　　)。
A. 取得土地使用权所支付的金额　　B. 开发土地的成本、费用
C. 新建房及配套设施的成本、费用　　D. 与转让房地产有关的税金

10. 李某2005年3月以60万元的价格购买了2套公寓，2010年5月以50万元的价格将其中一套公寓出售给郑某。李某在此次房屋交易中应缴纳的税种有(　　)。
A. 印花税　B. 契税　　C. 营业税　　D. 土地增值税

三、判断题

1. 资源税扣缴义务人代扣税款的，其纳税义务发生时间为支付货款的次日。（ ）
2. 外商独资企业开采石油、天然气，应缴纳矿区使用费，不缴纳资源税。（ ）
3. 资源税需对应税资源在每一个流转环节计算征收。（ ）
4. 对出口产品退还增值税、消费税的，也退还已缴纳的资源税。（ ）
5. 应缴纳资源税的油类产品包括原油、汽油、人造石油。（ ）
6. 土地使用权未确定或权属纠纷未解决的土地，暂不缴纳城镇土地使用税。（ ）
7. 在未核发土地使用证书的情况下，城镇土地使用权的拥有人可以暂不缴纳城镇土地使用税，待核发土地使用证书后再补缴。（ ）
8. 某单位拥有一块土地的使用权，但是该单位不在土地所在地，所以其纳税人是实际使用该土地的人。（ ）
9. 土地增值税的收入形式仅包括货币收入。（ ）

四、计算题

1. 某市一商场坐落在该市繁华地段，企业土地使用证书记载占用土地的面积为6 000平方米，经确定属一等地段；该商场另设两个统一核算的分店均坐落在市区三等地段，共占地4 000平方米；一座仓库位于市郊，属五等地段，占地面积为1 000平方米；另外，该商场自办托儿所占地面积2 500平方米，属三等地段。

要求：计算该商场全年应纳城镇土地使用税税额(一等地段年税额4元/平方米；三等地段年税额2元/平方米；五等地段年税额1元/平方米。当地规定托儿所占地面积免税)。

2. 某煤矿为增值税一般纳税人，2009年3月生产经营情况如下：

(1)开采原煤200万吨，在采煤过程中生产天然气25 000千立方米。

(2)销售原煤180万吨，取得不含税销售额8 500万元。

(3)销售天然气2 000千立方米，取得含税销售额1 200万元。

(4)本矿职工食堂、浴室领用本矿开采的原煤5 000吨。

(5)购进采煤机械2台，取得增值税专用发票上注明的增值税税额89万元，该采煤机械已投入使用。

(6)购进原材料，取得增值税专用发票上注明的增值税税额860万元；该批原材料委托运输公司运输，支付运费 80 万元，取得运输公司开具的发票。该原材料已验收入库(资源税单位税额：原煤 3 元/吨；天然气 12 元/千立方米)。

要求：计算该煤矿 3 月应纳资源税和增值税税额。

3. 某房地产公司 2009 年 11 月发生如下经济业务：签订一份写字楼销售合同，合同规定以预收货款方式结算。本月收到全部预收款，共计 18 000 万元。该写字楼经税务机关审核可以扣除的项目为：开发成本 5 000 万元，缴纳的土地使用权转让费 3 000 万元，利息支出 150 万元，相关税金 990 万元，其他费用 800 万元，加计扣除额为 1 600 万元。

已知：土地增值税超率累进税率：增值额未超过扣除项目金额 50%的部分，税率为 30%；增值额超过扣除项目金额 50%、未超过扣除项目金额 100%的部分，税率为 40%。

要求：计算销售写字楼应纳土地增值税税额。

参考文献

1. 财政部会计资格评价中心. 经济法基础[M]. 北京：经济科学出版社，2010.
2. 郭守杰. 经济法基础[M]. 北京：北京大学出版社，2010.
3. 财政部会计资格评价中心. 中级经济法[M]. 北京：经济科学出版社，2010.
4. 郭守杰. 中级经济法[M]. 北京：北京大学出版社，2010.
5. 郭敬轩. 税法及纳税实务[M]. 北京：中国农业大学出版社，2008 .
6. 中国注册会计师协会. 税法[M]. 北京：经济科学出版社，2010.
7. 《中华人民共和国发票管理办法实施细则》(国家税务总局令第 25 号)，2011.
8. 《关于调整个人住房转让营业税政策的通知》(财税[2011]12 号)，2011.
9. 《关于做好统一内外资企业和个人城市维护建设税和教育费附加制度有管工作的通知(国税函[2010]587 号)》，2010.
10. 《关于部分行业广告费和业务宣传费税前扣除政策的通知》(财税[2009]72 号)，2009.
11. 《中华人民共和国增值税暂行条例》(中华人民共和国国务院令第 538 号)，2008.
12. 《中华人民共和国增值税暂行条例实施细则》(财政部、国家税务总局令第 50 号)，2008.
13. 《中华人民共和国消费税暂行条例》(财政部、国家税务总局令第 539 号)，2008.
14. 《中华人民共和国消费税暂行条例实施细则》(财政部、国家税务总局令第 51 号)，2008.
15. 《中华人民共和国营业税暂行条例》(中华人民共和国国务院令第 540 号)，2008.
16. 《中华人民共和国营业税暂行条例实施细则》(中华人民共和国财政部国家税务总局令第 52 号)，2008.

17.《中华人民共和国企业所得税法》(中华人民共和国主席令 第六十三号)，2007.
18.《中华人民共和国企业所得税法实施条例》(中华人民共和国国务院令第512号)，2007.
19. 全国注册税务师执业资格考试教材编写组．税务代理实务[M]．北京：中国税务出版社，2011.
20. 全国注册税务师执业资格考试教材编写组．税法一[M]．北京：中国税务出版社，2011.
21. 全国注册税务师执业资格考试教材编写组．税法二[M]．北京：中国税务出版社，2011.
22. 财政部会计资格评价中心．中级财务会计[M]．北京：经济科学出版社，2010.
23. 郭传章．新编企业纳税会计[M]．大连：大连理工大学出版社，2008.
24. 宗淑娟．税法实务[M]．北京：北京交通大学出版社，2009.